Cloud / Townsend

FROMME LÜGEN

die wir glauben

Schulte & Gerth

Die amerikanische Originalausgabe erschien im Verlag
Zondervan Publishing, Grand Rapids, Michigan,
unter dem Titel „12 ‚Christian' Beliefs That Can Drive You Crazy".
© 1995 by Henry Cloud & John Townsend
© der deutschen Ausgabe 1998 Verlag Klaus Gerth, Asslar
Aus dem Amerikanischen übersetzt von Eva Weyandt

Die in diesem Buch verwendeten Bibelstellen sind der
Luther Bibel 1984 entnommen.
Das Kürzel Hfa hinter einigen Bibelzitaten
steht für „Hoffnung für alle" aus dem Brunnen Verlag.

Best.-Nr. 815 536
ISBN 3-89437-536-1
1. Auflage 1998
Umschlaggestaltung: Ursula Stephan
Satz: Typostudio Rücker
Druck und Verarbeitung: Ebner Ulm
Printed in Germany

*Alle zwölf Thesen dieses Buches beruhen
auf Beobachtungen und Erfahrungen
mit unseren Patienten.
Ihnen ist dieses Buch gewidmet.*

Inhalt

Einführung 9

Irrglaube Nr. 1:
Es ist egoistisch, meine eigenen Bedürfnisse zu
berücksichtigen 13

Irrglaube Nr. 2:
Wenn ich geistlich genug wäre, hätte ich
keine Probleme 29

Irrglaube Nr. 3:
Wenn ich mein Verhalten ändere, ändert sich auch
meine Einstellung 45

Irrglaube Nr. 4:
Ich muß nur alles an den Herrn abgeben 65

Irrglaube Nr. 5:
Eines Tages wird mein Heilungsprozeß
abgeschlossen sein 77

Irrglaube Nr. 6:
Man muß die Vergangenheit hinter sich lassen 91

Irrglaube Nr 7:
Wenn ich Gott nahe bin, brauche ich keine Menschen .. 107

Irrglaube Nr. 8:
„Du mußt ..." ist ein guter Ansatz 125

Irrglaube Nr. 9:
Schuldgefühle sind nützlich 141

Irrglaube Nr. 10:
Wenn ich die richtigen Entscheidungen treffe,
wird alles gut werden........................... 157

Irrglaube Nr. 11:
Gute Taten sind wichtiger als die Motive dahinter 171

Irrglaube Nr. 12:
Wenn ich die Wahrheit kenne, handle ich auch danach .. 187

Schlußfolgerung 199

Diskussionsleitfaden 201

Anmerkungen 235

Einführung

Dieses Buch entstand aufgrund eines Dilemmas.

Immer wieder stellen wir fest, daß unsere Patienten – aufrichtige Christen mit emotionalen Problemen, die Gott lieben – eine doppelte Bürde zu tragen haben. Nicht nur, daß sie unter Depressionen oder Eßstörungen leiden oder mit Autoritätspersonen nicht umgehen können; zusätzlich werden sie auch noch von bestimmten Doktrinen eingeengt, die zunächst christlich klingen, es tatsächlich aber gar nicht sind.

Diese Lehren scheinen wahr zu sein, weil sie in einer religiösen Sprache vermittelt und durch Bibelstellen belegt werden. In Wirklichkeit handelt es sich hierbei jedoch um emotionale Irrlehren. Im Grunde grenzen viele dieser Ansätze sogar an geistlichen Mißbrauch. Sie sind nicht wirklich biblisch und lassen sich im täglichen Leben auch nicht umsetzen.

Wir haben zwölf Thesen herausgegriffen, die beim ersten Hören recht plausibel klingen – nicht zuletzt weil ein Körnchen Wahrheit in ihnen liegt. Wenn Christen jedoch versuchen, diese Thesen tatsächlich in ihrem Leben umzusetzen, werden sie an irgendeinem Punkt kläglich scheitern. Sie leiden sinnlos.

Einer Frau, die unter sehr starken Depressionen litt, weil sie als Kind von ihren Eltern verlassen worden war, wurde von einem Christen gesagt, sie müsse sich mehr Zeit für Gott nehmen, um innerlich zu gesunden. Sie würde zuviel Vertrauen in die Menschen setzen. Daraufhin versuchte sie, sich an das Prinzip zu halten: „Wenn ich Gott nahe bin, brauche ich keine Menschen." Mehr und mehr isolierte sie sich von ihren Mitmenschen, die sie liebten und denen sie am Herzen lag, um zu beten und in der Bibel zu lesen. Viele Stunden verbrachte sie allein, ohne jeglichen Kontakt zu anderen Menschen.

Schließlich wurden ihre Depressionen so stark, daß sie ins Krankenhaus eingeliefert werden mußte. Während ihres Aufenthalts dort wurde ihr schließlich klar, was die Bibel tatsächlich lehrt: daß natürlich eine gesunde Beziehung zu Gott die Grundlage aller Heilung ist, daß Gott aber die Menschen als Gemeinschaftswesen geschaffen hat und oft auch durch die Mitglieder seiner Gemeinde heilt. Doch bis sie zu dieser Erkenntnis gelangte, mußte sie einen mühevollen Weg zurücklegen.

Besonders erstaunt an den Ergebnissen unserer inoffiziellen Studie hat uns die Tatsache, daß diese falschen Thesen Christen, die mit minimaler Bibelkenntnis aufgewachsen sind, weniger anhaben können als Christen mit sehr intensiver biblischer „Vorbildung". Mit anderen Worten: Christen, die die Bibel sehr gut kennen, sind besonders anfällig für Fehlinterpretationen.

Es kommt vor, daß Christen aufgrund solcher Irrlehren ihren Glauben in Frage stellen; häufiger jedoch werden sie von bohrenden Schuldgefühlen geplagt. Sie werfen sich vor, Gott nicht treu gewesen zu sein oder sich insgeheim gegen das gewehrt zu haben, was Gott ihnen sagen wollte. So oder so werden sich ihre emotionalen Symptome verschlimmern, und ihr Schmerz wird größer.

Dem Betroffenen bleiben nur zwei Möglichkeiten: Er kann sich entweder von Gott abwenden und Hilfe bei der säkularen Psychologie suchen – oder dem christlichen Glauben, der ihm offensichtlich nicht helfen kann, dennoch treu bleiben und seine emotionalen Probleme akzeptieren. Beides wird ihm letztlich keine Heilung bringen – dabei ist Heilung eines von Gottes vorrangigen Anliegen in der Begegnung mit uns Menschen!

Da wir diesem Problem immer wieder begegneten, begannen wir, in der Bibel nach heilsamen Antworten auf diese Lehren zu suchen, die die Menschen buchstäblich krank machen. Wir stellten fest, daß es tatsächlich nichts Neues unter der Sonne gibt: Alle diese ‚krankmachenden' Prinzipien sind in der Bibel angesprochen, zum Beispiel in den Auseinandersetzungen Jesu mit den Pharisäern, die der Meinung waren, autoritätshörige Frömmigkeit sei im Sinne Gottes (Mk 7,5), aber auch durch Johannes, der die Ansichten der Gnostiker entlarvt, die sagten, jeglicher Kontakt zu Menschen solle gemieden werden, um die Beziehung zu Gott intensivieren zu können (1. Johannesbrief). Die

Bibel liefert eine ganz eindeutige Korrektur dieser krankmachenden Lehren.

Die meisten dieser falschen Thesen haben eines gemeinsam: Sie treiben den Gläubigen von Gott, dem Urquell des Wachstums und der Heilung, fort in ein System hinein, das nach außen zwar christlich wirkt, tatsächlich aber nichts zu bieten hat.

Wir wollten mehr tun als nur zu reagieren und diese ‚krankmachenden' Thesen zurückzuweisen. Wir wollten die Wahrheit über Gottes Prinzipien für geistliches Wachstum herausarbeiten. Darum werden wir in dem vorliegenden Buch erklären, wie diese falschen Prinzipien zustande kamen, herausstellen, wo sie in eine falsche Richtung gehen, und einen biblischen Weg aufzeigen, emotionale und geistliche Probleme zu lösen.

Sie brauchen keine umfassenden Bibelkenntnisse zu haben, um von diesem Buch zu profitieren. Jeder kann es verstehen. Aber es ist speziell an Menschen gerichtet, die herausfinden wollen, ob die Bibel tatsächlich Hilfestellung für ihr Leid, ihre Konflikte, ihr emotionales Wachstum und ihre Kämpfe bietet.

Gott kann und will Ihnen helfen, emotional gesund zu werden; keinesfalls will er Ihre Situation noch verschlimmern. Nicht Gott und sein Wort sind das Problem; im Gegenteil, er bietet Ihnen die Lösung Ihrer Probleme an. Lassen Sie sich auf ihn ein – es lohnt sich!

Irrglaube Nr. 1:

Es ist egoistisch, meine eigenen Bedürfnisse zu berücksichtigen

Erschöpft und einsam schaltete Sarah eines Montagnachmittags das Radio ein. Ein schwieriges Wochenende lag hinter ihr. Jede Bitte, die sie an die Kinder gerichtet hatte, war zu einem Machtkampf ausgeartet, und ihr Mann hatte die ganze Zeit vor dem Fernseher gesessen und sich nicht von der Stelle gerührt. Sie konnte sich nicht erinnern, daß er an diesem Wochenende auch nur ein liebevolles Wort für sie oder die Kinder übrig gehabt hatte.

Das ist wie in dem alten Witz, dachte sie. „Frag mich, wie mein Tag gewesen ist", sagt der Komödiant.

„In Ordnung – also, wie war dein Tag?"

„Frag mich lieber nicht."

Für Sarah war dies ein bitterer Witz. Sie wollte nicht einmal daran denken, wie deprimiert sie war. Vielleicht würde das Radio sie ein wenig ablenken. Sie sah sich in der Zeitung das Programm an. Der christliche Sender brachte eine Sendung mit dem Thema „Hilfe für niedergeschlagene Menschen". Den Namen des Sprechers kannte sie; er war ein bekannter Pastor. Sie stellte den entsprechenden Sender ein.

„... Sie sind also niedergeschlagen, betrübt, einsam, Sie stehen zunehmend unter Druck. Manchmal fragen Sie sich, ob sich Ihre Situation jemals ändern wird."

Kann er Gedanken lesen? dachte Sarah. Er beschrieb genau die Gefühle, die sie im Augenblick hatte. Dieser Mann verstand sie!

„Das Wort Gottes hat eine Antwort für Sie." Oh, gut! Biblisch fundierte Lehre war Sarah wichtig.

„Die Lösung Ihrer Probleme", sagte der Pastor, „ist, daß Sie aufhören müssen, an sich selbst zu denken, und stattdessen anfangen, an andere Menschen zu denken. Denn auch unser Herr Jesus hat nicht an sich selbst gedacht, sondern sich für andere eingesetzt. Wie unser Herr Jesus werden wir tiefe Freude in Selbstaufopferung und Dienst finden. Machen Sie Schluß mit Ihrem Selbstmitleid! Tun Sie Buße darüber, daß Sie sich zuviel mit sich selbst beschäftigt haben, und finden Sie Frieden im Geben."

Sarahs Mut sank. *Frieden im Geben? Ich habe mich das ganze Wochenende für meine Familie eingesetzt, und ich bin vollkommen ausgelaugt. Von Frieden keine Spur.* Kaum hatte sie diese Gedanken zugelassen, als sie sich auch schon schuldig fühlte. Immerhin hatte der Pastor aus der Bibel zitiert. *Vermutlich hat er recht,* redete sie sich ein. *Ich bin einfach nur selbstsüchtig.*

Sie griff nach dem Gemeindebrief, um zu sehen, in welchem Bereich sie sich noch engagieren konnte. Vielleicht würde sie das ersehnte Glück finden, wenn sie sich mehr einsetzte und mehr diente. Aber allmählich verlor sie alle Hoffnung, jemals mit ihrem Leben zufrieden zu sein.

Jeden Tag hören aufrichtige, wohlmeinende Christen solche Botschaften wie die aus dem Radio. Die Aufforderung „Hört auf, an euch selbst zu denken" wird von Christen weitergegeben, die es ebenfalls ernst meinen und mit den besten Absichten den Menschen helfen möchten, Gott zu gehorchen.

Nur leider ist dies keine biblische Botschaft. Sie klingt wahr, ist aber keine korrekte Interpretation der Bibel.

Die Wurzel des Problems

Vielen von uns ist schon so lange gepredigt worden, wir sollten uns selbst verleugnen, daß wir das mittlerweile unbesehen glauben. Immerhin ist doch die Selbstsucht die Wurzel unserer Sündhaftigkeit, oder nicht?

Sicher, Selbstsucht ist die Wurzel unserer Sündhaftigkeit. Alles begann in Luzifers Herz, damals, als dieser einst so hervorragende Engel den einfachen Gehorsam verweigerte und versuchte, sich über Gott zu stellen. Von Adam und Eva haben wir diese Tendenz geerbt, Gott zu entthronen und uns selbst in den Mittelpunkt des Universums zu stellen.

Das ist ein ernstes Problem. Wenn wir uns weigern, Gott als den anzusehen, der er ist, und wenn wir uns selbst als die ansehen, die wir nun mal sind, leugnen wir die Tatsache, daß er Gott ist und wir seine Geschöpfe sind. Wir setzen uns selbst auf den Thron, der nur Gott gehört. Wir verehren uns selbst. Wir verehren statt des Schöpfers das Geschöpf und dienen ihm (Röm 1,25).

Es stimmt, Selbstsucht ist die Wurzel unserer Sündhaftigkeit, und wir sollen uns auch selbst verleugnen und uns aufopfernd für Gott und andere einsetzen. Tatsächlich hat Gott das gesamte Gesetz und die Propheten in zwei einfachen Geboten zusammengefaßt: Liebe den Herrn, deinen Gott, und deinen Nächsten wie dich selbst (Mt 22,37-40). Durch unsere Liebe anderen Menschen gegenüber zeigen wir, daß wir zu Gott gehören. Wir sollen aus der Fülle geben, wie Jesus es getan hat. „Orientiert euch an Jesus Christus: Obwohl er Gott in allem gleich war und Anteil an Gottes Herrschaft hatte, bestand er nicht auf seinen Vorrechten. Nein, er verzichtete darauf und wurde rechtlos wie ein Sklave. Er wurde wie jeder andere Mensch geboren und lebte als Mensch unter Menschen. Er erniedrigte sich selbst und war Gott gehorsam bis zum Tod" (Phil 2,7-8, Hfa).

In der Bibel finden wir also Abschnitte wie diesen, die zur Selbstverleugnung aufrufen. Wir kennen auch die häufig wiederholte Maxime: „Gott zuerst, danach andere und zuletzt ich selbst." Und wir kommen zu dem Schluß, daß wir als Christen unsere eigenen Bedürfnisse ignorieren und sogar verabscheuen und uns statt dessen ganz auf andere konzentrieren müssen.

Wer das jedoch glaubt, unterliegt einem Irrtum. In der These *„Es ist egoistisch, meine eigenen Bedürfnisse zu berücksichtigen"* wird nämlich nicht zwischen Selbstsucht und der von Gott gegebenen Verantwortung unterschieden, den eigenen Bedürfnissen Rechnung zu tragen. Es ist, als würde jemand zu Ihnen sagen: „Ich habe gestern abend an der Tankstelle gesehen, wie du getankt hast. Ich hatte keine Ahnung, daß du so selbstsüchtig bist. Du mußt darum beten, daß du mehr Zeit damit verbringst, die Autos anderer vollzutanken."

Das klingt lächerlich, nicht wahr? Aber im Grunde genommen hat der Pastor im Radio genau das zu Sarah gesagt: Wenn dein Tank leer ist, betanke die Autos der anderen. Doch wenn wir nicht auch unsere eigenen Tanks auffüllen, werden wir nicht weit kommen.

Die Bibel schätzt unsere Bedürfnisse sogar sehr hoch ein. Sie sind uns von Gott gegeben und sollen uns zu Wachstum anregen und näher zu Gott bringen. Wenn wir sie vernachlässigen, werden wir emotionale und geistliche Probleme bekommen. Wenn wir ihnen den gebührenden Raum zugestehen, werden wir frei, freudig und ohne Widerstreben auch auf die Bedürfnisse anderer eingehen können.

Unvollständigkeit

In einem alten Werbespot für Aspirin hilft eine liebevolle Mutter ihrer erwachsenen Tochter, das Abendessen zu richten. Die eifrige Hilfsbereitschaft der Mutter wird jedoch bald lästig, und die Verärgerung der Tochter wächst. Schließlich explodiert die junge Frau. „Mutter, bitte!" sagt sie. „Ich mache das lieber allein!"

Wir alle neigen dazu, alles allein zu machen. Um Hilfe und Unterstützung zu bitten, ist unbequem und lästig. Manchmal sind wir auch unsicher, wie die anderen reagieren werden. Doch Gott hat uns alle als Wesen mit Bedürfnissen geschaffen. Wir brauchen Gott, und wir brauchen einander. „Niemand ist eine Insel, ganz für sich allein", schrieb der englische Dichter John Donne. „Jeder Mensch ist ein Teil des Kontinents, ein Teil des Festlands; wenn eine Erdscholle vom Meer fortgespült wird, fehlt ein Stück von Europa."

Es lag in Gottes Absicht, daß der einzelne Mensch für sich allein unvollständig ist. Im gesamten Universum finden wir diesen Kreislauf der gegenseitigen Abhängigkeit. Ohne die wärmenden Strahlen der Sonne würde die Erde schnell zu einem eiskalten

Grab werden. Ohne Nahrung und Schutz vor den Elementen würden die Tiere sterben. Ohne Licht, Sonne und Wasser würden die Pflanzen dahinwelken.

Selbst Gott will Beziehungen, obwohl es schwer vorzustellen ist, daß ein allmächtiger Gott auch Bedürfnisse hat. Im Grunde seines Wesens ist auch Gott jedoch ein auf Beziehungen angelegtes Wesen. Er ist Liebe (1 Joh 4,16), und Liebe braucht immer ein Gegenüber. Ein Liebender liebt nicht abstrakt. Doch ist dies kein Abhängigkeitsverhältnis. Gott ist nicht codependent. Obwohl er sich eine enge Beziehung zu uns wünscht, braucht er uns nicht. Das würde den Schöpfer in eine dem Geschöpf ähnliche Position bringen. Er liebt uns, aber er braucht uns nicht.

Gott existiert in einer Dreieinigkeit – drei Personen in einer: Vater, Sohn und heiliger Geist (Mt 28,19; 2 Kor 13,14). Sein dreieiniges Wesen bietet ihm eine fortdauernde Beziehung und enge Verbundenheit. Auf eine Weise, wie wir uns nicht vorstellen können, steht Gott immer in Verbindung mit einem Gegenüber, ist niemals isoliert. Und als Gott ist er innerhalb der Dreieinigkeit unabhängig.

Auch Jesus brauchte die Beziehung zu anderen und sprach darüber. Er brauchte seinen Vater. Er „zog sich zurück in die Wüste und betete" (Lk 5,16; Mk 1,35). Er gebrauchte die Anrede „Abba", wenn er mit seinem Vater im Himmel sprach, eine Anrede, die auf eine ganz besonders enge und intime Beziehung zu Gott hindeutet (vergleichbar mit der liebevollen Anrede „Papa").

Jesus brauchte nicht nur seinen Vater, sondern auch Freunde. Mit Petrus, Jakobus und Johannes teilte er seinen Schmerz und seine Angst im Garten Gethsemane: „‚Ich zerbreche beinahe unter der Last, die ich zu tragen habe', sagte er. ‚Bleibt bei mir, und laßt mich nicht allein'" (Mk 14,34). In seiner dunkelsten Stunde brauchte Jesus die Unterstützung seiner Freunde (auch wenn sie darin dann versagten).

Das Bedürfnis nach einem Gegenüber

Als nach dem Bild Gottes geschaffene Wesen haben wir die angeborene Neigung, uns nach außen zu wenden, um zu bekommen, was wir brauchen. Die Bibel lehrt nicht nur, daß wir unvollkommene Geschöpfe sind, sondern belehrt uns auch, daß wir andere Menschen brauchen – sozusagen „Gott zum Anfassen".

Zwar wissen viele Christen, daß sie nicht in einem luftleeren Raum leben können, doch sie sind unsicher im Umgang mit Menschen. Nur in ihrer Beziehung zu Gott fühlen sie sich sicher, und „geistliche Dinge" füllen diese, durch die fehlende Beziehung zu Menschen entstandene Leere. Doch Gott liebt uns nicht nur, er möchte auch, daß wir uns gegenseitig lieben. In Kapitel 7 werden wir noch ausführlicher auf dieses Bedürfnis nach einem Gegenüber eingehen.

Jesus ist einzigartig, und kein anderer Religionsstifter hat eine derartige Hingabe zu bieten. Er wurde Mensch, um mit uns in Verbindung zu treten, *so wie wir sind.* Er ist die Brücke, über die Gott mit den Menschen in Verbindung tritt, wie es im ersten Johannesbrief heißt: „Jesus war von allem Anfang an da. Jetzt aber haben wir ihn selbst gehört. Wir haben ihn mit unseren eigenen Augen gesehen und mit unseren Händen berühren können, ihn, der uns die Botschaft vom Leben brachte. Ja, Christus selbst ist das Leben. Das haben wir gesehen, und das können wir bezeugen. Deshalb verkünden wir diese Botschaft von Christus, der das ewige Leben bringt. Er ist von Gott, dem Vater, gekommen und hat als Mensch unter uns gelebt" (1 Joh 1,1).

Darin ist der christliche Glaube einzigartig. Während sich in allen anderen Religionen die Menschen nach Gott oder Göttlichkeit ausstrecken, hat sich Gott durch Jesus auf unsere Stufe begeben. Mit anderen Worten, der allmächtige Gott kam durch Jesus auf die Erde und nahm Verbindung zu den Menschen auf. Jesus hatte menschliche Bedürfnisse, Hunger und Durst, er fühlte sich einsam, genau wie wir.

Immer wieder werden in der Bibel unsere uns angeborenen Bedürfnisse angesprochen. Nachdem Gott Adam geschaffen hatte, sah er, daß es nicht gut für ihn war, allein zu sein (Gen 2,18); darum erschuf er Eva. Gott hat die Menschen von Anfang an so angelegt, daß sie ihn und einander brauchen. „Stürzt einer von ihnen", heißt es im Prediger, „so hilft der andere ihm wieder auf die Beine" (Pred 4,10). Es ist durchaus nicht ungeistlich, andere Menschen zu brauchen!

Unsere Bedürfnisse sind logisch

In meiner psychotherapeutischen Gruppe im Krankenhaus litten die Gruppenmitglieder unter den unterschiedlichsten Beschwerden. Einige hatten mit Depressionen zu kämpfen, manche hatten Ängste verschiedenster Art, andere hatten Abhängigkeitsprobleme. Alle waren Christen, und alle waren sich darin einig, daß sie lernen mußten, sich auf andere Menschen einzulassen, um ihre emotionalen Probleme in den Griff zu bekommen.

Das Gespräch verärgerte Raymond, der sich seit drei Tagen im Krankenhaus aufhielt. Er litt unter sehr starken Depressionen. Standhaft wehrte er sich dagegen, an unserer Therapiegruppe teilzunehmen, weil er sich als ein geistlicher Versager fühlte. Seiner Meinung nach war ein Christ, der unter Depressionen litt, geistlich nicht „richtig".

„Es geht doch gar nicht um unsere Bedürfnisse", protestierte Raymond. „Wir sollen Gott und anderen Menschen dienen und unsere Gedanken von diesem ganzen Ego-Unsinn ablenken."

„Es ist also wichtig zu dienen?" fragte ich.

„Selbstverständlich. Wir sollen den Bedürftigen im Namen Jesu Trost, Ermutigung und Hoffnung geben."

„Damit habe ich ganz sicher kein Problem", erwiderte ich. „Aber bekommen auch Sie Trost, Ermutigung und Hoffnung?"

„Es ist selbstsüchtig, so zu denken", erwiderte er. „Gott will nicht, daß ich mich auf mich selbst konzentriere."

„Dann verleiten Sie die Menschen also zur Selbstsucht."

„Wie bitte?"

„Wenn Ihr Bedürfnis nach Trost, Ermutigung und Hoffnung selbstsüchtig ist, dann ist dieses Bedürfnis bei anderen ja ebenfalls selbstsüchtig. Wenn es nicht in Ordnung ist, Zuwendung zu brauchen und zu bekommen, dann ist es auch nicht in Ordnung, sie anderen zu geben. Denn wenn sie sie annehmen, handeln sie ja ebenfalls selbstsüchtig."

Ganz langsam veränderte sich Raymonds selbstgestrickte Theologie – ebenso wie seine Beziehung zu seiner Frau und seinen Kindern. Er lernte, seine eigene Bedürftigkeit zu akzeptieren und um Hilfe zu bitten, wenn er sie brauchte.

Die These „Es ist selbstsüchtig, sich um die eigenen Bedürfnisse zu kümmern" schadet den Menschen nicht nur, weil sie dadurch verletzt und ausgehungert werden – sie ist auch nicht richtig. Sie ist nicht logisch und ergibt keinen Sinn. Um denen einen Becher kaltes Wasser geben zu können, die Durst haben, müssen wir zuerst selbst daraus getrunken haben. Wenn wir vergeben sollen, müssen wir Vergebung erfahren haben. Paulus schreibt: „Gepriesen sei Gott, der (...) Vater voller Barmherzigkeit, der Gott, der uns in jeder Not tröstet! In allen Schwierigkeiten ermutigt er uns und steht uns bei, so daß wir auch andere trösten können (...). Wir trösten sie, wie Gott auch uns getröstet hat" (2 Kor 1,3-4).

Unsere Bedürfnisse sollen uns zum Wachstum führen

Jahrelang haben Wissenschaftler versucht, das Perpetuum mobile zu entwickeln, eine Maschine, die ohne Treibstoff oder Wartung ununterbrochen in Bewegung ist. Ohne Erfolg! Es wäre praktisch, wenn wir solche Maschinen wären, wenn wir nicht das Bedürfnis hätten, um Hilfe zu bitten, mit einem Freund zu sprechen, wenn wir deprimiert sind oder Angst haben, wenn wir nicht das Bedürfnis hätten, um Rat zu fragen, wenn wir mit unseren Finanzen nicht zurechtkommen, mit jemandem zu reden, wenn wir keine Kontrolle mehr über unsere Eßgewohnheiten oder Eheprobleme haben.

Unsere Bedürftigkeit zwingt uns dazu zu erkennen, daß wir Geschöpfe sind, die in Demut zu Gott aufsehen und ihn um das bitten sollten, was wir brauchen. Diese Demut soll uns näher zu Gott bringen und letztendlich zur Reife führen. „Wir sollen zu mündigen Christen heranreifen, zu einer Gemeinde, in der Christus mit der ganzen Fülle seiner Gaben wirken kann" (Eph 4,13).

Das Gleichnis Jesu von dem Zöllner und dem Pharisäer macht dies deutlich: „Es gingen zwei Menschen hinauf in den Tempel, um zu beten, der eine ein Pharisäer, der andere ein Zöllner. Der Pharisäer stand für sich und betete so: Ich danke dir, Gott, daß ich nicht bin wie die anderen Leute, Räuber, Betrüger, Ehebrecher oder auch wie dieser Zöllner. Ich faste zweimal in der Woche und gebe den Zehnten von allem, was ich einnehme.

Der Zöllner aber stand ferne, wollte auch die Augen nicht aufheben zum Himmel, sondern schlug an seine Brust und sprach: Gott, sei mir Sünder gnädig. Ich sage euch: Dieser ging gerechtfertigt hinab in sein Haus, nicht jener. Denn wer sich selbst erhöht, der wird erniedrigt werden; und wer sich selbst erniedrigt, der wird erhöht werden" (Lk 18,10-14).

Der Pharisäer stand „für sich" und prahlte mit seinen guten Werken. Aber der Zöllner wagte es nicht einmal, den Blick zum Himmel zu erheben. Er erkannte seine Fehler, seine Schwäche und Unzulänglichkeit. Sie brachten ihn näher zu Gott.

Wenn Sie Ihre Bedürfnisse nicht erkennen, treten Sie auf der Stelle. Sie haben wenig Grund, Gott zu suchen. Menschen, die keine Beschwerden haben, suchen keinen Arzt auf. Es ist leichter, die eigene Sterblichkeit zu verdrängen, wenn man nicht unter hohem Blutdruck, Herzproblemen oder Atemnot leidet. Doch wenn man anfängt, Gewichtsprobleme, Kreislaufstörungen oder Atemnot zu bekommen, dann geht man zum Arzt. Und wenn Sie anfangen, sich einsam und deprimiert zu fühlen, suchen Sie die Nähe anderer und die Nähe Gottes. Es wird immer mehr Nachfrage nach Heilmitteln geben als nach Mitteln, die vorbeugend wirken.

Unsere Bedürfnisse zwingen uns dazu, um Hilfe zu bitten. Wenn wir Hunger oder Durst haben, werden wir uns etwas zu essen und zu trinken suchen. Genauso wird unsere geistliche und emotionale Bedürftigkeit uns dazu bringen, Hilfe bei anderen zu suchen. Der Zöllner bat um Gnade, und „ging gerechtfertigt in sein Haus" (Lk 18,14).

Unsere Bedürfnisse sollen uns zur Demut führen

Solange wir uns für besser halten als die meisten anderen Leute, werden wir uns nur selten unsere Bedürfnisse eingestehen und um Hilfe bitten. Wir halten uns von anderen Menschen fern, genau wie die Einwohner von Edom es taten. Die Edomiter suchten Sicherheit darin, daß sie sich distanziert und unbeteiligt gaben, aber ihr Stolz erwies sich als trügerisch (Obd 1,3). In den Sprüchen heißt es: „Die Hoffart des Menschen wird ihn stürzen" (Spr 29,23).

Jim und Brenda kamen wegen ihrer Eheprobleme zu mir.

Schon bald wurde mir klar, daß Jim emotional zu unabhängig war, als gut für ihn war. Wenn Brenda mit den Kindern zum Beispiel ihre Mutter in einem anderen Staat besuchte, rief er jeden Tag an, um zu erfahren, wie es ihnen ging, aber er gab nie zu, daß er einsam war und sie vermißte.

Wenn Brenda ihn fragte, wie es ihm ging, antwortete er: „Du kennst mich doch, mir geht es gut. Amüsiert euch schön."

Brenda kannte ihren Mann, aber nur in einer Hinsicht. Sie wußte, daß sich Jim durch nichts aus der Ruhe bringen ließ. Weder der Verlust seines Arbeitsplatzes noch körperlicher Schmerz oder Konflikte entlockten ihm eine Gefühlsregung. Sie wußte, daß er von niemandem Hilfe benötigte.

Schließlich konnte Brenda es nicht mehr ertragen. Sie brachte ihn dazu, mit ihr zu einer Eheberatung zu gehen. „Ich weiß gar nicht, warum Jim mich geheiratet hat", beklagte sie sich. „Ich habe das Gefühl, daß er mich überhaupt nicht braucht. Manchmal wünschte ich, er würde eine große Tragödie erleben, damit er mich einmal um Hilfe bittet."

Jim wirkte seiner Frau gegenüber so bedürfnislos, weil er so erzogen worden war. Jims Vater war, als er noch klein war, nie zu Hause gewesen, Jims Mutter abhängig und unreif. Schon früh lernte er, sich nur auf sich selbst zu verlassen. Er setzte Gefühlsregungen wie Weinen, Einsamkeit oder Trauer mit Schwäche gleich, weil er es bei seiner schwachen Mutter nur so erlebt hatte, deren Depressionen sich zusehends verstärkten. Darum unterdrückte Jim solche Gefühle. Ebenso versagte er sich die Erfahrung (aber nicht das Bedürfnis), andere zu brauchen. Er entwickelte viel Einfallsreichtum und Verantwortungsbewußtsein, um sich von anderen unabhängig zu machen.

Eigenartigerweise wurde sein Einfallsreichtum und sein Verantwortungsbewußtsein in seiner Ehe zum Problem. Brenda hatte kein krankhaftes Bedürfnis danach, gebraucht zu werden. Sie wollte ihren Mann einfach nur kennenlernen, ihm ein Gegenüber und auch eine Hilfe sein, wie das in einer Beziehung so gedacht ist: eine feine Balance zwischen Geben und Nehmen. Aber sein Widerstand, sich ihr gegenüber zu öffnen und so verletzlich zu machen, ließ ihn überlegen und selbstzufrieden erscheinen und isolierte sie von ihm. Sie durfte ihm nie etwas geben. Erst als er erkannte, daß seine Unabhängigkeit in Wirklichkeit Stolz und nicht Verantwortungsbewußtsein war, begann er sein Verhalten zu ändern und Bedürfnisse zuzulassen.

Jeder von uns ist für sich selbst verantwortlich. Wir alle tragen unsere eigene Last an Verpflichtungen und Problemen. Der Apostel Paulus schreibt: „Denn jeder wird seine eigene Last tragen" (Gal 6,5). Das ist *funktionale Unabhängigkeit,* eine Unabhängigkeit, in der jeder seine eigene Verantwortung trägt. Jeder Mensch sorgt selbst für seinen Lebensunterhalt und bezahlt seine Rechnungen allein.

Gleichzeitig jedoch gibt es eine *beziehungsmäßige Abhängigkeit,* die jeder von uns erlebt. Wir alle wollen geliebt sein. Liebe ist, was uns im Leben antreibt. Die Verbindung zu Gott und zu Menschen hält uns in Aktion. Wir brauchen Mitgefühl, Trost, Verständnis und Bestätigung von anderen. Jim hatte gelernt, sowohl funktional unabhängig (das war gesund) als auch beziehungsmäßig unabhängig zu sein (das war ungesund). Er mußte seine beziehungsmäßige Abhängigkeit entdecken; er mußte das Gefühl wahrnehmen, andere zu brauchen, und nicht stolz darauf sein, sie vermeintlich nicht zu brauchen (was ohnehin ein Trugschluß war). „Die Hoffart des Menschen wird ihn stürzen; aber der Demütige wird Ehre empfangen" (Spr 29,23).

Demütige Menschen wissen, daß sie nicht alles allein bewältigen können, denn die Demut lehrt sie, um Hilfe zu bitten. Sie wissen, daß sie andere Menschen brauchen, um überleben zu können. Darum heißt es in der Bibel, daß Gott „der Spötter spotten" wird, „aber den Demütigen wird er Gnade geben" (Spr 3,34).

Unsere Bedürfnisse sollen uns näher zu Gott ziehen

Auf den Angriff der Pharisäer antwortete Jesus: „Die Gesunden brauchen keinen Arzt, sondern die Kranken! (...) Begreift doch endlich, was Gott meint, wenn er sagt: ,Nicht auf eure Opfer oder Gaben kommt es mir an, sondern darauf, daß ihr barmherzig seid'" (Mt 9,12-13).

Menschen, die nichts in Ordnung zu bringen haben, haben auch von Gott nichts zu erwarten. Die geistlich Armen, die Trauernden, die Schwachen – sie alle sind ‚selig' (Mt 5,3-5), weil sie gefüllt und getröstet werden können, weil ihnen geholfen werden kann. Jesus hat nie gesagt: „Selig sind die, bei denen alles in Ordnung ist." Wo nichts zerbrochen ist, braucht auch nichts repariert zu werden.

Wir fühlen uns von dieser Botschaft des Evangeliums angesprochen, weil wir Probleme haben. Doch nachdem wir uns einer Gemeinde angeschlossen haben, verbringen wir die nächsten vierzig Jahre damit, unsere Probleme zu verstecken. Dabei ist das völlig unnötig! *Keine* Probleme zu haben, ist ein Problem.

Die selbstgerechte Einstellung, wir hätten keine Probleme, hat in den vierziger Jahren die Anonymen Alkoholiker ins Leben gerufen. Die Menschen stellten fest, daß sie bei den Treffen der Anonymen Alkoholiker Probleme haben *durften,* sie konnten endlich bedürftig sein. Tatsächlich mußten sie bei *jedem* Treffen über ihre Unzulänglichkeiten sprechen.

Die Gemeinde heute macht große Fortschritte darin, wieder zu dieser zutiefst biblischen Haltung zurückzufinden. Die Gemeinde sollte ein Ort sein, wo man ruhig unfertig, unvollkommen und bedürftig sein darf.

Unsere Bedürfnisse zu vernachlässigen, führt zu geistlichen und emotionalen Problemen

Da Gott uns als Wesen mit Bedürfnissen erschaffen hat, können schwerwiegende Probleme entstehen, wenn diese Bedürfnisse über längere Zeit mißachtet werden. Wird bei einem Wagen nicht regelmäßig ein Ölwechsel vorgenommen, geht der Motor kaputt. Wird der Tank nicht nachgefüllt, bleibt er stehen. Wenn wir unsere rechtmäßigen, uns von Gott gegebenen Bedürfnisse vernachlässigen, wird uns das schaden.

Karen, eine attraktive Frau um die Dreißig, kam wegen Depressionen zu mir. Wie sie mir sagte, konnte sie sich schlecht auf ihre Arbeit konzentrieren und hatte Schlafstörungen. Von ihrer Familie und ihren Freunden hatte sie sich zurückgezogen; immer häufiger quälten sie Selbstmordgedanken. Eine sehr intensive Untersuchung hatte ergeben, daß ihr körperlich nichts fehlte. Doch die ganze Zeit fühlte sich Karen verzweifelt und hoffnungslos. Und sie hatte keine Ahnung, was die Ursache dafür sein könnte.

In unserer ersten Sitzung beschäftigte ich mich mit Karens Vergangenheit und ihren gegenwärtigen Beziehungen. Karen war in ihrer Gemeinde beliebt und in ihrem sozialen Umfeld sehr engagiert, außerdem eine hingebungsvolle Ehefrau und Mutter. Trotzdem hatte fast jede wichtige Person in Karens Leben – ihre Eltern, ihre Schwester, ihre beste Schulfreundin, ihr Freund auf dem College – sie entweder verlassen oder erst gar keine echte emotionale Bindung zu ihr entwickelt.

Sie hatte Peter geheiratet, einen netten Mann, der jedoch nicht in der Lage war, eine tiefe emotionale Bindung einzugehen (genau wie Karen selbst). Seine Arbeitsbesessenheit führte dazu, daß er nur selten zu Hause war; und in vieler Hinsicht war das für beide eine Erleichterung. „Da wir uns nur so selten sehen", sagte Karen, „wissen wir es um so mehr zu schätzen, wenn wir zusammen sind."

Ihre Kinder wurden von fürsorglichen Eltern großgezogen, die das, was sie zu geben versuchten, selbst nie bekommen hatten. Und auch die Kinder hatten Probleme. Karens neunjährige Tochter neigte dazu, sich von anderen Kindern abzukapseln, und ihr Sohn im Teenageralter war auf die schiefe Bahn geraten.

Je mehr Karen erzählte, desto klarer wurde das Bild. Ihre persönliche emotionale Isolation wiederholte sich in ihrer Ehe und ihrer Gemeinde. Jahrzehntelang war sie emotional „trockengelaufen". Allein ihr starker Wille und ihre Schuldgefühle hatten sie angetrieben. Jetzt mußte sie lernen, ihren geistlichen Tank wieder aufzufüllen – mit Gottes Hilfe und der Unterstützung anderer Menschen.

Nachdem ich Karen meine Diagnose genannt hatte, fragte sie: „Gibt es ein Buch, das ich lesen, oder ein Seminar, das ich besuchen könnte?"

„So beziehungslos, wie Sie im Augenblick sind", erwiderte ich, „wird sich Ihre Depression nur verschlimmern, egal, wie viele Bücher Sie lesen oder Seminare Sie besuchen."

Karen ging das Risiko ein und lernte, wie sie mit anderen Menschen in Verbindung treten konnte; sie lernte, um Hilfe, Trost und Verständnis zu bitten, ohne daß ihr das falsch vorkam.

Das war nicht leicht, doch sie arbeitete lange Zeit sehr hart. Sie wurde demütiger und lernte, ihre Bedürfnisse zu erkennen. Sie begann, um Hilfe zu bitten, damit ihre Bedürfnisse erfüllt wurden, und ihre Depressionen ließen langsam nach.

Karens Depressionen waren ein Signal, das sie auf einen Mangel in ihrem Leben aufmerksam machen sollte. Gott schenkte das Symptom und das Heilmittel; Karen bemühte sich darum zu lernen, und ihr wurde geholfen.

Durch psychologische oder auch physische Symptome macht Gott uns klar, daß etwas nicht stimmt. Depressionen, Angstgefühle, Eßstörungen, Mißbrauch von Drogen oder Alkohol und zwanghaftes Verhalten sind Symptome eines tiefer liegenden Problems. Diese Symptome nennt die Bibel „Frucht": „So bringt jeder gute Baum gute Früchte; aber ein fauler Baum bringt schlechte Früchte. Ein guter Baum kann nicht schlechte Früchte bringen, und ein fauler Baum kann nicht gute Früchte bringen" (Mt 7,17-18).

Mit anderen Worten, die schlechte Frucht ist nicht das Problem, sondern sie ist nur ein äußerlich sichtbares Symptom für das eigentliche Problem. Wir müssen graben, bis wir die Wurzel des Problems finden und heilen können. Wir müssen auf unsere psychologischen, geistlichen und beziehungsmäßigen Symptome achten, denn sie zeigen uns, ob unsere Bedürfnisse erfüllt werden.

Erst wenn unsere eigenen Bedürfnisse gestillt werden, können wir die Bedürfnisse anderer erfüllen

Die These, es sei selbstsüchtig, dafür zu sorgen, daß die eigenen Bedürfnisse erfüllt werden, ist für Christen sehr gefährlich, weil wir alle vermutlich gern liebevolle, fürsorgliche Menschen sein wollen. Doch einige Christen mißbrauchen diesen Wunsch, uns für andere einzusetzen; sie wollen uns glauben machen, wir würden in einen Strudel der Selbstbewunderung, des Hedonismus' (Hedonismus = Lust oder Vergnügen als höchstes Lebensziel ansehen; Anm.d.Übers.) oder Narzißmus' gestürzt, wenn wir uns unserer eigenen Bedürfnisse annehmen.

Nichts könnte weiter von der Wahrheit entfernt sein, sagt die

Bibel. Wenn unsere Bedürfnisse erfüllt werden, so befreit uns das dazu, uns der Bedürfnisse anderer anzunehmen – ohne Widerstreben oder Mißmut. Wenn wir, geistlich und emotional gesehen, einen vollen „Einkaufsbeutel" haben, können wir freudig weitergeben (2 Kor 9,6-7).

Jesus konfrontierte Simon mit dieser Wahrheit, als eine Prostituierte, überwältigt von der Gnade Gottes, Jesu Füße mit ihren Tränen wusch: „Deshalb sage ich dir: Ihre vielen Sünden sind vergeben, denn sie hat viel Liebe gezeigt; wem aber wenig vergeben wird, der liebt wenig" (Lk 7,47). Nachdem die Frau Vergebung erfahren hatte, war sie zur Liebe freigesetzt, während Simon seiner eigenen Bedürftigkeit gegenüber blind und von daher auch unfähig war, anderen echte Liebe zu zeigen.

Im Gegensatz zu dem, was der Radiopastor zu Beginn des Kapitels so nachdrücklich gelehrt hatte, begann Sarah ihre eigenen Bedürfnisse zu erfüllen. Sie zog sich aus einigen Komitees zurück. Menschen, die sich auf sie verlassen hatten, mußten eine Weile ohne sie auskommen, während sie selbst Hilfe suchte. Wichtiger noch, wenn sie in Not war, bat sie um Hilfe, anstatt ihre Hilfe anzubieten.

„Es hat sich wirklich etwas verändert", sagte sie mir. „Das hatte ich nicht erwartet. Ich tue viel weniger für andere, als ich früher getan habe, aber was ich tue, geht mir viel leichter von der Hand. Zum ersten Mal in meinem Leben als Christ *möchte* ich helfen. Ich *möchte* dienen. Ich empfinde keinen Widerwillen und keine Schuldgefühle mehr. Ich glaube, ich lerne allmählich, was es bedeutet, geliebt zu sein und aus diesem Gefühl heraus selbst zu lieben."

Man könnte Schlimmeres tun, als zu den Füßen der Prostituierten zu sitzen und von ihr zu lernen. Die Pharisäer in Ihrem Leben möchten, daß Sie Ihre eigene Bedürftigkeit ignorieren. Doch Sie sollten sich an die *wahrhaftig biblischen* Lehren halten (Mt 23,2-3), und während Sie sich Ihrer tiefen und verzweifelten Unvollkommenheit mehr und mehr bewußt werden, Ihrer Sehnsucht nach der Liebe Gottes und der Menschen, werden Sie – genau wie die Prostituierte und wie Sarah – mehr und mehr zu dem Menschen, als den Gott Sie gedacht hat.

Fragen Sie sich selbst: „Bitte ich um das, was ich brauche?"

Sie brauchen vielleicht mometan Unterstützung in einer Krise, Rat in bezug auf ein Problem oder Trost bei einem Verlust. Alle diese Bedürfnisse heißt der Vater im Himmel willkommen. „Alle gute Gabe und alle vollkommene Gabe kommt von oben herab" (Jak 1,17), und sie erreicht uns nicht selten durch andere Menschen (Apg 9,6-19).

Irrglaube Nr. 2:

Wenn ich geistlich genug wäre, hätte ich keine Probleme

Ted war entmutigt. Mit jedem Tag nahmen seine Depressionen zu. Schließlich wurden sie so stark, daß er sich fragte, ob er eigentlich ein richtiger Christ war. Er begann, länger und intensiver in der Bibel zu lesen und zu beten, und hörte sich alle möglichen christlichen Kassetten zu geistlichen Fragen an.

Doch seine Depressionen verschlimmerten sich auch weiterhin. Es ging so weit, daß er sich fragte, ob sein Leben überhaupt noch lebenswert war. Da er niemanden hatte, an den er sich mit seinem Problem wenden konnte, suchte er professionelle Hilfe.

„Ich verstehe das einfach nicht", gestand er mir gegenüber ein. „Ich habe sehr intensiv in der Bibel gelesen und immer versucht, dem Wort Gottes gehorsam zu sein. Ich lebe, so gut es geht, im Glauben. Ich lerne Bibelstellen auswendig, ich versuche, die richtigen Entscheidungen zu treffen. Ich habe mir die besten Bibelausleger der Welt angehört. Aber trotzdem bin ich immer noch so deprimiert, daß mein Leben mir eine Last ist."

„Was bedeutet das, Sie verstehen es nicht?" fragte ich ihn. „Warum sollten alle diese Dinge verhindern, daß Sie unter Depressionen leiden?"

„Wenn ein Christ tatsächlich mit Jesus leben würde, hätte er nicht solche Depressionen wie ich", argumentierte Ted. „Depressionen sind doch ein Zeichen von geistlichem Versagen. Ich weiß nur nicht, was ich falsch mache."

Was hat Schmerz mit Güte zu tun?

Mit dieser Denkweise steht Ted nicht allein da. Viele Christen sind der Meinung, daß sie, wenn ihr geistliches Leben in Ordnung ist, keine Probleme haben, kein Leid erleben und nicht sündigen werden. Wenn Schmerz oder Sünde in ihr Leben eindringen, muß geistlich mit ihnen etwas nicht in Ordnung sein.

Die falsche These, unter denen diese Christen leiden, ist folgende: *"Wenn ich geistlich genug bin, werde ich keine Probleme haben, keinen Schmerz erleben und nicht sündigen."*

Wenn diese Menschen dann doch Schmerz erleben, können sie ihn nicht erklären. Haben sie versagt? Hat Gott sie verlassen? Sollten sie geistlich etwas anders machen, damit der Schmerz verschwindet? Werden sie für irgendeine Sünde bestraft?

Menschen unter dem destruktiven Einfluß dieser These sehen nur zwei Möglichkeiten: sich entweder noch mehr um geistliche Disziplin zu bemühen oder sich vom christlichen Glauben ganz abzuwenden.

Das Beispiel Hiob

Die vielleicht bekannteste Person aus der Bibel, die diese Lektion lernen mußte, war Hiob. Sein Verlust war schrecklich: Sein Besitz wurde gestohlen oder zerstört, die Diener ermordet, alle seine Kinder starben, und sein eigener Körper war mit quälenden Geschwüren übersät.

Ted fragte sich wie Hiob, warum das so war. Wie konnte ein liebender Gott zulassen, daß so etwas passierte? Er hatte nichts Böses getan, und doch erlebte er unvorstellbares Leid.

Seine Depressionen verschlimmerten sich, und Hiob wünschte sich nur noch zu sterben: „Daß ich mir wünschte, erwürgt zu sein, und den Tod lieber hätte als meine Schmerzen" (Hiob 7,15).

Als Hiobs vermeintliche Freunde kamen, um ihn zu „trösten", waren sie mit der folgenden falschen These schnell bei der Hand: „Kannst du mir nur ein Beispiel nennen, wo ein gerechter Mensch schuldlos zugrunde ging?" (Hiob 4,6-7)

Mit anderen Worten, wenn du durch und durch heilig bist, wirst du keinen Schmerz erleben.

„Verdreht Gott, der Allmächtige, etwa das Recht? (...) Deine Kinder müssen gegen ihn gesündigt haben, darum hat er sie verstoßen und bestraft, sie haben bekommen, was sie verdienten" (Hiob 8,3-6).

Mit anderen Worten, du leidest, weil du sündigst. Wenn du wirklich gut wärst, würdest du das alles nicht erdulden müssen.

„Streck deine Hände empor und bete zu Gott! Mach deinen Fehler wieder gut, und laß in deinen Zelten kein neues Unrecht geschehen! (...) Dann kann dein Leben noch einmal beginnen" (Hiob 11,13-16).

Mit anderen Worten, wenn du dich ganz auf Gott verlassen und dich von der Sünde fernhalten würdest, müßte dein Schmerz verschwinden.

„Hiob, versöhn dich wieder mit Gott, schließ mit ihm Frieden, dann wird er dir sehr viel Gutes tun! Gib wieder acht auf das, was er dir sagt, und nimm dir seine Worte zu Herzen!" (Hiob 22,21-22).

Mit anderen Worten, das Heilmittel für deinen Schmerz ist, dich Gott zu unterwerfen und sein Wort zu studieren.

Die Botschaft, die Hiobs Freunde übermitteln, ist uns vertraut: *Du leidest, weil du geistlich versagt hast. Sieh zu, daß du das in Ordnung bringst, dann wird Gott dich segnen und dich von deinem Schmerz befreien.*

Später machte Gott Hiobs Freunden Vorwürfe, weil das, was sie Hiob zu sagen hatten, weder biblisch war noch den Tatsachen entsprach: „Ich bin voller Zorn über dich (Eliphas) und deine beiden Freunde; denn ihr habt nicht die Wahrheit über mich geredet, so wie mein Diener Hiob es tat!" (Hiob 42,7).

Doch immer wieder kommt es vor, daß Christen der Meinung sind, sie würden bestraft, weil sie etwas falsch gemacht haben. Und ihre Freunde haben keinen besseren Rat als die drei Freunde Hiobs: „Dir wird es besser gehen, wenn du dich mehr um geistliche Dinge bemühst."

Ganz im Gegenteil, Gott sagt uns, daß wir jeden Tag Sünde und Schmerz in uns selbst, bei anderen und in der Welt um uns herum erleben werden – auch wenn wir täglich Andacht halten und zweimal am Sonntag in den Gottesdienst gehen. Christ zu sein, bedeutet nicht, daß wir keine Probleme und keinen Schmerz erleben werden.

„Aber ich sollte solche Gedanken nicht haben ..."

Susans Mann absolvierte sein letztes Jahr an einem Seminar und bereitete sich auf das Pastorenamt vor. Trotz seiner Begeisterung für seinen zukünftigen Beruf waren die Jahre am Seminar schwierig gewesen. Susan und Sam hatten drei Kinder unter vier Jahren, sehr wenig Zeit füreinander, und auch das Geld reichte vorne und hinten nicht.

Susan gab sich die größte Mühe, „eine gute christliche Ehefrau und Mutter" zu sein, wie sie es nannte. Niemals beklagte sie sich, egal, wie viele Schwierigkeiten auch auf sie einstürmten. Immerhin war ihr ja beigebracht worden, mit Gottes Hilfe könnte sie alles bewältigen.

Doch mit einem Problem wurde sie nicht allein fertig: Sie hatte die zwanghafte Furcht, sie könnte eines Tages ihre Kinder während des Fahrens aus dem Auto werfen. Zuerst ignorierte sie diese Gedanken und hoffte, sie würden verschwinden. Aber die Bilder einer solchen Handlungsweise verfolgten sie regelrecht, darum versuchte sie, Bibelverse über das Gebet und ein reines Gedankenleben auswendigzulernen.

Doch die Gedanken wollten einfach nicht weggehen, so daß sie es schließlich nicht mehr wagte, mit den Kindern im Auto wegzufahren. Vollkommen verstört kam sie in meine Praxis. Wir sprachen über mögliche Ursachen dieser Gedanken. „Haben Sie sich schon mal überlegt, ob Sie vielleicht wegen Ihrer vielen Pflichten als Mutter zornig und überfordert sein könnten", fragte ich Susan, „und ob Sie die Kinder nicht manchmal einfach los sein möchten?"

Diese Frage ließ sie hochfahren. „Meine Kinder loswerden? Niemals. Ich liebe sie sehr. Wie können Sie so etwas auch nur denken?"

„Ich habe nicht unterstellt, daß Sie Ihre Kinder nicht lieben.

Ich habe nur angedeutet, daß Sie vielleicht zornig darüber sind, wie schwierig Ihre und Sams Situation im Augenblick ist und wie viele Pflichten auf Ihnen lasten."

„Es ist nicht richtig, zornig zu sein", erwiderte sie. „Das ist keine Frucht des Geistes. Man sollte so nicht empfinden, also empfinde ich nicht so."

„Ich weiß, daß Verärgerung kein gutes Gefühl und keine Frucht des Geistes ist", entgegnete ich. „Aber ich denke, Sie sind im Augenblick überfordert, sonst würde Ihnen der Gedanke, Ihre Kinder aus dem Wagen zu werfen, nicht kommen."

„Aber ich darf so *nicht* empfinden", sagte sie. „Das ist nicht richtig."

„Denken Sie, daß Sie immer nur ‚richtige' Dinge empfinden?"

„Aber das sollen wir doch", erwiderte sie ein wenig verunsichert. „Wir sollen Liebe, Geduld, Freude und so etwas empfinden. Keinen Zorn oder Haß auf das, was man zu tun hat."

„Aber was tun Sie, wenn Sie nun trotzdem Haß und Zorn empfinden?"

„Solche Gefühle lasse ich nicht zu. Sie sind nicht richtig. Das gefällt Gott nicht."

„Und wenn es nun in Ordnung wäre, solche Gefühle zu haben? Denken Sie, daß Sie dann solche Gefühle haben würden?"

„Aber es ist nicht in Ordnung. Das wäre Sünde."

„Glauben Sie, Sie könnten ohne Sünde leben?" fragte ich.

Jetzt fühlte sie sich in die Enge gedrängt.

Susan war von ihren Pflichten, der fehlenden Unterstützung ihres Mannes und ihrer Freunde und ihren unerfüllten Bedürfnissen überfordert. Kein Wunder, daß sie zornig war. Und die Tatsache, daß sie ihren Zorn leugnete, ließ irrationale Gedanken in ihr entstehen. Während sie langsam verstand, was die Bibel eigentlich über unsere negativen Gefühle sagt, fand sie nicht nur die Freiheit, einzugestehen, daß sie voller Groll war, sie bekam auch den Mut, Lösungen für ihre Probleme zu suchen.

Susan fand verläßliche Menschen, mit denen sie über ihren Schmerz, ihre Verletzungen und ihren Zorn sprechen konnte, die sie so viele Jahre in sich vergraben hatte. Alle ihre Aktivitäten, so erkannte sie, waren nur eine Strategie gewesen, um sich vor Verletzungen zu schützen. Doch als sie ihren Schmerz an die Oberfläche kommen ließ und ihn liebevollen Menschen gegenüber eingestand, stellte sie fest, daß sie die vielen Aktivitäten in ihrem Leben gar nicht mehr brauchte.

Susans Bild eines liebevollen Menschen, der ihrer Meinung nach jede Bitte erfüllen mußte, begann sich ebenfalls zu wandeln. Sie erkannte, daß es keine Sünde war, die Bitten anderer auch mal abzulehnen. Ihr Leben lang hatte sie sich von Forderungen bestimmen lassen – sie sollte geduldig sein, anderen dienen, nicht zornig werden –, und das hatte sie daran gehindert, tiefgehende Probleme zu lösen. Und nun, da sie sich und ihre Bedürfnisse nicht mehr permanent hintenan zu stellen brauchte, sich auch mal Zeit für sich selbst nehmen und Groll empfinden durfte, war sie bereit, sich der Wahrheit zu stellen und das eigentliche Problem zu lösen: ihren Zorn über ihre Machtlosigkeit.

Dadurch, daß sie anfing, ihr Leben selbst in die Hand zu nehmen und zu bestimmen, nahm die Wut ab. Und sie hatte nun die Freiheit, sich „sündige" Gefühle und Haltungen einzugestehen, um sie *dann* anzugehen.

Diese inneren Veränderungen wurden bald sichtbar. Sie lernte, den unrealistischen Anforderungen ihres Mannes Grenzen zu setzen. Sie fing an, Freunde und Familienmitglieder um Hilfe zu bitten, wenn sie Unterstützung brauchte. Sie wartete nicht, bis sie krank wurde, bevor sie sich gestattete, sich auch einmal Zeit für sich selbst zu nehmen. Sie versuchte nicht mehr, Ehefrau, Mutter, Lehrerin und unbegrenzt Dienstleistende für die Nachbarschaft und die Gemeinde zu spielen, sondern beschnitt ihre Erwartungen an sich selbst auf ein realistisches Maß.

Wie wir versuchen, den Schmerz zu umgehen

Susan war in einer Falle gefangen und zwischen zwei Gefühlen hin- und hergerissen: „Ich darf so nicht empfinden. Aber ich empfinde nun mal so." Was tun Sie, wenn Sie Gefühle in sich entdecken, die „gute Christen" nicht haben sollten? Oder wenn Sie feststellen, daß Sie Dinge tun, die „gute Christen" nicht tun sollten?

Es gibt drei Arten, wie wir mit unseren negativen Gefühlen und Verhaltensweisen umgehen, wenn wir uns nicht gestatten, sie zu haben: Leugnung, Taten und Gesetzlichkeit.

Leugnung. Als Susan die Gefühle leugnete, die sie ihrer Meinung nach nicht empfinden durfte, führte das zu Zwangsvorstellungen.

König David erkannte dies, als er zu Gott betete: „Durchforsche mich, o Gott, und sieh mir ins Herz, prüfe meine Gedanken und Gefühle! Sieh, ob ich in Gefahr bin, dir untreu zu werden, dann hol mich zurück auf den Weg, der zum ewigen Leben führt" (Ps 139,23-24).

Er vermutete, daß in seinem Leben Dinge vorhanden waren, die Gott nicht gefielen. Doch anstatt sie zu leugnen, wollte er sich der Wahrheit stellen. Er hatte keine Angst vor seiner Fehlerhaftigkeit, sondern er wußte, daß Gott groß genug war, damit fertigzuwerden.

Leugnung bringt nicht nur psychologische Symptome wie Depression oder Angstgefühle hervor; eine solche Haltung bringt uns auch dazu, andere zu verurteilen, weil wir sie nicht richtig einschätzen können. Häufig kritisieren oder verachten wir sie für Dinge, die wir bei uns selbst leugnen: „Klagt ihr nicht bei anderen an, was ihr selbst tut, und sprecht euch damit euer eigenes Urteil?" (Röm 2,1).

In der Bibel wird ganz klar gesagt, daß es falsch ist, unsere eigene Fehlerhaftigkeit zu leugnen. Immer wieder weist uns Jesus darauf hin, daß wir bekennen und uns unserer Sünde stellen müssen. „Was aus dem Inneren des Menschen kommt", sagte Jesus, „seine Gedanken, Worte und Taten, die lassen ihn unrein werden. Denn aus dem Inneren, aus dem Herzen der Menschen, kommen all die bösen Gedanken wie: Unzucht, Diebstahl, Mord, Ehebruch, Habsucht, Bosheit, Betrügerei, Begehrlichkeit, Neid, Verleumdung, Überheblichkeit und Leichtsinn. Dies kommt von innen heraus, und das ist es auch, was die Menschen von Gott trennt" (Mk 7,20-23).

Jesus möchte, daß wir uns unseren eigentlichen Gefühlen stellen und sie nicht mit religiöser Aktivität überdecken.

Menschen, die ihre eigene Fehlerhaftigkeit vertuschen wollten, stellt Jesus bloß: „Wehe euch, ihr Schriftgelehrten und Pharisäer! Ihr Heuchler! Äußerlich seid ihr wie die Becher, aus denen ihr trinkt. Auf Hochglanz poliert. Aber euer wirkliches Leben besteht aus schmutziger Erpressung und Gier" (Mt 23,25-26).

Leugnung ist ganz eindeutig keine biblische Option für den Umgang mit negativen Gefühlen: „Wenn wir sagen, wir haben keine Sünde, so betrügen wir uns selbst, und die Wahrheit ist nicht in uns" (1 Joh 1,8). Die gute Nachricht ist jedoch, daß wir uns in der Liebe und Gnade Gottes geborgen wissen dürfen. Wir können zu unseren Fehlern stehen und brauchen nicht zu befürchten, dafür verdammt zu werden.

Taten. Eine andere Art, mit unserer schlechten Seite umzugehen, ist, um so härter zu arbeiten in dem Bemühen, unsere Fehler gutzumachen, uns zu bessern oder unsere Schuld abzumildern. Die Bibel nennt dies „Erlösung durch Werke" (Eph 2,9); wir versuchen, uns selbst zu erretten, indem wir uns mehr *bemühen*. Genauer, wir versuchen, uns selbst durch noch härtere Arbeit zu vervollkommnen und zu heiligen (Gal 3,3).

Das versuchte zum Beispiel auch Joe. Er haßte Scott von ganzem Herzen. Doch wann immer Joe merkte, daß seine feindseligen Gefühle wieder hochkamen, fühlte er sich sofort schuldig und beschämt.

Anstatt sich selbst seinen Haß einzugestehen und zu versuchen, ihn zu bewältigen, verdrängte er ihn und versuchte, besonders freundlich zu Scott zu sein. Joe redete sich ein, durch sein höfliches Verhalten Scott gegenüber hätte er „den neuen Menschen angezogen" (Eph 4,24). Das Problem bei dieser Haltung seiner dunklen Seite gegenüber war jedoch, daß er seine ursprünglichen Gefühle nicht zuerst akzeptiert und bekannt hatte. Er versuchte, sich selbst aus seinem Haß herauszuarbeiten, anstatt ihn zu bekennen. Je stärker er versuchte, nett zu Scott zu sein, desto mehr mußte er feststellen, daß er schlecht über Scott redete oder sich vor anderen über ihn lustig machte. Das

Bemühen allein machte ihn nicht zu einem liebevolleren Menschen.

Eines Tages stieß Joe auf den folgenden Vers in den Sprüchen: „Wer seinen Haß versteckt, ist ein Heuchler, und wer andere hinter ihrem Rücken verleumdet, ist ein hinterhältiger Mensch" (Spr 10,18).

Er erkannte, daß seine Schmeicheleien und seine Freundlichkeit im Grunde genommen nur seinen Haß verbergen sollten.

Wir versuchen es auch mit anderen Werken – zum Beispiel, täglich in der Bibel zu lesen und zu beten, und denken, das allein würde uns irgendwie umgestalten. Doch mechanisch verrichtete religiöse Übungen allein sind nutzlos, wenn wir uns unseren Problemen nicht stellen. Sie werden zu leeren Regeln.

„Möglich, daß Menschen, die danach leben, den Anschein von Weisheit erwecken, zumal sie fromm wirken und sich selbst bei diesen Anstrengungen nicht schonen. Tatsächlich aber hat dies alles überhaupt nichts mit der Ehrfurcht vor Gott zu tun, sondern es dient ausschließlich menschlichem Ehrgeiz und menschlicher Eitelkeit" (Kol 2,23).

Gesetzlichkeit. Ein weiterer Trick beim Umgang mit unserer Sündhaftigkeit ist, sie „unter das Gesetz zu stellen" — das heißt, wir verdammen sie, fühlen uns deswegen schuldig und werden zornig darüber. Wir sind tatsächlich der Meinung, das reine Vorhandensein unserer Schuld würde uns dazu bringen, uns zu ändern.

Becky versuchte, ihren Neid auf ihre Schwester „unter das Gesetz zu stellen". Sie war sich selbst gegenüber zu ehrlich, um ihre Gefühle zu leugnen, doch wann immer sie neidisch wurde, ärgerte sie sich über sich selbst und sagte: „Ich bin so schlecht." Sie war wütend, weil sie ihre negativen Gefühle nicht unter Kontrolle hatte. Deshalb versuchte sie, sich durch Selbstermahnung dazu zu bringen, liebevollere Gefühle zu entwickeln. (Siehe auch Kapitel „Irrglaube Nr. 9"; dort wird ausführlicher darüber gesprochen, daß Schuldgefühle uns nicht verändern können.)

Schuld ist ein wichtiges Merkmal des Gesetzes. Wie Paulus und andere Schreiber häufig in ihren Briefen herausstellen, bringt das Gesetz Zorn hervor. Es bringt uns dazu, mehr zu sündigen, hält uns gefangen und verdammt uns als vollkommene Versager, wenn wir auch nur eine Regel brechen (Röm 4,15; 5,20; 7,5; Gal 3,23; Jak 2,10). Das Gesetz ruft häufig Zorn hervor; und wenn wir zornig auf uns selbst sind und uns für unsere Sündhaftigkeit verurteilen, handeln wir aus dem Gesetz von Sünde und Tod heraus. Wir sind dazu bestimmt, dieses Muster zu wiederholen, bis Gott es durch seine Gnade überwindet (Röm 7,9-10).

Doch Schuldgefühle und Verdammnis seien hilfreich, behaupten einige Christen, da sie uns zur Buße leiten. Die Bibel stellt die zerstörerischen Eigenschaften der Schuld jedoch sehr deutlich heraus. Christus ist gestorben, um uns von der Verdammnis zu befreien; sie hat keinen Platz im Leben eines Gläubigen (Röm 8,1).

Diese Art des Umgangs mit unserer Sünde – Leugnung, Taten und Gesetzlichkeit – findet ihren Ursprung in der falschen Annahme, daß wir nicht mehr sündigen, wenn wir Christen geworden sind.

Nicht alle negativen Gefühle sind Sünde

Es ist nur natürlich, daß wir unsere Sündhaftigkeit leugnen. Wer möchte sich selbst schon so häßliche Gefühle wie Verbitterung, Neid oder Haß eingestehen?

Aber was ist mit negativen Gefühlen, die keine Sünde sind oder dadurch entstehen, daß wir in einer unvollkommenen Welt leben? Was sollen wir mit dem Schmerz, der Trauer, dem Zorn, der Traurigkeit oder der Angst machen, die aus sexuellem, körperlichem oder emotionalem Mißbrauch entstanden sind?

Manche Christen sind der Meinung, daß solche Gefühle ein Hinweis auf nicht bekannte Sünde sind. Der leidende Mensch wird auch noch verurteilt, weil er Schmerz empfindet.

Eine solche Irrlehre mußte sich auch Hiob von seinen Freunden anhören. Aber im Gegensatz zu ihren Behauptungen war er nur ein Opfer der Umstände. Tragische Ereignisse waren über ihn hereingebrochen. Vielleicht waren einige seiner Ansichten über Gott ein wenig verzerrt, doch seine Sünde war durchaus nicht der Grund für sein Leid, sondern die unglaublichen Verluste, die er erlitten hatte.

Wenn wir Schmerz und Zorn über das empfinden, was uns zustößt, müssen wir angemessen auf diesen Schmerz reagieren. Die Bibel spricht davon, wie wichtig es ist, in der rechten Weise mit unserer Traurigkeit umzugehen (siehe Röm 12,15; Pred 3,4; 7,2-4). Sie zeigt uns auf, was wir mit unserem Zorn machen sollen (siehe Eph 4,26-27) und erklärt, wie Leiden uns läutert (Röm 5,3-4; Heb 2,10-11). Aber an keiner Stelle in der Bibel ist zu finden, daß Leid, das aus schmerzhaften Erfahrungen entsteht, Sünde ist. Nirgendwo.

Und doch wird in manchen christlichen Kreisen Opfern von Kindesmißbrauch, Scheidung und emotionalem Mißbrauch gesagt, daß sie nicht aus der Fülle des Evangeliums leben, weil sie wegen dem, was ihnen in der Vergangenheit zugefügt worden ist, leiden. (Eine solche Lehre kommt den Doktrinen der Christlichen Wissenschaft, einer Sekte nahe, die die Wirklichkeit von Schmerz und Krankheit leugnen.)

Die Opfer für ihren Schmerz verantwortlich zu machen, ist eine Sünde gegen die Verletzten, gegen die Menschen, die zerbrochenen Herzens und unterdrückt sind; es ist eine Sünde gegen Gott, der den Leidtragenden besonders beisteht (Ps 34,19). Überall in der Bibel lesen wir, daß Gott sich auf die Seite des verwundeten Opfers stellt. Wir werden aufgefordert, die Deprimierten aufzurichten: „Ermutigt die Verzagten, helft den Schwachen, und bringt für jeden Menschen Geduld und Nachsicht auf" (1 Thess 5,14).

An keiner Stelle in der Bibel wird uns gesagt, wir sollten uns gegen die Verletzten stellen. Ganz im Gegenteil, wir werden ermahnt, sie zu lieben. Ermahnung, so heißt es, soll den „Unordentlichen" vorbehalten sein (1 Thess 5,14). Hiob, das Urbild des Leidenden, sagt uns ganz klar, wie wir mit den Leidtragenden umgehen sollten: „Wer so verzweifelt ist wie ich, braucht Freunde, die fest zu ihm halten" (Hiob 6,14).

Viel zu oft hält die Gemeinde leidenden Menschen ihren Schmerz vor, anstatt ihnen mit Freundlichkeit und Mitgefühl zu begegnen. Wegen dieser falschen Botschaft wendet sich der verwundete Mensch häufig von Gott und der Gemeinde ab.

Die Folgen

Wenn man Ihnen beigebracht hat, daß in einem wahrhaft geistlichen Leben kein Platz für Schmerz oder Fehlerhaftigkeit ist, werden Sie das Gefühl haben zu versagen, Energie zu vergeuden, Sie werden Heimlichkeiten vor anderen haben, Unversöhnlichkeit und mangelnde Liebe empfinden.

Gefühle des Versagens. In der Bibel wird das Versagen als etwas ganz Normales hingestellt. „Das Gesetz ist von Gottes Geist bestimmt", schreibt der Apostel Paulus, „das wissen wir genau. Ich aber bin nur ein Mensch und der Herrschaft der Sünde ausgeliefert. Ich verstehe ja selber nicht, was ich tue. Das Gute, das ich mir vornehme, tue ich nicht; aber was ich verabscheue, das tue ich" (Röm 7,14-15.18.21).

Es ist vollkommen normal, daß wir versagen. Wenn wir den Menschen sagen, sie sollten ohne Schmerzen oder Sünde leben, vermitteln wir ihnen große und unverdiente Schuldgefühle, weil sie versagen – und zwar einfach, weil sie normale, sich abmühende, fehlerbehaftete menschliche Wesen sind.

Wenn ich mit meinem Schmerz nur umgehen kann, indem ich ihn leugne oder mich noch mehr bemühe, ihn nicht zu empfinden oder indem ich mich dafür verurteile, stempele ich mich selbst zum Versager ab. Die Bibel jedoch bietet uns die Freiheit, unsere Probleme zu akzeptieren und uns ihnen zu stellen.

Vergeudete Energie. Viele Christen versuchen, Schmerz und Sünde zu überwinden, indem sie sich noch mehr abstrampeln und so ihre Energie vergeuden. Sie wollen aus eigener Kraft ihre eigene Fehlerhaftigkeit, die sie noch nicht akzeptiert haben, überwinden. Denken Sie an die Worte Jesu: „Wer sein Leben um jeden Preis erhalten will, der wird es verlieren. Wer aber sein Leben für mich einsetzt, der wird es für immer gewinnen" (Lk 9,24). Kein Mensch kann durch menschliches Bemühen umgestaltet werden.

Heimlichkeiten. Die einzige wirkliche Antwort auf Sünde ist Buße, Vergebung und Gnade. Wir müssen unsere Fehler und unseren Schmerz in die Beziehung zu Gott und anderen einbringen, um geheilt zu werden (1Joh 1,9; Jak 5,16). Dies geschieht, indem wir bereuen und um Vergebung bitten. Dann wird uns Gottes Gnade zuteil. Wenn wir der Meinung sind, wir dürften nicht stolpern und fallen, werden wir tun, was Adam und Eva taten, als sie die Beziehung zu Gott verließen — sie haben sich versteckt.

Getrennt von der Liebe Gottes, verstecken wir uns. Erst wenn wir sicher sind, daß wir unsere Schlechtigkeit und unseren Schmerz ohne Angst vor Strafe bekennen können, werden wir Heilung erfahren. Was wir verstecken, ist nicht im Licht, sondern in der Dunkelheit (Eph 5,13-14) und kann von Gott nicht umgewandelt werden. Heilung entsteht immer durch bedingungslose Annahme, die wiederum nur durch eine persönliche Beziehung möglich ist.

Unversöhnlichkeit. Wenn Menschen ihren Schmerz aus der Vergangenheit verbergen, können sie anderen, die ihnen weh getan haben, nicht vergeben. Und doch ist Vergebung der Weg, auf dem Gott dem Leid der Vergangenheit den Stachel nimmt.

Verwundete und leidende Christen, denen gesagt wird, sie sollen das, was ihnen angetan wurde, einfach vergessen, haben den Vergebungsprozeß noch nicht durchlebt. Sie begraben Unversöhnlichkeit in ihrem Herzen. Doch um Vergebung gewähren zu können und uns von dem zu lösen, was uns weh getan hat, müssen wir die Verletzungen nennen und durchleiden. Wenn Sie es sich versagen, sich mit dem Schmerz der Vergangenheit auseinanderzusetzen, versagen Sie sich damit die befreiende Macht der Vergebung.

Es gibt auch noch andere Fallen. Einige Christen werden Ihnen raten, als einen *Akt des Willens* zu vergeben — obwohl die Bibel uns auffordert, mit unserem *Herzen* zu vergeben (Mt 18,35). Es ist mehr als intellektuelle Begnadigung notwendig. Wir müssen denen, die uns weh getan haben, mit unserem ganzen Sein vergeben — mit dem Verstand und den Gefühlen und natürlich auch in einem Akt des Willens.

So hat uns Gott vergeben. Er hat seinem Zorn, seiner Traurigkeit und seinem Schmerz Ausdruck verliehen. Er nannte die

Sünde gegen ihn mit Namen und vergab sie dann. Das allein ist unser Vorbild.

Die falsche Annahme, wir könnten Schmerz und Sündhaftigkeit „wegmachen", indem wir sie leugnen, blockiert die Menschen in ihrem Bestreben, dem Vorbild Christi zu folgen. Einige haben mit ihrem Willen vergeben, doch in ihren Herzen tragen sie noch immer Schmerz und Wut mit sich herum.

In unserem Herzen können wir nur empfinden, was wir erfahren haben. Wenn wir die Liebe und Vergebung Gottes und anderer nicht erlebt haben, wird die Gnade nicht die volle Wirkung auf uns haben (1 Joh 1,9; Jak 5,16). Wenn Sie sich Ihrer eigenen Sündhaftigkeit nicht stellen, sondern sie vor Gott und anderen verbergen, nehmen Sie die Gnade Gottes nicht in Anspruch. Sie werden auch nicht in der Lage sein, anderen Vergebung zu gewähren. In der Bibel heißt es, daß wir anderen vergeben können, weil Gott uns zuerst vergeben hat (Mt 18,23-35; 1Joh 4,19).

Mangelnde Liebe. Wir werden nicht mit der Fähigkeit zu lieben geboren; wir lernen es, indem uns Liebe vorgelebt wird. „Laßt uns lieben, denn er hat uns zuerst geliebt" (1Joh 4,19). Außerdem lehrt uns Jesus, daß unsere Fähigkeit zu lieben im engen Zusammenhang steht mit dem Ausmaß, in dem uns vergeben worden ist. Jesus nimmt die große Liebe der Prostituierten, die seine Füße wusch, als Hinweis darauf, daß ihr viel vergeben worden ist. Dann warnte er: „Wem aber wenig vergeben wird, der liebt wenig" (Lk 7,47).

Wenn wir geistliches Leben mit Sündlosigkeit gleichsetzen, haben wir den Kontakt zu unserer eigenen Menschlichkeit verloren. Dann ist uns auch nicht mehr bewußt, daß wir Vergebung brauchen (wie bei Simon, dem Pharisäer). Wenn uns nur wenig vergeben worden ist, lieben wir nur wenig.

Je mehr wir uns unseren Unzulänglichkeiten stellen und sie Gott bringen, desto größer wird unsere Fähigkeit zu lieben. Menschen, die keine Scheu haben, ihre Sünden zu bekennen, weil Gott und seine Kinder gnädig sind, werden zu immer liebevolleren Menschen. Liebe ist eine Frucht der Vergebung.

Sie werden Schmerzen erleiden, und Sie werden sündigen

Was lehrt denn nun die Bibel in bezug auf Schmerzen und Leid im Leben eines Christen?

Genau das Gegenteil – nämlich: daß wir Schmerzen erleiden werden, daß wir sündigen werden und daß wir aufgrund der Gnade Gottes die Freiheit haben, uns diesen Dingen zu stellen.

Wenn Bekennen bedeutet, daß wir die Wahrheit akzeptieren, müssen wir wissen, was die Bibel über Fehler sagt.

1. Fehlerhaftigkeit ist normal. Rechnen Sie mit Versagen. Deshalb mußte Jesus ja für uns sterben. Zu glauben, wir könnten vollkommen werden, nachdem wir Christen geworden sind, bedeutet, daß wir unser zutiefst fehlerbehaftetes Wesen leugnen (1 Joh 1,8). Rechnen Sie also damit, alles, was Jesus in Markus 7,20-23 auflistet, bei sich zu finden. Aber haben Sie keine Angst davor. Nehmen Sie es an, weil Gott gnädig ist.

Sünde als normal anzusehen, widerspricht nicht der durchaus richtigen Lehre, daß wir über die Sünde siegen sollen. Es bedeutet nur, daß wir, solange wir auf der Erde leben, damit rechnen müssen, Fehler zu machen.

2. Negative Gefühle aufgrund von Verletzungen sind normal, keine Sünde. Es ist normal, zornig zu sein, wenn man betrogen worden ist, oder verletzt zu sein, wenn man belogen worden ist, oder traurig, wenn man von jemandem geschnitten worden ist. Es wird uns nicht leichtfallen zu verarbeiten, wenn wir zum Beispiel sexuell mißbraucht oder sonstwie mißhandelt worden sind oder den Verlust eines unserer Lieben zu verkraften haben. Um gesund zu werden, müssen wir diese normalen Reaktionen auf das Verletztwerden in einer gefallenen Welt akzeptieren und verarbeiten (Pred 7,3-4).

3. Wir müssen angemessen mit beiden Arten von Gefühlen umgehen. Wir müssen unsere Sünde bekennen und uns von ihr abwenden – unseren Neid, unsere Eifersucht, unsere Bitterkeit, unseren Stolz und unsere Vorurteile. Wir müssen aber auch unseren Schmerz – unsere Traurigkeit, unseren Kummer, unser Verletztsein, unsere Verlassenheit und das Gefühl der Zurückweisung – zu Gott und unseren Mitmenschen bringen, wo wir Liebe und Heilung erfahren.

Das ist es, was David in den Heilungspsalmen beschreibt (zum Beispiel Ps 13; 30; 31,9-19; 32; 38; 102; 103,1-5). Er hat Gott sein Herz ausgeschüttet und für seine Befreiung gedankt (Ps 116,5-9). Und auch wir müssen, nachdem wir Vergebung erfahren haben, denen vergeben, die uns Schmerzliches angetan haben. Nicht umsonst heißt es, man trägt jemandem etwas nach. Nicht derjenige, der uns die Schmerzen angetan hat, ist der Belastete, sondern wir selbst. Freiheit von der Vergangenheit bedeutet, Gnade sowohl zu empfangen als auch zu gewähren.

4. Das Evangelium ist eine einzige Sinfonie der Gnade, und wir müssen darin wachsen. Jedes Gefühl oder jede Verhaltensweise, für die wir uns schuldig fühlen, ist ein Signal, daß wir die Gnade Gottes in diesem Bereich noch nicht angenommen haben.

Jesus hat dafür gesorgt, daß wir uns dem Bösen in uns stellen können und es nicht mehr zu fürchten brauchen. Durch die Vergebung bringt er uns wieder zurück in die Beziehung zu ihm und zu anderen. Im Hebräerbrief heißt es: „Darum wollen wir uns Gott nähern mit aufrichtigem Herzen und im festen Glauben; denn das Blut Jesu Christi hat uns von unserem schlechten Gewissen befreit und von aller Schuld reingewaschen. Haltet an dieser Hoffnung fest, zu der wir uns bekennen, und laßt euch durch nichts davon abbringen. Ihr könnt euch felsenfest auf sie verlassen, weil Gott sein Wort hält" (Heb 10,22-25).

Weil Gott akzeptiert hat, daß wir gefallene Menschen sind, können wir dies auch tun. Wir brauchen uns nicht mehr zu verstecken. Wir können unser fehlerhaftes Wesen voreinander und zu Gott bringen und durch diese sicheren Beziehungen Heilung finden.

Irrglaube Nr. 3:

Wenn ich mein Verhalten ändere, ändert sich auch meine Einstellung

Deboras Magen krampfte sich zusammen, als sie mit ihrem Kleinbus in die Einfahrt einbog. Sie wußte, was sie zu Hause erwartete: schlecht gelaunte Kinder und ein nörgelnder Ehemann. Barry und die Kinder waren im Grunde nicht übel, aber in dieser Familie kam anscheinend einfach niemand mit dem anderen aus.

Debora glaubte, daß ein großer Teil der Schuld bei ihr zu suchen war. In letzter Zeit war sie keine gute Ehefrau und Mutter gewesen. Müde und deprimiert hatte sie sich morgens zum Aufstehen zwingen müssen. In ihren schlimmsten Augenblicken hatte sie sogar gedacht: „Wozu eigentlich weitermachen?"

Hilfesuchend wandte sich Debora mit ihrer Geschichte an Sharon, die Frau eines der Ältesten ihrer Gemeinde, die für ihre große Frömmigkeit bekannt war. „Das Schlimmste ist", schloß Debora, „daß ich das Gefühl habe, meinen Lebensmut zu verlieren. Ich kann das einfach nicht mehr abschütteln."

Die ältere Frau nickte mitfühlend mit dem Kopf. „Debora, Ihre negativen Gefühle kommen daher, daß Sie nicht mehr liebevoll handeln. Gefühle sind immer eine Folge von Verhalten."

„Aber was kann ich denn tun?" fragte Debora.

„Drehen Sie den Spieß doch einfach um. Wenn Sie liebevoll handeln, werden Sie auch Liebe empfinden. Verhalten Sie sich Barry gegenüber noch fürsorglicher. Tun Sie den Kindern etwas Gutes. Helfen Sie jeden Tag einem Menschen. Lächeln Sie häufiger. Sie werden erstaunt sein, welche Veränderungen sich in

Ihrem Herzen vollziehen werden. Die Bibel sagt, wir sollen ‚den neuen Menschen anziehen' – und das bedeutet, daß wir uns wie liebevolle Christen benehmen sollen. Dann *fühlen* Sie sich auch wie ein liebevoller Christ."

Debora schien es unehrlich zu sein, einfach völlig anders zu handeln, als sie empfand, aber sie war zu allem bereit. An diesem Abend trat sie also mit gespielter Fröhlichkeit ins Wohnzimmer, sah Barry in seinem Schaukelstuhl sitzen, atmete tief durch und sagte fröhlich: „Hallo, Liebling! Ich werde dir und den Kindern heute abend ein Pfeffersteak braten."

Barry und die Kinder genossen das Abendessen und Deboras Fröhlichkeit. Es gab nur ein Problem: An Deboras Depressionen hatte sich nichts geändert. Sie fühlte sich kurz besser, nachdem sie das Abendessen zubereitet hatte, doch das war auch alles.

„Ich habe das Gefühl, durch einen tiefen Tunnel hinab in die Dunkelheit zu fallen", sagte sie mir ein paar Tage später. „Dann und wann tue ich etwas Positives, aber es ist, als würde ich meine Fingernägel nur in die Tunnelwand graben. Ich kann mich nicht lange halten."

Die Verhaltensfalle

Viele Christen, die Hilfe suchen, werden von der dritten vermeintlich biblischen These geplagt, die einen Menschen krank machen kann: *„Wenn ich mein Verhalten ändere, verändert sich auch meine innere Einstellung."* Diese These besagt doch nichts anderes, als daß eine Verhaltensänderung der Schlüssel zu geistlichem und emotionalem Wachstum ist. Wie Deboras ältere Freundin es ausdrückte: „Je mehr wir richtig handeln, desto besser fühlen wir uns."

Diese Lehre unterstellt, daß unsere Gefühle in Ordnung kommen, wenn wir uns einfach immer besser verhalten, zum Beispiel einem anderen gegenüber liebevoller empfinden und handeln, gegen Depressionen ankämpfen, fröhlich sind und nur positive Gedanken aufkommen lassen, wenn wir gegen Zorn angehen, anderen gegenüber freundlich sind, zerstörerische Angewohnheiten überwinden (zwanghaftes Essen, Drogen- oder

Alkoholmißbrauch, Geldprobleme, sexuelle Abhängigkeiten), einfach „Nein" sagen zu einem weiteren Stück Kuchen, einem dritten Glas Wein, einer neuen Jeans, einer pornographischen Zeitschrift.

Diese falsche These, die Christen immer wieder vermittelt wird, ist von der behavioristischen Schule der Psychologie beeinflußt worden, nach der Verhalten Gefühle verändern kann.

Wo liegt denn nun das Problem?

Natürlich ist auch in dieser biblisch klingenden These ein Körnchen Wahrheit zu finden. Sollen wir nicht alle „einander anreizen zur Liebe und zu guten Werken" (Heb 10,24)? Wie kann es ein Problem sein, gute Werke zu tun?

Das Problem ist nicht, gute Werke zu tun, sondern die Rolle, die diese Werke in unserem geistlichen und emotionalen Wachstum spielen.

Problem 1:
Wenn man nur das Verhalten ändert, verwechselt man die Frucht mit der Wurzel.

Immer wieder weist die Bibel darauf hin, daß unsere Taten das Ergebnis einer geistlichen Veränderung sind, nicht die Ursache dafür. Positives Verhalten ist der Wagen, nicht das Pferd. Verhaltensänderungen wie zum Beispiel liebevolleres oder verantwortungsbewußteres Handeln lassen darauf schließen, daß Gott in uns arbeitet, uns immer mehr zu den Menschen umgestaltet, als die wir gedacht sind.

Sehen Sie sich an, welche Frucht Gott in uns entstehen lassen möchte: „Die Frucht des Geistes ist Liebe" (Gal 5,22); „die Frucht des Lichts ist lauter Güte und Gerechtigkeit und Wahrheit" (Eph 5,9); „Ich bete darum, daß eure Liebe immer reicher und tiefer wird, je mehr ihr Gottes Willen erkennt und euch danach richtet. So lernt ihr entscheiden, wie ihr leben sollt, um am Gerichtstag Jesu Christi untadelig und ohne Schuld vor euern Richter treten zu können. Alles Gute, was Christus in einem von

Schuld befreiten Leben schafft, wird dann bei euch zu finden sein" (Phil 1,9-11).

Paulus bittet Gott, die Kolosser mit der Erkenntnis Gottes zu erfüllen: „Dann nämlich könnt ihr so leben, wie es Gott gefällt, und viel Gutes tun" (Kol 1,10). Positives Verhalten, ob es nun der Kampf gegen zwanghaftes Essen ist oder das Bemühen, beim Arbeiten in der Küche nicht immer das totale Chaos anzurichten, ist ein Ergebnis des Wirkens Gottes in unseren Herzen.

Die Bibel sieht zerstörerisches Verhalten nicht als die Ursache für eine schlechte Haltung an, sondern als die *Folge* des sündigen Zustands unseres Herzens. „Denn selbstsüchtig, wie wir sind, wollen wir immer das Gegenteil von dem, was Gottes Geist will. Gebt ihr (...) euern selbstsüchtigen Wünschen nach, ist allen klar, wohin das führt: zu einem sittenlosen Leben, Unzucht und hemmungsloser Zügellosigkeit, zur Anbetung selbstgewählter Idole und zu abergläubischem Vertrauen auf übersinnliche Kräfte. Feindseligkeit, Streitsucht, unberechenbare Eifersucht, Intrigen, Uneinigkeit und Spaltungen bestimmen dann das Leben ebenso wie Neid, Trunksucht, üppige Gelage und ähnliche Dinge" (Gal 5,17.19-21). Mit anderen Worten, Probleme in uns selbst führen zu selbstsüchtigem, verletzendem Handeln.

Wenn gute Werke – das heißt, eine Verhaltensänderung – nicht zu geistlichem und emotionalem Wachstum führen, was dann?

Die Antwort liegt auf der Hand: Geistliches und emotionales Wachstum geschieht nicht in einem Augenblick. So, wie wir uns körperlich weiterentwickeln – vom Säugling zum Krabbelkind, zum Jugendlichen und schließlich zum Erwachsenen –, so machen wir auch unterschiedliche Phasen in der Entwicklung unserer Gefühle durch: die Bindung an andere, das Loslösen von anderen, das Erkennen von Gut und Böse und schließlich das Erwachsenwerden.[1]

Bindung an andere. Die Bindung an andere – auch „Liebe" genannt – ist unser tiefstes und ursprünglichstes geistliches und emotionales Bedürfnis. Gott ist ein auf Beziehungen angelegtes Wesen, und er hat uns ebenfalls als Beziehungswesen geschaffen (1 Joh 4,16). Wir brauchen die Verbindung zu Gott und anderen Menschen, um das Gefühl der Sicherheit und Dazugehörigkeit, um Bestätigung und Nahrung zu bekommen. Menschen, die als Kinder keine Bindungsfähigkeit entwickeln konnten, fällt es später schwer zu vertrauen, sich anderen zu öffnen und sich auf sie zu verlassen. Als Folge davon können sie depressiv werden oder zum Beispiel zwanghafte Eßgewohnheiten entwickeln, weil sie im Essen Trost suchen und nicht in der Liebe anderer Menschen.

Loslösung von anderen. Unser zweites Entwicklungsbedürfnis ist, uns von anderen zu lösen, um die Verantwortung für unser Leben selbst zu übernehmen. Wir müssen lernen, wer wir und wer die anderen sind. Wir müssen lernen zu unterscheiden, wofür Gott uns die Verantwortung übertragen hat und wofür nicht. Dieses Prinzip des Lernens von Verantwortung bezieht sich auf alle Lebensbereiche und reicht von dem Auftrag Gottes an den Menschen, sich die Erde untertan zu machen (Gen 1,28), bis hin zur Ablehnung der Bitte eines Freundes, ihm Geld zu leihen, das Sie ganz dringend für sich benötigen. In dieser Entwicklungsphase müssen wir die Fertigkeit erlernen, Grenzen um unser geistliches Eigentum zu ziehen.[2]

Menschen, die während dieser Entwicklungsphase verletzt werden – Menschen mit unklaren persönlichen Grenzen –, können oft nur sehr schwer „Nein" sagen. Es fällt ihnen schwer, ein Ziel im Blick zu behalten, ihr Leben zu organisieren und zu kontrollieren. Sie neigen zum Jähzorn, zur Panik oder zu Depressionen, wenn ihnen die Projekte und Menschen, für die sie sich verantwortlich fühlen, zuviel werden.

Gut und Böse erkennen. Nachdem wir gelernt haben, „Ja" zur Liebe (Bindungsfähigkeit) und „Nein" zum Vereinnahmtwerden (Grenzen setzen) zu sagen, ist unser drittes Entwicklungsbedürfnis, das Problem von Gut und Böse zu lösen. In dieser Phase lernen wir, daß es in der Welt und in unserem Innern nicht nur Schwarz oder Weiß gibt. Wir lernen, daß wir unvollkommene Menschen sind, die mit unvollkommenen Menschen in einer unvollkommenen Welt zusammenleben. Von unseren unmöglichen Idealen für uns selbst und andere gehen wir dazu über, um unsere Verluste zu trauern, anderen zu vergeben und selbst auch Vergebung zu empfangen. Jesus sagte, daß er nicht für die Gesunden, sondern für die Kranken gekommen sei (Mt 9,12). Wenn wir unsere Fehlerhaftigkeit als etwas akzeptieren, das uns näher zu Jesus zieht, werden wir weise. Menschen, die in dieser dritten Phase verletzt wurden, neigen häufig zu Perfektionismus, zu allzu großem Optimismus, Leugnung oder Scham. Sie haben das Grundgefühl, daß das Leben nicht fair ist. Die Folge einer solchen Verletzung kann Bulimie oder eine sexuelle Abhängigkeit sein, in der der „schlechte" Teil des Charakters eines Menschen „sexualisiert" wird und dann ihn oder sie dazu zwingt, ihn sexuell auszuleben.

Erwachsen werden. In dieser letzten Phase vollzieht sich der Übergang von der emotionalen Kindheit zum emotionalen Erwachsensein. Gott möchte, daß wir reife Menschen werden und die Verantwortung übernehmen für das, was er uns anvertraut hat: unsere Gaben, Werte, Beruf, Ehe, Freundschaften und Berufung. Wir sind nicht mehr länger von der Billigung unserer Eltern abhängig; als emotional Erwachsene wissen wir ihre Anregungen zu schätzen, aber wir gehen unseren eigenen Weg. Wie Jesus sagte, haben wir nur einen Vater, und wir sollten niemanden auf Erden „Vater" nennen (Mt 23,9).

Menschen, die während dieser vierten Entwicklungsphase verletzt und folglich emotional nicht erwachsen werden, haben entweder Probleme, sich einer Autorität zu unterwerfen, oder sie sind zu gefügig und halten sich zu starr an Regeln. Entweder stellen sie bei jeder Gelegenheit die Autorität anderer in Frage, oder sie tun es niemals. Sie brechen entweder ständig die Regeln, oder sie befolgen sie buchstabengetreu. Die Folge solcher Verletzungen sind Zusammenstöße mit dem Gesetz sowie zwanghafte Störungen, bei denen ein Mensch dauerhaft von einer irrationalen Vorstellung gequält wird (zum Beispiel Angst um den Arbeitsplatz oder vor einer Krebserkrankung) oder den unwiderstehlichen Drang hat, eine Handlungsweise permanent zu wiederholen (zum Beispiel häufiges Händewaschen).

Viele Menschen erleiden in allen vier Phasen Schaden. Ihnen fällt es zum Beispiel schwer, Bindungen einzugehen. Sie fangen also an, daran zu arbeiten – um dann festzustellen, daß Sie andere nicht verändern können. Und diese Unfähigkeit wiederum führt dazu, daß Sie die Menschen meiden, anstatt sich ihnen zu stellen. Ihre Isolation weitet sich aus.

Vielleicht erkennen auch Sie, daß Sie Gut und Böse nicht richtig unterscheiden können – was Sie dazu bringt, sich selbst zu verurteilen, wann immer Sie einen Fehlschlag oder einen Verlust erlitten haben. Das veranlaßt Sie, sich noch mehr von anderen zurückzuziehen. Gleichzeitig beugen Sie sich jeglicher Autorität aus Angst, sie herauszufordern oder Ihre eigene Meinung kundzutun. Ihre Angst vor Kritik (zum Beispiel Ihrer Vorgesetzten) treibt Sie noch weiter ins Abseits.

In allen diesen Fällen sind die zerstörerischen Handlungsweisen nicht die Ursache, sondern die Folge geistlicher und emotionaler Probleme. Sicher, wir sind für das verantwortlich, was wir tun; aber wir müssen den Ursprung unseres Handelns erkennen, bevor wir es ändern können. Wir sollten zuerst „das Innere des Bechers" reinigen, „damit auch das Äußere rein wird" (Mt 23,26).

Das verspätete emotionale Erwachsenwerden kann anfangs sehr entmutigend sein. Doch während Sie sich mit all den Problemen auseinandersetzen, vertiefen und stärken Sie Ihre Bindungen an Ihr ‚Hilfsnetzwerk'. Sie arbeiten Schritt für Schritt und Seite an Seite mit einem geduldigen Gott zusammen, der nicht mehr von Ihnen verlangt als das, was Sie verkraften können (Mt 6,34). Das Ergebnis? Eine langsame Steigerung Ihrer Liebesfähigkeit, Ihrer emotionalen Bindungen und einer barmherzigeren Einstellung anderen gegenüber. Und langsam wird sich Ihr Verhalten verändern.

Das Verhalten ist ein geistliches Barometer. Es spiegelt die Veränderung wider, aber es ruft sie nicht hervor. Die Bibel sagt, daß das, was wir tun und wie wir uns verhalten, widerspiegelt, wer wir sind. „Ein guter Baum kann nicht schlechte Früchte bringen, und ein fauler Baum kann nicht gute Früchte bringen ... an ihren Früchten sollt ihr sie erkennen" (Mt 7,18.20). Mit anderen Worten, wir müssen die Ergebnisse unseres Handelns beobachten und einschätzen, ob sie gut sind. Daran wird unser geistlicher Zustand gemessen werden.

Ein Mensch zum Beispiel, der anderen gestattet, über seine Zeit zu verfügen, macht nach außen einen guten Eindruck. Die Menschen sprechen positiv von seiner selbstlosen Haltung. Doch sein Verhalten ist eigentlich eine halbherzige, widerstrebende Gefügigkeit (2 Kor 9,7). Wenn er auch weiterhin gegen seinen Willen Zeit opfert, wird er sicherlich Depressionen bekommen oder ein zwanghaftes Verhalten entwickeln. Ausgelaugt wird er beginnen, sich emotional und geistlich zurückzuziehen.

Depressionen und zwanghaftes Verhalten sind häufig ein Segen, auch wenn es zuerst ganz anders aussieht. Diese quälenden Symptome sind oft ein Signal dafür, daß innerlich etwas nicht stimmt und daß wir Hilfe brauchen. Welch ein Gegensatz zu der Vorstellung, wir müßten uns einfach nur gut „benehmen", um in Ordnung zu kommen! Die Bibel lehrt genau das Gegenteil: *Heilung* hat besseres Verhalten zur Folge, nicht umgekehrt!

Wie können wir denn nun geistlich und emotional wachsen?

So wie die richtige Mischung von Sonne, Wasser und Sauerstoff einer Pflanze hilft zu wachsen, vom Samen über den Keimling eine Knospe zu treiben und schließlich eine richtige Pflanze zu werden, so brauchen wir bestimmte ‚Zutaten', die uns beim Wachsen helfen. Gott schenkt uns drei Elemente, die uns durch die vier verschiedenen Wachstumsphasen hindurchhelfen: Annahme, Wahrheit und Zeit.

Annahme. Die erste für das Wachstum notwendige Zutat bekommen wir von Gott: Bedingungslose, gnädige Annahme. Wir haben seine Gnade nicht verdient; wir können sie uns auch nicht erarbeiten. Gott schenkt sie uns einfach. Gott hat uns mit der Sehnsucht nach einer Beziehung erschaffen, und als die Beziehung im Garten Eden zerstört wurde, stellte er sie durch die Gnade wieder her. „Als wir noch seine Feinde waren, hat Gott uns durch den Tod seines Sohnes mit sich selbst versöhnt", heißt es in der Bibel (Röm 5,10).

Trotz der heftigen Probleme durch Bandenkriege in den großen Städten sind es gerade die Gangs, in denen viele junge Leute heutzutage „Annahme" finden. Hier sind sie innerhalb einer Gruppe akzeptiert. Ihre Eltern haben sie vielleicht vor die Tür gesetzt, manche sind von zu Hause fortgelaufen, ihren Eltern entfremdet. Um das zu kompensieren, suchen sie sich eine neue „Familie", wenn auch eine, die viel Schaden anrichtet. Aber sie haben zumindest so etwas Ähnliches wie eine dauerhafte Bindung. Eine Dreizehnjährige sagte zu der Aussicht, bei einer Schießerei getötet zu werden: „Wenigstens sterbe ich mit meiner Gang."

Annahme bedeutet, daß man dazugehört, egal, wer man ist oder was man tut. Man gehört zur Familie. Man ist wichtig. Eine sichere Beziehung kann das geistliche und emotionale Wachstum anregen. So wie die Rebe nicht lange ohne den Weinstock überleben kann (Joh 15,6), kann der Mensch nicht gedeihen, ohne geistlich und emotional in Beziehung zu anderen zu stehen. Und ohne die Beziehung zu Gott, auf die jeder Mensch von Anfang an angelegt ist, kann sein Leben nur in sehr beschränktem Maß gelingen.

Wahrheit. Wenn Gnade das Kernstück des Wachstums ist, dann ist die Wahrheit sein Skelett, seine Struktur. Im Leben müssen wir lernen, die Wahrheit praktisch werden zu lassen. Die Wahrheit bringt uns dazu, Verantwortung für einen bestimmten Bereich zu übernehmen oder uns der Sünde in einem anderen zu stellen. Die Wahrheit kann uns anregen, eine neue Fertigkeit zu erlernen, zum Beispiel Grenzen zu setzen. Die Wahrheiten der Bibel stehen im Zusammenhang mit unserem Bedürfnis, „als veränderte Menschen fähig (zu) werden, in jeder Beziehung Gutes zu tun" (2 Tim 3,17).

Phyllis kam in die Therapie, weil sie ihre neunjährige Tochter ihrem zwölfjährigen Sohn vorzog. Der aktive Junge tat andauernd Dinge, die sie aufregten, und forderte sie häufig heraus. Phyllis stellte fest, daß sie sich von Tag zu Tag mehr über ihn ärgerte. Das Mädchen dagegen war hilfsbereit und nachgiebig; mit ihr konnte sie weit besser umgehen.

Nicht daß Phyllis die Lebhaftigkeit ihres Sohnes nicht verstanden hätte. Sie wußte, daß er einfach mehr Kontrolle brauchte. Ihr war auch klar, daß er und ihre Tochter sich in ganz unterschiedlichen Entwicklungsstadien befanden. Doch so sehr sie sich auch bemühte, Phyllis schaffte es nicht, ihrem Sohn stärkere Gefühle entgegenzubringen.

Eines Tages erkannte Phyllis in der Therapie, daß ihr Sohn sie an den verlorenen Teil ihrer eigenen Persönlichkeit erinnerte. Sie war dazu erzogen worden, sich in alles zu fügen – genau wie ihre Tochter. Ihre Eltern hatten keinerlei Widerspruch geduldet. Phyllis' Sohn machte in ihr die tiefen Gefühle des Selbsthasses lebendig, die wiederum ihren Zorn auf ihre Eltern widerspiegelten, weil sie die ihr angeborenen aggressiven Persönlichkeitsanteile zurückgewiesen hatten.

Diese Erkenntnis eröffnete Phyllis neue Horizonte. Nun da sie wußte, woher ihre Gefühle kamen und warum ihr Sohn sie so auf die Palme brachte, konnte sie besser damit umgehen und lernen, ihren Sohn mehr zu lieben. Außerdem begann sie, den vernachlässigten Teil ihrer Persönlichkeit zu entwickeln, den sie seit ihrer Kindheit begraben hatte. Die Wahrheit hatte sie tatsächlich freigemacht (Joh 8,32).

Zeit. Zeit ist der Brutkasten, in dem Annahme und Wahrheit ihre Frucht hervorbringen. Die Zeit gibt uns Raum, die notwendigen Wahrheiten zu lernen, ohne eine Verurteilung fürchten zu müssen. Als Jesus uns auftrug, täglich unser Kreuz auf uns zu nehmen (Lk 9,23), bezog er sich unter anderem auf den ununterbrochenen Prozeß, die Verantwortung für unser eigenes Leben zu übernehmen. Geistliches Wachstum ist keine Augenblickssache. Es ist eher mit einem Backofen zu vergleichen, der sich langsam und allmählich erhitzt und die Zutaten zusammenschmilzt, um etwas ganz Neues zu erschaffen, ganz anders als eine Mikrowelle.

Phyllis zum Beispiel konnte ihre Gefühle für ihren Sohn nicht über Nacht verändern. Sie brauchte Zeit, um ihre eigene Angst vor agressiven Reaktionen zu begreifen; Zeit, um das Verhalten ihres Sohnes von ihrem eigenen Verhalten in der Vergangenheit zu unterscheiden, Zeit, ihn auf eine ganz neue Weise kennenzulernen, Zeit, um ihren Eltern zu vergeben. Doch langsam und allmählich begann sie, ihren Sohn mehr und mehr zu akzeptieren.

Diese drei Elemente in unserem Leben machen uns zu gesunden, liebevollen und funktionsfähigen Wesen. Annahme und

Wahrheit bekommen wir durch die Beziehung zu Gott (Joh 1,17). Er will uns zu reifen, heilen Menschen machen.

Wie Debora litt Jeff unter starken Depressionen. Der 35jährige Geschäftsmann konnte sich nicht mehr auf seine Arbeit konzentrieren, hatte keine Energie und konnte nachts nicht schlafen. Immer häufiger bekam er Streit mit seiner Frau.

„Ich habe das Gefühl, als wandelnde Leiche durchs Leben zu gehen", sagte er bei seiner ersten Sitzung. „Ich fühle mich nicht mehr lebendig. Ich kann keine Freude und keine Traurigkeit empfinden. Ich kann weder meine Frau noch meine Kinder richtig wahrnehmen. Und ich möchte es doch so gern."

Der christliche Therapeut diagnostizierte bei Jeff eine Störung der Bindungsfähigkeit; mit anderen Worten, Jeff hatte Schwierigkeiten, emotionale Bindungen einzugehen. An irgendeinem Punkt in seinem Leben hatte er gelernt, damit klarzukommen, indem er sich von anderen unabhängig machte.

In den wöchentlichen Sitzungen mit seinem Therapeuten fand Jeff einen sicheren Ort, wo er nachforschen konnte, warum es ihm so schwerfiel, Gefühle zu zeigen und Nähe zu dulden. Er schloß sich außerdem einer Kleingruppe seiner Gemeinde an, in der er sich allmählich öffnete und über seine tiefsten Ängste und Wünsche sprach.

Zwar war es ein schwieriger Prozeß, doch nach und nach akzeptierte Jeff die Tatsache, daß er aus einer Familie kam, in der es nicht erwünscht war, Emotionen zu zeigen. Für ihn waren seine Eltern immer vollkommen gewesen, doch nun begann er einzusehen, daß ihre Makellosigkeit nichts weiter gewesen war als höfliche Distanz.

Jeff mußte auch lernen, die Verantwortung für seine Bindungsunfähigkeit selbst zu übernehmen. Obwohl er sie nicht verursacht hatte, war sie sein Problem, nicht das Problem seiner Eltern, seiner Frau oder seiner Freunde. Er selbst hatte es zu verantworten, wenn er sich zurückzog, obwohl er eigentlich um Hilfe und Trost hätte bitten sollen. Durch die Hilfe seiner Gruppe wurde ihm bewußt, wie sehr er andere auf Distanz hielt.

Alle drei Elemente des Wachstums nahmen allmählich den ihnen zustehenden Platz in Jeffs Leben ein: Annahme (durch seinen Therapeuten und seine Kleingruppe), Wahrheit (in Form der

Informationen aus der Bibel und ihrer praktischen Anwendung) und Zeit (Woche für Woche, Situation für Situation arbeitete er daran, sich nicht wieder zurückzuziehen, sondern gemeinsam mit seiner Familie und Freunden an seinen Problemen zu arbeiten).

Wachstum ist ein Prozeß. Wir brauchen einen sicheren Ort, wo wir Liebe und hilfreiche Informationen bekommen und Zeit haben zu üben – und auch zu versagen.

Was hat das mit Wachstum zu tun? Gutes, reifes, liebevolles, verantwortungsbewußtes Verhalten folgt dem Vorbild Gottes – und es kann erst entstehen, nachdem lange und schwer an den Grundfragen gearbeitet wurde.

Stellen Sie sich folgende Szene vor: Sie bekommen Fieber und suchen Ihren Arzt auf. Er stellt fest, daß Sie einen bakteriellen Infekt haben. Doch anstatt Ihnen ein Antibiotikum zu verschreiben, blickt er Ihnen in die Augen und sagt: „Sie müssen Ihr Fieber einfach ignorieren. Tun Sie so, als sei es nicht da, und Sie werden sehen, was das für eine Veränderung bringt! Wir sehen uns nächste Woche wieder."

Solche „Roßkuren" werden Christen aufgedrängt, wenn ihnen gesagt wird, sie sollten ihre Frucht verändern – und die Wurzel ignorieren.

Problem 2:
Der Versuch, nur unser Verhalten zu ändern, zwingt uns zuerst ins Pharisäertum, dann stürzt er uns in Verzweiflung.

Die Frau des Ältesten gab Debora, im Grunde genommen, den Rat zu heucheln. Debora versuchte daraufhin, ihre inneren Konflikte zu vertuschen. Dieses Verdrängen der negativen Gefühle – laut Deboras Freundin eine geistliche Handlungsweise – klingt mir ganz nach dem, was die Pharisäer taten, und was Jesus mit ziemlich harten Worten verurteilte: „Ihr Heuchler! Äußerlich seid ihr wie die Becher, aus denen ihr trinkt: auf Hochglanz poliert! Aber euer wirkliches Leben besteht aus schmutziger Erpressung und Gier. (...) Sorgt erst einmal dafür, daß euer Leben mit Gott in Ordnung kommt! Dann wird auch alles andere in Ordnung kommen" (Mt 23,25-26).

Die Pharisäer waren die „vollkommenen" Menschen. Sie benahmen sich in allen Situationen und bei jeder Gelegenheit korrekt. Doch wenn man Jesu Worte genau nimmt, ist Gott mehr daran interessiert, daß Debora versteht, warum sie deprimiert ist, als an Korrektheit. Er möchte unser Herz erforschen (Ps 139,23), um herauszufinden, warum wir uns verhalten, wie wir es tun, warum wir traurig sind oder destruktive Gedanken haben. Er möchte an das eigentliche Problem herankommen und es beheben, weil er weiß, daß nur dann das Innere des Bechers rein wird.

Einige Menschen können eine Zeitlang gutes Verhalten vortäuschen. Wie Schauspieler geben sie vor, glücklich und positiv zu sein, sich korrekt zu verhalten, geistlich zu erscheinen. Das kostet viel Mühe.

Menschen, die ihre vorgetäuschte Existenz ein Leben lang beibehalten, kontrollieren häufig andere, indem sie zu ihren Lehrern werden, so wie Sharon, die Frau des Ältesten, die Debora „beriet". Eine solche Kontrolle schützt die Sharons der Welt vor ihren eigenen Problemen. Debora jedoch hatte eine andere Richtung eingeschlagen. Trotz Sharons „Hilfe" steuerte Debora auf die totale Verzweiflung zu.

„Endloses Hoffen macht das Herz krank" (Spr 13,12). Das passiert Menschen, wenn sie versuchen, sich nach dieser krankmachenden These zu richten. Sie verbringen Jahr um Jahr mit dem Versuch, sich richtig zu verhalten, ohne jedoch ein tiefes Gefühl der emotionalen Bindung an Gott oder andere Menschen zu empfinden. Und mit der Zeit verlieren sie die Motivation. Diese enttäuschten und frustrierten Menschen verlassen dann auch häufig die Gemeinde – der christliche Glaube „bringt einfach nichts", sagen sie. Sie fühlen sich als geistliche Versager, weil sie sich nicht „wie ein Christ" benehmen konnten.

Doch Christen haben Probleme wie andere Menschen auch. Uns kann vergeben werden, aber wir sind nicht vollkommen.

Der Unterschied in den Gebeten eines Pharisäers und eines Zöllners, auf den Jesus seine Jünger hinweist, macht dies deutlich. Der Pharisäer fastete, gab den Zehnten und dankte Gott dafür, daß er sich angemessen verhielt. Der Zöllner bat mit einem demütigen und bereuenden Herzen um Gnade – und ging gerechtfertigt von dannen (Lk 18,10-14).

Nehmen Sie sich in acht vor Menschen, die geistlich untadelig zu sein scheinen. Sie rekrutieren Sie vielleicht für ihr Programm, ohne das vorher mit Gott abzusprechen.

Problem 3:
Wenn wir nur das Verhalten ändern, verleugnen wir die Kraft des Kreuzes.

Der Ansatz des „guten Verhaltens" setzt die heilende Kraft Gottes herab. Denn so wird die Verantwortung für unsere Veränderung voll und ganz auf unsere Schultern gelegt. In diesem Ansatz wird davon ausgegangen, daß wir selbst die Kraft haben, unser Herz zu ändern – indem wir unser Verhalten ändern (siehe These 10).

Wenn wir dem Irrglauben aufsitzen, daß wir das können, so leistet dies einer Einstellung Vorschub, die Gott vollkommen ins Abseits drängt. Wir glauben dann an eine ohnmächtige Gottheit, die uns leise alles Gute wünscht, während sie passiv zusieht, wie wir uns abmühen.

Tatsächlich aber will Gott die Quelle unserer Genesung sein: „Denn von ihm und durch ihn ... sind alle Dinge" (Röm 11,36). Er ist in uns am Werk: „Er selbst bewirkt ja beides in euch: den guten Willen und die Kraft, ihn auch auszuführen" (Phil 2,13). Er treibt unser Wachstum und unsere emotionale Wiederherstellung voran.

Die These: „Wenn ich mein Verhalten ändere, werde ich geistliches und emotionales Wachstum erfahren" ist, im Grunde genommen, nichts anderes als Selbstüberschätzung. Diese Einstellung läßt keine Demut zu, keine Abhängigkeit von Gott und seiner Gemeinde. Unfähigkeit, Zerbrochenheit und Versagen haben in einer solchen Einstellung keinen Raum. Jemand, der an diese These glaubt, verläßt sich auf seine eigene innere Kraft, das Richtige zu wählen – eine Kraft, die wir aber beim Sündenfall verloren haben!

Wie sollen wir uns denn nun verhalten?

Wenn eine Verhaltensänderung keine langanhaltende Veränderung Ihres Geistes bewirkt, was sollen Sie denn nun tun? Sollen Sie ein passiver Beobachter Ihrer eigenen geistlichen Entwicklung werden? Sollen Sie sich zurücklehnen und Gott die ganze Arbeit überlassen?

Diese Vorstellung ist genauso wenig biblisch wie die These selbst. Gott legt großen Wert auf die persönliche Verantwortung – auf die Rolle, die wir selbst bei unserem Wachstum spielen. „Deshalb lebt nun auch in Ehrfurcht vor Gott und in ganzer Hingabe an ihn" (Phil 2,12).

Denken Sie daran, daß Gott Ihnen helfen möchte, ein immer stärker werdendes Verantwortungsbewußtsein für Ihr persönliches Leben zu entwickeln. Er möchte, daß Sie richtig erwachsen werden. Kinder brauchen Menschen, die für sie verantwortlich sind; aber um geistlich und emotional erwachsen zu werden, müssen wir selbst Verwalter unserer Gefühle, Gedanken und Verhaltensweisen werden.

Wenn beides stimmt – daß unser Handeln ein Hinweis auf unseren geistlichen Zustand ist (das unseren Zustand eher bestimmt als verursacht) und daß die Verantwortung für unser Wohlergehen bei uns selbst liegt: Was können wir tun, um diese Verantwortung wahrzunehmen, ohne zu versuchen, Gott seine Arbeit abzunehmen?

Die Bibel gibt uns eine Antwort darauf: Anstatt zu versuchen, unsere *Symptome* zu behandeln, können wir uns aktiv gute Nährstoffe zuführen. So wie ein Baum, der in gutem Boden gepflanzt ist, gedeihen kann, so können wir uns Gottes heilenden Quellen aussetzen.

Um emotional und geistlich erwachsen zu werden, müssen wir uns Nährstoffe zuführen – das heißt, uns Gott und anderen Christen aussetzen. Und selbst dieses Handeln unsererseits ist ein Werk Gottes in uns: „Keiner kann zu mir kommen, dem nicht der Vater, der mich gesandt hat, den Weg zeigt" (Joh 6,44). Es fällt schwer zuzugeben, daß wir aus uns selbst heraus unser Verhalten nicht ändern können. Eine große Demut ist notwendig, um unser Versagen, unsere Scham und unseren Schmerz den richtigen Leuten zu gestehen, Menschen, die uns entgegenkommen und uns trösten, wie sie selbst getröstet worden sind (2 Kor 1,3-4).

Der Alkoholiker, der versucht, durch reine Willenskraft vom Alkohol loszukommen, vergeudet seine Zeit. Er täte besser daran, diese Willenskraft einzusetzen, um zur nächsten Selbsthilfegruppenstunde zu gehen. Der deprimierte Mensch, der versucht, positiv zu handeln, wird in einem Teufelskreis der Verzweiflung steckenbleiben. Er braucht einen Ort der Gnade und Wahrheit, wo sein müdes Herz Heilung finden kann. Wenn wir uns in der engen Verbindung mit Gott zu Liebe und Verantwortlichkeit befähigen lassen, anstatt zu versuchen, uns selbst in Ordnung zu bringen, arbeiten wir aktiv daran, eine echte Veränderung zustandezubringen.

Handeln kann verwirrend sein

Und doch kann eine positive Verhaltensänderung tatsächlich auch eine Warnung sein, daß nicht alles in Ordnung ist. Und negatives Handeln kann tatsächlich ein gutes Zeichen für Wachstum sein. Selbst keine Veränderung kann ein Zeichen von Wachstum sein.

Von Verärgerung initiierte Anfälle guten Benehmens

Während der ersten Therapiesitzung saß Frank voller Tatendrang auf der Stuhlkante, die Verkörperung von Eifer und Kooperationsbereitschaft. Nie hätte man gedacht, daß dieser Mann, der von seiner Frau aus dem Haus geworfen worden war (als letztes Mittel, um in zu zwingen, daß er sich einer Therapie unterzog), eine so positive Einstellung zur Therapie zeigte. Unglaublich, daß ein Mann, der immer wieder Wutausbrüche bekam, Probleme auf der Arbeit hatte und chronisch zu spät kam, so eifrig Hilfe suchte. Und doch war es so.

„Sagen Sie mir, was Sie vorhaben, Doc", meinte Frank. „Ich werde tun, was immer Sie sagen."

„In Ordnung", erwiderte ich. „Es ist ziemlich einfach. Das

Programm ist folgendes, Frank: Widersprechen Sie mir, und lehnen Sie sich gegen alles auf, was ich sage."
Eine lange Pause entstand. „Warum?" fragte er schließlich.
„Weil das Ihnen helfen wird, mit dem Lügen aufzuhören", erklärte ich ihm. „Ihre Lebensgeschichte zeigt, daß Sie anderen erst widersprechen können, wenn Sie das Gefühl haben, in die Ecke gedrängt worden zu sein. Sie haben das unglaubliche Bedürfnis, Bestätigung zu bekommen, und doch hassen Sie es, sich an Regeln zu halten, um Bestätigung zu bekommen. Ich schlage vor, wir sehen erst mal nach, wer Sie eigentlich wirklich sind."
Frank hatte schon eine Reihe von Therapeuten aufgesucht. Zuerst machte er ihnen vor, ein hochmotivierter Patient zu sein, im Laufe der Therapie besserte sich sein Verhalten bedeutend, was er auf die ausgezeichneten Arbeit des Therapeuten zurückführte. Doch dann hatte er ohne ersichtlichen Grund einen „Rückfall" – er verlor seine Arbeit, bekam Streit oder beendete abrupt die Therapie.
Franks plötzlicher Anfall guten Verhaltens hatte nichts mit seiner geistlichen Entwicklung zu tun. Er beschwichtigte dadurch nur eine gefürchtete und verhaßte Autoritätsfigur. Jahre zuvor hatte Frank gelernt, seinen Vater auf dieselbe Art zu beruhigen, wenn er zornig war. Frank war darum bemüht, den Menschen zu gefallen, und nicht Gott (Gal 1,10). Doch er konnte sein gutes Verhalten nicht beibehalten, weil es nur auf der Furcht basierte, einen Menschen zu enttäuschen, und nicht auf dem dankbaren Wissen, geliebt zu werden. Frank hatte gelernt, seine eigentlichen Gefühle zu opfern, um nicht den Zorn anderer zu erregen.
Anfängliche Anfälle guten Verhaltens basieren häufig auf Angst. Wachstum entsteht jedoch nur, wo Liebe die Grundlage ist – und Liebe und Angst können nebeneinander nicht existieren: „Ja, die Liebe vertreibt sogar die Angst. Wer sich also fürchtet und vor der Strafe zittert, der beweist damit nur, daß er wirkliche Liebe noch nicht kennt" (1 Joh 4,18).

Wenn „schlimmer" eigentlich „besser" bedeutet

Der zweite Grund, warum wir einer Verhaltensänderung nicht immer trauen können, ist, daß das, was wie ein Rückschritt aussieht, manchmal ein gutes Zeichen ist. Frank zum Beispiel durchlief eine Phase, in der er sich gegen alles auflehnte und man schwerer als je zuvor mit ihm auskam. Einige Christen hätten sicherlich angenommen, er würde Rückschritte machen. Doch Frank war dabei, das Äußere seines Bechers in Einklang mit seinem Inneren zu bringen (Mt 23,25-27). Die Konflikte und Verletzungen, die er jahrelang versteckt hatte, kamen ans Licht. Und er begann, auf Bindungen und straflose Grenzen zu reagieren; er fing an, sein Verhalten unter Kontrolle zu bekommen.

Geistliche und emotionale Verletzungen und Defizite werden häufig ganz tief in unserem Innern verborgen, weit weg von Beziehungen, die von der Gnade Gottes und seines Volkes gekennzeichnet sind. Wenn sich diese schmerzlichen und negativen Gedanken und Erinnerungen in Beziehungen bemerkbar machen, handeln die Menschen manchmal zum ersten Mal so, wie sie sich eigentlich schon seit Jahren fühlen.

Manche werden zornig, manche betrauern ihre Verluste. Einige fühlen sich zum ersten Mal in ihrem Leben abhängig. Solche Gefühle können sowohl für den Menschen, der sie empfindet, als auch für die Menschen in seiner Umgebung sehr unangenehm sein. Aber das Zulassen solcher Gefühle ist ein Zeichen davon, daß Gott das, was zerbrochen war, nimmt und zusammenfügt.

Die Geschichte von dem Verlorenen Sohn und seinem „guten" älteren Bruder macht dies klar. Nachdem der jüngere Sohn sein Erbe verschwendet hatte, war er am Ende und erkannte, daß er Hilfe brauchte. Der ältere Sohn dagegen – der vermeintlich „Gute" – steckte voller Neid: „Doch er (der ältere Sohn) entgegnete ihm bitter: ‚Wie ein Arbeiter habe ich mich all diese Jahre für dich geschunden. Alles habe ich getan, was du von mir verlangt hast. Aber nie hast du mir auch nur eine junge Ziege gegeben, damit ich mit meinen Freunden einmal richtig hätte feiern können'" (Lk 15,29), hält er seinem Vater vor.

Mit anderen Worten, der ältere Sohn benahm sich gut, weil er

Angst hatte, sein Erbe zu verlieren – nicht weil er gut sein wollte. Der verlorene Sohn dagegen stellte sich seiner Sündhaftigkeit und Rebellion. Er konnte bereuen und seinem Vater wieder näherkommen.

Gefährliche und negativ erscheinende Phasen im Leben eines Menschen können ihn näher zu Gott bringen, weil er sich ehrlich mit Gott auseinandersetzt, anstatt zu verbittern, ängstlich klein beizugeben oder sich weiter etwas vorzumachen.

Keine sofortige Veränderung ist nicht notwendigerweise Stagnation

Wenn jemand emotionale Hilfe bekommt, gibt es nicht immer sofortige Ergebnisse. Die Depression verschwindet nicht. Die Eßgewohnheiten sind noch immer außer Kontrolle. Die Ehe steht noch immer auf der Kippe.

An diesem Punkt betreten häufig wohlmeinende Freunde die Szene und sagen zum Beispiel: „Wenn deine Therapie (Selbsthilfegruppe, Rehabilitationsprogramm, etc.) etwas bringen würde, warum hast du dich dann noch nicht verändert? Sollten nicht bald mal Ergebnisse zu sehen sein?" Der betroffene Mensch beginnt zu zweifeln: an seinen eigenen Absichten oder sogar an Gott selbst.

Geistliches und emotionales Wachstum entsteht nicht von einer Minute auf die andere. In der Bibel vergleicht Gott unsere Reife und Heilung immer wieder mit den Pflanzen: Der Mensch, der sich an Gottes Gesetz erfreut, „ist wie ein Baum, gepflanzt an den Wasserbächen, der seine Frucht bringt zu seiner Zeit" (Ps 1,3).

Welches ist „Ihre Zeit"? Zu seiner Zeit bedeutet, „zum rechten Zeitpunkt". Wenn die richtigen Zutaten für Wachstum, wie zum Beispiel harte Arbeit und Gottes Zutun, vorhanden sind, werden Sie Früchte des Geistes an sich sehen: Liebe, Freude, Frieden und Selbstkontrolle (Gal 5,22-23). „Zu seiner Zeit" bedeutet nicht einen Tag vorher – und nicht einen Tag später. Unreife Früchte schmecken bitter und machen Bauchschmerzen.

Sie werden düstere Zeiten durchmachen, in denen es den Anschein hat, als sei Ihr Verhalten noch immer außer Kontrolle. Es wird Zeiten geben, in denen Sie Gott in Frage stellen werden. Aber Gott wirkt noch immer tief in Ihrem Innern und verändert Sie. Wie der Landwirt Samen ausstreut und zunächst nicht sieht, wie er unterirdisch keimt, merken Sie nicht immer, wie Gott Sie verändert. Aber tun Sie auch weiterhin Ihren Teil dazu, und lassen Sie Gott tief in Ihrem Innern wirken.

Wenn sich in Ihrem Leben eine Zeitlang nichts tut, so kann das einfach bedeuten, daß im Augenblick eine besonders wichtige und tiefe Heilung in Ihrem Innern vorgeht. Hüten Sie sich vor Menschen, die Gottes langsames, unsichtbares Werk in Ihnen nicht als Wachstum ansehen. Hüten Sie sich vor dem Versprechen einer schnellen Wiederherstellung, für die keine Demut, kein Glaube und keine Geduld nötig sind – Zeichen für wahre geistliche Reife.

Debora, mit deren Geschichte wir dieses Kapitel begonnen haben, war eine glückliche Suchende. Als ihre Verärgerung und ihre Wut durch ihre „guten" Taten nicht gemindert wurden (wie ihre Freundin ihr versichert hatte), hat sie sich nicht weiterhin abgemüht.

Aber sie gab auch nicht auf. Sie schloß sich einer Selbsthilfegruppe ihrer Gemeinde an, die es ihr ermöglichte, ihre negativen Gefühle zu verstehen, anstatt sie zu ignorieren. Sie fand einen christlichen Therapeuten, der ihr half zu begreifen, daß positives Handeln eben nur ein äußerer Akt war, der nichts bewirkte.

Pfeffersteak kam auch weiterhin bei Debora auf den Tisch – aber nicht, um ihren Schmerz abzuschwächen, sondern weil sie ihren Mann und ihre Kinder liebte.

Irrglaube Nr. 4:

Ich muß nur alles an den Herrn abgeben

Seine Alkoholabhängigkeit hatte Dennis zwei große Betriebe und zwei Familien gekostet. Nach jedem Verlust baute sich mein Freund ein neues Leben auf, aber er war nicht in der Lage, es zu erhalten. Seine Frau ließ sich von ihm scheiden, das Geschäft ging pleite.

Enthemmte Saufgelage, das Eingreifen der Polizei und alkoholisierte Benommenheit hatten Dennis häufig in Verlegenheit gebracht. Oft wachte er morgens irgendwo auf und konnte sich nicht erinnern, wie er dorthin gekommen war. Sein Leben war trostlos, und seine Freunde hatten wenig Grund anzunehmen, daß er sich je ändern würde.

Heute ist Dennis ein ganz anderer Mensch. Er ist nicht mehr der Alkoholiker von vor zwanzig Jahren, sondern ein erfolgreicher Geschäftsmann, ein guter Mann, ein liebevoller Vater und ein treuer Freund. In seiner Gemeinde hat er eine Suchthilfe-Arbeit ins Leben gerufen, und er ist dafür bekannt, schnell in scheinbar hoffnungslosen Situationen zu reagieren.

Die Frucht seines gegenwärtigen Lebens ist bemerkenswert. Sie ist keine kurzlebige, religiöse Umkehr: Er lebt bereits seit zwei Jahrzehnten so. Da ich neugierig war, wie diese Umkehr in seinem Leben zustande gekommen ist, fragte ich ihn einmal, wie er es geschafft hatte, vom Alkohol loszukommen.

„Das war nicht schwer", erwiderte er ironisch. „Ich ging pro Tag zu höchstens sieben Treffen der Anonymen Alkoholiker."

Ganz offensichtlich war ihm seine Wiederherstellung nicht einfach in den Schoß gefallen. Dennis hatte sehr hart daran gearbeitet und festgestellt, daß Gott uns bei unserer inneren Gesundung als Partner haben will. Das gilt vor allem für emotionales Wachstum. Gott will *mit uns* zusammenarbeiten, um uns reifer zu machen, uns zu heilen und uns zu Menschen nach seinem Bild umzugestalten (Röm 8,29; 2 Kor 3,18). Er möchte, daß wir aktiv und verantwortlich an unserer eigenen Heilung mitarbeiten.

Hören Sie, wie Paulus das ausdrückt: „Meine lieben Freunde! Ihr habt immer befolgt, was ich euch geraten habe. Hört aber nicht nur auf mich, wenn ich bei euch bin, sondern erst recht während meiner Abwesenheit. Ihr seid gerettet, und das soll sich an eurem Leben zeigen. Deshalb lebt nun auch in Ehrfurcht vor Gott und in ganzer Hingabe an ihn. Er selbst bewirkt ja beides in euch: den guten Willen und die Kraft, ihn auch auszuführen" (Phil 2,12-13). Wir sind tatsächlich „sein Werk, geschaffen (...) zu guten Werken" (Eph 2,10).

Mit anderen Worten: Wir sind Mitarbeiter Gottes bei der Arbeit an unserer Errettung. Obwohl er den Hauptteil zu tragen hat, haben auch wir eine ganz klar umrissene, unverzichtbare Aufgabe.

Viele Christen nehmen jedoch ihrem geistlichen und emotionalen Wachstum gegenüber eine passive Haltung ein, vor allem, wenn sie mit emotionalem Schmerz, mit Schwächen, schwierigen Lebenssituationen oder unerfüllten Träumen zu kämpfen haben. Solche Christen sind häufig der Meinung, sie müßten einfach nur ihr Problem loslassen, einen Schritt zurücktreten und Gott machen lassen.

Diese Annahme – *„Ich muß immer nur alles an Gott abgeben"* – kann Christen krank machen und dauerhaft in diesem „weggetretenen" Zustand gefangenhalten.

Beim Streben nach geistlichem und emotionalem Wachstum wartet eine aktive Rolle auf uns. Viele Christen stecken fest, weil sie sich nicht als Partner Gottes in diesem Entwicklungsprozeß ansehen.

Keine gegensätzlichen, sondern parallele Wahrheiten

Es ist ein scheinbarer Widerspruch, den viele Gläubige nur schwer verstehen können: Wir können uns nicht selbst retten; dennoch müssen wir aktiv an dem Wachstums- und Veränderungsprozeß mitarbeiten.

Auf der einen Seite sagt die Bibel, daß wir unser Leben verlieren werden, wenn wir versuchen, es zu retten (Mt 16,25). Wir sind unfähig, uns aus eigener Kraft zu verändern, und von Natur aus „tot durch unsere Übertretungen und Sünden" (Eph 2,1). In einem tiefen Sinn ist es Gott, der unsere Erlösung sowohl initiiert als auch zur Vollendung führt (Phil 1,6; Röm 11,36).

Mit dieser Wahrheit allein (daß wir uns nicht aus eigener Kraft retten können) und ohne den Teil, der unbedingt dazugehört (wir müssen aktiv an unserer Erlösung mitarbeiten) werden aufrichtige Gläubige Gott bitten, sie von ihrer Depression zu heilen, ihnen ihre Ängste zu nehmen, sie von ihrer Bulimie zu befreien. Haben sie sich nicht an ihn als Erlöser gewandt? An den einen, der ihnen Leben aus der Fülle geben kann? Sie sind enttäuscht, verwirrt und frustriert, wenn Gott ihnen dann nicht das gibt, um was sie gebeten haben.

Die parallele Wahrheit zu unserer Machtlosigkeit ist, daß wir selbst aktiv werden müssen, um das in Besitz zu nehmen, was Gott für uns bereithält. Die Bibel erklärt ganz eindeutig die aktive Rolle, die wir bei unserem persönlichen Wachstum übernehmen müssen: „Gebrauche diese deine Gabe, dann wirst du erkennen, wie dein Glaube in jeder Hinsicht wächst" (1 Tim 4,15).

„Kämpfe den guten Kampf des Glaubens! Erringe so das ewige Leben. Dazu hat dich Gott berufen, und das hast du vor vielen Zeugen bekannt" (1 Tim 6,12).

„Mit aller Kraft laufe ich darauf zu, um den Siegespreis zu gewinnen, das Leben in Gottes Herrlichkeit. Denn dazu hat uns Gott durch Jesus Christus berufen" (Phil 3,14).

Wenn ich meine Aufgabe nicht wahrnehme, wird es kein Wachstum geben.

Zwei Lehren, die die Passivität vertreten

In bezug auf die emotionale Wiederherstellung gibt es zwei recht populäre Lehren: die „Positionslehre" und die „Selbstverleugnungslehre".

Die „Positionslehre"

„Du mußt nur auf deinen Stand in Christus sehen. Er hat alles für dich schon getan. Er allein genügt. Wenn du von ganzem Herzen an deine Stellung in Christus glaubst, wirst du dem unbefriedigenden emotionalen Zustand, in dem du dich befindest, entkommen können."

Diese „Positionslehre" vertritt die Ansicht, daß wir automatisch in einen Zustand der Ganzheitlichkeit umgestaltet werden, wenn wir voll und ganz erfaßt haben, was Gott für uns im Himmel bereithält. Der Schmerz der Vergangenheit und jedes andere Leid sollte uns danach nichts mehr anhaben können.

Dies ist eine falsche Darstellung des Prozesses der Heilung. Es stimmt, Gott hat uns eine ewige „Position" im Himmel bereitet und uns mit jeder geistlichen Segnung gesegnet (Eph 1,3), aber die Bibel lehrt auch, *daß wir hingehen und das, was er für uns vorbereitet hat, in Besitz nehmen müssen.*

Dies stimmt mit dem überein, was wir im Alten Testament lesen. Dort erfahren wir, daß Gott das Verheißene Land für die Israeliten bereithält, doch sie müssen trotzdem gefährliche Schlachten austragen, um dieses Land in Besitz zu nehmen.

Folgendes hat Gott zu Mose gesagt: „Rede mit den Israeliten und sprich zu ihnen: Wenn ihr über den Jordan gegangen seid in das Land Kanaan, so sollt ihr alle Bewohner vertreiben vor euch her und alle ihre Götzenbilder und alle ihre gegossenen Bilder zerstören und alle ihre Opferhöhen vertilgen und sollt das Land einnehmen und darin wohnen; denn euch habe ich das Land gegeben, daß ihr's in Besitz nehmt. ... Wenn ihr aber die Bewohner des Landes nicht vor euch her vertreibt, so werden euch die, die ihr übriglaßt, zu Dornen in euren Augen werden und zu Stacheln in euren Seiten und werden euch bedrängen in dem Land, in dem ihr wohnt" (Num 33,51-53.55).

Die Idee ist folgende: Wenn wir nicht mit Gott zusammenarbeiten, werden die ehemaligen „Einwohner" unserer Seele uns auch weiterhin quälen. Die Lehre, ein Christ bräuchte nur „seine Stellung und Sicherheit in Christus zu kennen", um heil zu werden, läßt die Verantwortlichkeit des einzelnen außer acht.

Diese Lehre hält viele davon ab, das zu tun, was die Bibel uns zu tun aufträgt. Wir haben viele Menschen kennengelernt, die jahrelang unter emotionalen Störungen gelitten und versucht haben, Besserung durch die Erkenntnis zu bekommen, daß sie „in Christus volles Genüge" haben – ohne die harte Arbeit zu tun, die für eine richtige Umgestaltung nötig ist. Wenn sie sich dann tatsächlich endlich die Ärmel hochkrempeln, werden sie von anderen Christen angegriffen, die ihnen vorwerfen, säkulare Humanisten zu sein und außerhalb des Glaubens zu leben. Viele sind dadurch sehr verletzt worden.

In ihrem verzweifelten Versuch, sich selbst einzutrichtern, daß sie „in Christus sicher sind", versäumen sie es, wirkliche Sicherheit zu bekommen, die aus der Vertiefung unserer Beziehung zu Gott und seiner Gemeinde entsteht. Sie müssen „in der Liebe eingewurzelt und gegründet" sein (Eph 3,17) und „wahrhaftig sein in der Liebe und wachsen in allen Stücken zu dem hin, der das Haupt ist, Christus" (Eph 4,15-16).

Die „Selbstverleugnungslehre"

„Ihr braucht bloß von euch weg auf den Herrn zu sehen. Diese ganze Selbstbeobachtung ist egozentrisch und ganz einfach sinnlos. Selbstbeobachtung ist Selbstanbetung. Richtet euren Blick nur auf Gott."

Diese Lehre klingt so geistlich, daß man ihr kaum widersprechen kann, vor allem, da die Bibel ja tatsächlich vor Selbstanbetung warnt.

Aber Menschen davon abzuhalten, in sich hineinzuhorchen, verzerrt Gottes Wort. Denn eigentlich sagt die Bibel genau das Gegenteil. In der Bibel lesen wir, daß wir in uns hineinsehen und an den Dingen in unserer Seele arbeiten sollen. Jesus fordert uns sogar auf, zuerst auf uns selbst zu sehen: „Du Heuchler, zieh zuerst den Balken aus deinem Auge; danach sieh zu, wie du den Splitter aus deines Bruders Auge ziehst" (Mt 7,5).

David horchte in Psalm 139 in sich hinein, als er Gott bat, ihn zu erforschen und ihm zu zeigen, was mit ihm nicht stimmte (Verse 23-24). In einem früheren Psalm bekennt er, daß Gott „die Wahrheit liebt, die im Verborgenen liegt" (Ps 51,6). Paulus ist ein weiteres Beispiel hierfür, wenn er sagt: „Der Mensch prüfe sich aber selbst, und so esse er von diesem Brot und trinke von dem Kelch ... Wenn wir uns aber selber richteten, so würden wir nicht gerichtet" (1 Kor 11,28.31). Diese Lehren fordern nicht zur humanistischen Selbstanbetung auf, sondern zu einer von Gott gewollten Überprüfung unserer Person.

In der Bibel wird berichtet, daß Menschen, die Gott begegneten, immer das bewußt wurde, was in ihrem Innern nicht stimmte. Seine Gnade gibt ihnen die Erlaubnis dazu, und seine Heiligkeit ist das Maß, an dem alles gemessen wird. Als Jesaja Gott sah, erkannte er sofort den verzweifelten Zustand seines eigenen Herzens (Jes 6,1-5). Jakobus beschreibt ganz klar den Prozeß unserer Demütigung vor Gott: „Wendet euch Gott zu, dann wird er zu euch kommen. Wascht die Schuld von euren Händen, ihr Sünder, und laßt Gott allein in euren Herzen wohnen, ihr Unentschiedenen! Seht doch endlich ein, wie groß eure Schuld ist; erschreckt und trauert darüber! Dann werdet ihr nicht mehr lachen, sondern weinen; und aus eurer Freude wird Leid. Erkennt eure Unwürdigkeit, und beugt euch vor dem Herrn! Erst dann wird Gott euch helfen und aufrichten" (Jak 4,8-10).

Während wir auf Gott sehen, bekommen wir ein Gefühl für unsere Fehlerhaftigkeit und Zerbrochenheit. Diejenigen, die lehren, wir sollten unseren Blick von uns selbst wegnehmen, raten uns, im Grunde genommen, nichts anderes, als den Prozeß der Heilung und Heiligung zu umgehen.

Wenn wir ein Bewußtsein für uns selbst bekommen wollen, müssen wir unsere Sünden bekennen und uns selbst gegenüber rückhaltlos ehrlich sein. Wenn wir Persönlichkeitsaspekte finden, die sterben müssen, dann töten wir sie eben. Das ist aber ohne Selbstbeobachtung vollkommen unmöglich.

Zwölf Schritte und weitere Verwirrung

„Jahrelang habe ich gegen meine Depression und meine Eßstörungen angekämpft", sagte mir Jane, „aber es wurde immer schlimmer statt besser. Dann schloß ich mich einer Selbsthilfegruppe meiner Gemeinde an. Mir wurde gesagt, ich müsse mir selbst eingestehen, daß ich mich aus eigener Kraft nicht verändern und aus mir heraus nichts tun könne. Gott würde mich verändern müssen. Und jetzt komme ich her, und Sie sagen mir, wir hätten viel Arbeit vor uns! Das verstehe ich nicht."

„Beides stimmt", erwiderte ich. „Sie sind machtlos, haben aber gleichzeitig viel zu tun."

„Aber wenn ich mich aus eigener Kraft nicht verändern kann, woran um alles in der Welt soll ich dann arbeiten? Das macht doch alles keinen Sinn."

Natürlich sind Christen wie Jane verwirrt. Wenn wir machtlos sind, wie es im ersten Schritt heißt, was können wir denn dann tun, um heilig zu werden?

Der Prozeß der Heilung und Umgestaltung ist ein göttlicher Vorgang, wir können ihn nicht kontrollieren. „(...) und der Same geht auf und wächst, er weiß nicht, wie" (Mk 4,27). Wir können Heilung oder Wachstum nicht durch unseren Willen erzwingen; wie eine Pflanze gedeiht beides, wenn die richtigen Vorbedingungen erfüllt sind.

Jedoch können wir gute Gärtner sein. Wir können unsere Herzen in acht nehmen, dafür sorgen, daß wir die Nährstoffe bekommen, die Gott für uns bereithält, das Unkraut ausreißen und uns formen lassen, wie er es für richtig hält.

Es gibt mindestens ein Dutzend Aufgaben, die wir selbst übernehmen können, um unser Wachstum zu fördern.

1. Wir können uns unseren Problemen stellen. Das nennt man Bekenntnis. Wir werden uns nie ändern, wenn wir uns unseren Zustand nicht eingestehen. Erst wenn wir bekennen, daß wir feststecken, werden wir beginnen, uns freizuarbeiten. Erst dann werden wir aufhören, anderen die Schuld zu geben und uns selbst zu entschuldigen. Wir können um Vergebung bitten und sie empfangen (1 Joh 1,9).

2. Wir können uns unser Versagen eingestehen. Wir müssen dahin kommen zu sagen: „Gott, meine Versuche, mich zu ändern und Besserung zu finden, sind fehlgeschlagen." Wir müssen anfangen, uns nicht mehr als Nabel der Welt zu betrachten.

Wir versagen in erster Linie deshalb, weil wir versuchen, unsere Probleme durch „Willenskraft" oder irgendwelche Methoden zu überwinden. Aber jeder Versuch, unsere Probleme aus eigener Kraft zu lösen, wird scheitern. „Darum will ich mich am allerliebsten rühmen meiner Schwachheit", schreibt der Apostel Paulus, „damit die Kraft Christi bei mir wohne" (2 Kor 12,9). Hören Sie auf, sich selbst abzumühen, und warten Sie statt dessen lieber auf Gottes Weisung.

3. Wir können Gott und andere um Hilfe bitten. Das ist ein ganz wesentlicher Bestandteil der Demut: Wir erkennen an, daß wir es nicht allein schaffen. Vielleicht können wir unsere sexuelle Orientierung nicht ändern, können nicht aufhören, zwanghaft Geld auszugeben oder deprimiert zu sein – aber wir können Gott und andere um Hilfe bitten. „Bittet, so wird euch gegeben" (Mt 7,7). Jakobus bestätigt uns, daß Gott helfen wird: „Ihr streitet und kämpft und habt nichts, weil ihr nicht bittet" (Jak 4,2).

4. Wir können Gott und andere bitten, uns zu zeigen, was in unserer Seele ist. Gottes Geist – und andere Menschen – können uns helfen, uns selbst so zu sehen, wie wir wirklich sind. David bittet Gott in Psalm 139, ihm zu zeigen, was mit ihm nicht stimmt, und seine Bitte bringt die Zerbrochenheit ans Licht. Mit anderen Worten, das Leben ist eine unablässige „moralische Bestandsaufnahme". Wir geben Gott die Erlaubnis, an den Aspekten unserer Person zu wirken, die Veränderung brauchen.

5. Wir können uns von dem Bösen abwenden, das wir in uns entdecken. In der Buße erkennen wir die kranken, faulen und bösen Aspekte unserer Persönlichkeit. Dann können wir sagen: „Ich möchte dieses Motiv oder diesen Teil von mir nicht anerkennen. Ich möchte anders sein." Wenn wir zum Beispiel sehr herrschsüchtig sind, können wir dies anderen und Gott bekennen. Und wenn wir dann erkennen, daß wir andere wieder kontrollieren, können wir Buße tun und uns davon abwenden. Eine Charakterveränderung entsteht, wenn wir unsere Sünde bekennen, wenn unsere eigentlichen Bedürfnisse befriedigt werden und wir das Böse bereuen, das sich so leicht in unser Handeln einschleicht. Wir brauchen die negativen Aspekte unserer Persönlichkeit nicht zu nähren. Wir können beginnen, uns von ihnen zu lösen.

Glauben Sie nicht, das sei leicht. Doch die Erkenntnis, daß diese Sünden unsere eigentlichen Bedürfnisse nicht stillen und stattdessen unser Leben ruinieren, kann uns motivieren, sie aufzugeben. Wir können Gott gestatten, diese Bedürfnisse auf gesunde Art zu befriedigen. Wenn wir diese ungesunden Aspekte unserer Persönlichkeit aufgeben und uns stattdessen der Liebe Gottes aussetzen, so ist das, als würden wir einen vermeintlichen Freund gegen einen wirklichen eintauschen. Es ist ein Tod, aber auch eine Geburt.

6. Wir können herausfinden, welche Bedürfnisse bisher nicht befriedigt wurden, und sie in die Familie Gottes hineintragen, wo sie erfüllt werden können. Gott sagt, daß er die „Einsamen nach Hause bringt" (Ps 68,6). Durch Gottes Familie, seine Gemeinde, können unsere Bedürfnisse erfüllt werden. Wenn wir in der Kindheit zum Beispiel eine besondere Zuwendung vermißt haben, können wir diesen Bereich unseres Lebens anderen in der Familie Gottes bekennen und bei ihnen Hilfe suchen. Gott fordert die Starken auf, diese Bedürfnisse zu erfüllen (Röm 15,1).

Wenn wir in der Kindheit die Anleitung und Hilfe eines Vaters vermißt haben, können wir an Gott appellieren, daß er uns hilft zu lernen und zu verinnerlichen, was wir in unserer Kindheit nicht erfahren haben. Oft geschieht das dann durch andere Christen. Weil unsere Verletzungen durch Beziehungen entstehen, muß auch unsere Heilung durch Beziehungen geschehen. Jesus bittet sein Volk, seine Arme zu sein, die sich um andere legen. Unser Problem ist, daß wir so selten darum bitten.

7. Wir können uns bewußt machen, wen wir verletzt haben, unser Fehlverhalten eingestehen und ihn um Vergebung bitten. Das bedeutet Wiedergutmachung. „Darum: Wenn du deine Gabe auf dem Altar opferst und dort kommt dir in den Sinn, daß dein Bruder etwas gegen dich hat, so laß dort vor dem Altar deine Gabe, und geh zuerst hin, und versöhne dich mit deinem Bruder, und dann komm und opfere deine Gabe" (Mt 23,24).

In der Bibel heißt es, daß wir Frieden mit unseren Mitmenschen schließen müssen, um Frieden mit Gott zu bekommen. Wir können nicht behaupten, richtig mit Gott zu stehen, wenn wir unseren Mitmenschen nicht vorbehaltlos begegnen können (1 Joh 4,20-21).

Ein wesentlicher Aspekt der Heilung ist die Reinigung unserer Beziehungen zu anderen Menschen und unser Bemühen, gut mit ihnen auszukommen. Dadurch erfüllen wir das zweite große Gebot: „Du sollst deinen Nächsten lieben wie dich selbst" (Mt 22,39).

8. Wir können Menschen vergeben, die uns weh getan haben. Nachdem wir unsere Sünden vor Gott und Menschen bekannt und Vergebung erlangt haben, können wir unseren Mitmenschen dieselbe Gnade erweisen (Eph 4,32). Unsere Wiederherstellung und unser Wohlergehen sind sogar ganz eng mit unserer Vergebungsbereitschaft anderen gegenüber verknüpft. Es ist nicht gut, mit der einen Hand Vergebung zu bekommen und mit der anderen Gericht zu üben (siehe Mt 18,21-35).

Wir müssen nicht nur mit unserem Willen vergeben, sondern von „Herzen" (Mt 18,35), mit unserem ganzen Sein. Vergebung ist ein tiefer emotionaler Prozeß, bei dem wir uns mit allen unseren Gefühlen auseinandersetzen müssen. Wir müssen uns ehrlich unseren Schmerz und unsere Wut eingestehen und dürfen unsere Herzen nicht verschließen und hart werden (Ps 17,10; Eph 4,19).

9. Wir können die Begabungen entwickeln, die Gott uns gegeben hat. Er hat uns Fähigkeiten geschenkt; und wir müssen sie gebrauchen. Der Unterschied zwischen dem „guten und treuen Knecht" und dem „bösen und faulen Knecht" in Matthäus 25 ist, daß der erste seine Talente eingesetzt hat. Wieviel jeder Knecht erarbeitet, ist nicht von Bedeutung; wichtig ist nur, ob er eingesetzt hat, was er empfangen hat. Der faule Knecht hat nicht einmal den Versuch gemacht zu gebrauchen, was er empfangen hatte.

10. Wir können Gottes Nähe suchen. Gott verspricht uns, daß wir ihn finden werden, wenn wir ihn suchen – wenn wir anklopfen, wird er die Tür für uns öffnen. Er lehrt uns, uns immer wieder in seine Nähe zu begeben und die Antwort, die wir von ihm erwarten, zu suchen (Jak 4,2; Mt 7,7-11; Lk 18,1-8).

11. Wir können Wahrheit und Weisheit suchen. Die Wahrheit liegt in der Offenbarung Gottes in der Bibel und in seiner Schöpfung. Wir können uns mit seinem Wort beschäftigen und genau die Werke seiner Hände studieren.

Weisheit ist praktisches, angewandtes Wissen, das man sich im Leben angeeignet hat. Wir müssen sehr aufmerksam in dieser Welt leben und durch Erfahrung lernen (Heb 5,14).

12. Mehr und mehr können wir Gottes Beispiel der Liebe nacheifern. Diejenigen, die einander lieben, wie er uns geboten hat (1 Joh 3,23), werden gesund werden. Diejenigen, die an Haß, Rachsucht und Ichbezogenheit festhalten, werden nicht gesund. Liebe verbindet uns miteinander, macht unsere Herzen weich, baut unsere Isolation ab und läßt unsere Seele reifen. Praktische Liebe ist das beste Mittel, emotionalen Schmerz zu überwinden.

Bei meinen Gesprächen mit Jane erfuhr ich, daß sie schon eine Reihe von Jahren mit Depressionen zu tun hatte. Obwohl sie überzeugte Christin war, konnte sie sie nie überwinden. Jahrelang hatte sie geistliche Antworten auf ihren emotionalen Schmerz gesucht. Sie versuchte, es an Gott abzugeben, sie lernte Bibelstellen auswendig, sie betete und meditierte.

Schließlich kam Jane zu dem Schluß, sie sei einfach eine geistliche Versagerin. Sie fühlte sich so schuldig und hoffnungslos und wurde zornig auf Gott, weil er ihr in ihrem Kampf anscheinend überhaupt nicht half. Immer wieder hatte sie ihm ihre Depressionen hingelegt, sie konnte schon gar nicht mehr sagen, wie oft. Warum hatte er sie nicht davon geheilt?

In der Therapie lernte sie, daß viel Arbeit vor ihr lag. Jane hatte in ihrer Kindheit Mißbrauch erlebt und sich von Menschen zurückgezogen. Sie gestattete sich nicht, einen Menschen wirklich zu brauchen oder mit jemandem über ihren Schmerz zu sprechen. Und diese Isolation vertiefte ihre Depressionen von Tag zu Tag.

Jane begann eine Einzel- und Gruppentherapie und arbeitete daran, den Schutzwall, den sie um sich herum errichtet hatte, langsam abzubauen. Sie begann, die Verantwortung für die Arbeit in ihrem Heiligungsprozeß zu übernehmen, die *nur sie selbst leisten konnte*. Sie fing an, anderen von ihrem Schmerz zu erzählen und ihre Liebe und Ermutigung anzunehmen.

Janes Veränderung geschah nicht über Nacht; es dauerte sehr lange, bis sie Erfolge sah. Es war harte, geistliche Arbeit – aber nicht in dem Sinne, wie sie früher „geistlich" verstanden hatte, also durch Gebet und Bibellesen. Sie lernte, um ihre Verluste zu weinen, Trost von anderen Menschen anzunehmen und Buße zu tun über die Verhaltensweisen, die sie davon abgehalten hatten, auf Liebesangebote zu reagieren.

Um das alles leisten zu können, mußte sie möglichst viel mit Gott in Kontakt sein, in der Bibel lesen und beten. Ihr Gebetsleben bekam neue Dimensionen. Sie bat Gott, ihr zu zeigen, wie sie sich verändern sollte, und ihr klarzumachen, was sie noch in ihrem Herzen verbarg. Sie bat um Mut, sich Freunden und Familienmitgliedern zu stellen und zu öffnen – eine Aufgabe, die sie meistens gemieden hatte.

Kurz, Jane begann tatsächlich, an ihrer Errettung zu arbeiten – „mit Furcht und Zittern". Mit diesen Veränderungen gingen ihre Depressionen langsam zurück, und später war sie in der Lage, anderen den Trost zu spenden, den sie selbst bekommen hatte (2 Kor 1,4). Da sie selbst so Schweres erlebt hatte, war sie in der Lage, andere ganz neu zu lieben und ihnen das runderneuerte Leben zu zeigen, das Gott ihr gegeben hatte – nur daß Jane diesmal ihren Beitrag dazu geleistet hatte.

Irrglaube Nr. 5:

Eines Tages wird mein Heilungsprozeß abgeschlossen sein

Sam und Frances waren überglücklich. Der Hauskreis, der zum ersten Mal in ihrer Wohnung stattgefunden hatte, war ein voller Erfolg gewesen. Sie hatten einen Abschnitt aus dem Epheserbrief besprochen, in dem es um Beziehungen ging, und die vier anwesenden Ehepaare hatten sich sehr lebhaft an der Diskussion beteiligt.

Normalerweise behielt Frances ihre persönlichen Gedanken und Gefühle für sich. Doch an diesem Abend, angeregt durch die herzliche und liebevolle Atmosphäre des Abends, beschloß sie, ein sehr persönliches Gebetsanliegen weiterzugeben.

Sie atmete tief durch. „Seit einiger Zeit mache ich eine Therapie, um mit einer Depression fertig zu werden, die mich schon seit meiner Kindheit quält", vertraute Frances den anderen an. „Die Therapie scheint etwas zu bewirken. Ich kann Gottes Hand darin erkennen. Aber es ist nicht immer einfach – die Gefühle sind sehr schmerzlich. Ich möchte euch bitten, daß ihr für mich betet."

Auch andere nannten ihre Gebetsanliegen. Die Gruppe betete und saß hinterher noch locker bei Erfrischungen zusammen. Als die Gäste sich verabschiedeten, bat Leonard darum, Frances noch kurz allein sprechen zu dürfen. Sie zogen sich in eine stille Ecke zurück.

„Ich möchte mich nicht aufdrängen", begann Leonard, „aber ich dachte, daß ich dir bei deinem Gebetsanliegen vielleicht helfen könnte."

„Ich habe doch nur um Gebetsunterstützung gebeten", erwiderte Frances überrascht, „aber natürlich bin ich für jede Hilfe offen."

„Ich habe schon häufiger miterlebt, daß Freunde für geistliche Probleme psychologische Hilfe gesucht haben. Das zieht sich endlos hin, eine Sitzung nach der anderen, aber von einer Besserung ist nichts zu merken. Das ist eine aussichtslose Situation, Frances. Ich frage mich, ob du deine Therapie nicht besser beenden solltest. Was meinst du denn, wann deine Depressionen aufhören werden? Vielleicht würde es dir helfen, wenn du dir eine Deadline setzt – du weißt schon, gib dir noch drei Wochen oder so, und wenn deine Probleme dann nicht weg sind, beende die Therapie."

Frances fühlte sich elend. Leonards verschleierte Anklagen trafen sie tief. *Anscheinend mache ich etwas verkehrt,* dachte sie voller Schuldgefühle, *sonst hätte ich meine Depressionen mittlerweile überwinden müssen.*

„Wann wird es dir denn endlich wieder gut gehen?"

Leonards Standpunkt wird auf vielerlei Weise von christlichen Freunden und Familienangehörigen der Hilfesuchenden vertreten. Sie stellen Fragen wie die folgenden:

▷ „Hast du deine Therapie denn immer noch nicht abgeschlossen?"
▷ „Wann wird es dir denn wieder besser gehen?"
▷ „Ist es nicht schlimmer statt besser geworden?"
▷ „Ist es nicht an der Zeit, dein Leben wieder in die Hand zu nehmen?"
▷ „Warum hast du dir kein Ziel gesetzt?"

Allen diesen Fragen liegt die folgende These zugrunde: „Eines Tages werde ich wieder vollkommen gesund sein." Menschen, die diesen Standpunkt einnehmen, sind der Meinung, mit geistlichem Wachstum wäre es wie mit einer Glühbirne: Die kaputte Birne wird herausgenommen, die neue eingeschraubt. Problem gelöst. Das Leben geht weiter. Eine Depression wird in Ordnung gebracht. Zwanghafte Kaufsucht wird geheilt. Ein Anfall von Angstgefühlen wird abgewehrt. In jedem Fall hat der Prozeß einen klaren Schlußpunkt.

Einige Psychotherapeuten unterstützen diese Sichtweise. In jedem Buchgeschäft finden Sie Bücher von Psychologen, die Ihnen ein Fünf-bis-zehn-Sitzungen-Programm als Heilmittel für emotionale Krankheiten anbieten. Die meisten empfehlen den Ansatz, sich etwas Bestimmtes einzureden. Zum Beispiel: „Konzentrieren Sie sich auf positive Dinge, und Ihre Depressionen werden verschwinden" oder „Lernen Sie den angemessenen Umgang mit Geld, damit Sie dem Drang, zwanghaft Geld auszugeben, widerstehen können."

Wenn dieser Ansatz nicht funktioniert, beginnt der Betroffene, an sich selbst zu zweifeln (das heißt, den Heilungsprozeß in Frage zu stellen) und sich von denen abzuwenden, die Gott ihm vielleicht zu seiner Hilfe geschickt hat.

Warum Wachstum nicht aufzuhören braucht

„Wo liegt denn da das Problem?" fragen Sie vielleicht. „Ich habe Horrorgeschichten von Therapien gehört, die ewig andauern. Die Therapie muß doch irgendwann auch einmal zu Ende sein, oder?"

Das stimmt. In der Bibel heißt es sogar, daß vieles im Leben einmal zu Ende geht: „Wenn kommt, was man begehrt, tut es dem Herzen wohl" (Spr 13,19). „Ein jegliches hat seine Zeit, und alles Vorhaben unter dem Himmel hat seine Stunde" (Pred 3,1). In seinen machtvollen letzten Worten verkündet Paulus den Wert der Vollendung: „Doch ich habe mit vollem Einsatz gekämpft; jetzt ist das Ziel erreicht, und ich bin Christus im Glauben treu geblieben. Nun hält Gott für mich auch den Siegespreis bereit: seine Gerechtigkeit. Er, der gerechte Richter, wird ihn mir am Tag des Gerichts geben; aber nicht mir allein, sondern allen, die wie ich voller Sehnsucht auf sein Kommen warten" (2 Tim 4,7-8).

Gott selbst bringt alles zum Abschluß. Er erschuf das Universum in einer abgeschlossenen Zeitperiode (Gen 2,1-3). Sein Werk, in dem er uns mit sich selbst versöhnt hat, wurde am Kreuz vollendet: „Es ist vollbracht!" (Joh 19,30).

Ja, es stimmt, wir sollten immer ein Ergebnis erwarten, ob wir nun beten, in der Bibel lesen, eine Therapie durchlaufen oder uns einer Selbsthilfegruppe anschließen. Ein verändertes, heilendes Leben ist das Merkmal eines reifenden Christen, genau wie die Früchte des Geistes das Zeichen des Wirkens Gottes in uns sind (Gal 5,22-24).

Doch auch wenn wir immer wieder Zwischenziele erreichen und Ergebnisse erzielen, zieht sich der Heiligungsprozeß durch das ganze Leben hindurch. Wir müssen Geduld mit uns und anderen haben, während wir emotionale Probleme in Angriff nehmen.

Leider ignorieren diejenigen, die es satt haben zuzusehen, wie ein Freund Monat um Monat seine Therapie macht, die wünschen, ihr Verwandter würde sein Leben endlich wieder in die Hand nehmen können, wesentliche biblische Wahrheiten in bezug auf Wachstum. Wenn Sie der Meinung sind, der Heilungsprozeß müßte eines Tages komplett abgeschlossen sein, werden Sie sich ernsthaften Problemen gegenübersehen.

Wiederherstellung und geistliches Wachstum werden voneinander getrennt

Heilung, also emotionale Wiederherstellung, bedeutet nicht, eine Depression zu beseitigen oder Jähzorn zu heilen. Die Wurzeln gehen sehr viel tiefer.

In seiner ersten aufgezeichneten Predigt las Jesus aus Jesaja 61,1-2 vor: „Der Geist des Herrn ist auf mir, weil er mich gesalbt hat, zu verkündigen das Evangelium den Armen; er hat mich gesandt, zu predigen den Gefangenen, daß sie frei sein sollen, und den Blinden, daß sie sehen sollen" (Lk 4,18). Das Wort *Wiederherstellung* impliziert, daß etwas wiedergefunden wird, das verlorengegangen war. Es ist ein aggressives Wort, ein Wort voller Aktion.

In gewisser Weise bedeutet *Wiederherstellung*, daß wir unseren Platz als Menschen nach dem Bilde Gottes, als Verwalter der

Erde, wieder einnehmen, der uns beim Sündenfall verlorengegangen ist.

Emotionale Wiederherstellung bedeutet, Charakterzüge wieder anzunehmen, deren wir beraubt wurden: die Fähigkeit, tiefe emotionale Bindungen einzugehen (wozu wir nicht in der Lage waren), unschöne Dinge bei anderen anzusprechen (auch wenn wir Angst vor Konflikten haben), uns von einem vollkommenen Bild von uns selbst zu verabschieden und es durch die bedingungslose und liebevolle Annahme Gottes zu ersetzen.

Mit anderen Worten, *Wiederherstellung* beschreibt den Heiligungsprozeß, den Prozeß des geistlichen Wachstums, die Aufgabe, das Bild Gottes in uns zurückzufordern, so zu werden wie er (1 Joh 3,2). *Wiederherstellung* ist ein anderes Wort für reif- und heilmachende Dinge, die Gott in unserer Seele tut. Wir gebrauchen den Ausdruck *Wiederherstellung* hier in seinem breitesten Sinn – gemeint ist nicht nur das Entfernen von Symptomen.

Man kann Wachstum nicht in „emotionales Wachstum" und „geistliches Wachstum" aufgliedern. Alles Wachstum ist geistlich, wenn der biblische Prozeß der Liebe, des Verantwortungsbewußtseins und der Vergebung gemeint ist. Alles Wachstum ist geistlich, wenn es ein fröhliches Herz, Liebe zu anderen, ein tieferes Verantwortungsbewußtsein und die Fähigkeit hervorbringt, dem Bösen Grenzen zu setzen.

Mit anderen Worten, Jesus war genauso besorgt um die Notlage der Frau, die beim Ehebruch erwischt worden war (emotionales Wachstum), wie er darum bemüht war, die zwölf Jünger auszubilden (geistliches Wachstum).

Wir werden dazu gezwungen, eine Aufgabe zu Ende zu bringen, nicht zu wachsen

Im College war ich in einer christlichen Studentengruppe aktiv, die sehr großen Wert auf Bibelwissen legte. Wir lernten, die Bibel zu lesen, auswendig zu lernen und darüber zu meditieren.

Ich wurde regelrecht abhängig davon, Bibelverse auswendig zu lernen. Dies schien mir ein praktischer Weg, Gottes Wahrheit in meinen Kopf hineinzubekommen. Also lernte ich zwei bis zehn Verse pro Woche auswendig. Mein Ziel war, in einigen Jahren das ganze Neue Testament auswendig zu können. Das Programm war realistisch – trotz der Tatsache, daß mich die Wiederholung eine Stunde pro Tag kostete.

Das größere Problem war, daß ich dadurch langsam, aber sicher die Bibel zu hassen begann. Ich verabscheute meinen Zeitplan. Ich fürchtete die Wiederholungen. Ich wollte gar nicht wissen, wie weit ich zurücklag.

Auf der Suche nach einer Antwort fragte ich jemanden in meiner Gruppe, wie er es schaffte, im Zeitplan zu bleiben. Er fragte mich nach meinem Zeitplan, und ich erklärte ihn ihm. „Ich mache es ganz anders", erwiderte er. „Ich lerne sehr viel weniger Verse auswendig als du. Ich versuche, mehr dabei herauszuholen. So wie ich das sehe, habe ich genug mit den wenigen zu tun, die ich bereits kenne."

Ich fühlte mich um dreißig Pfund leichter. Der Rat half mir, mich wieder darauf zu freuen, meine Zeit mit der Bibel zu verbringen, sie zu verstehen und mir von ihr helfen zu lassen.

Offensichtlich war das Auswendiglernen von Bibelversen hier nicht schuld, sondern mein innerer Anspruch, die Aufgabe zu Ende zu bringen, machte mich verrückt. Ich war mehr damit beschäftigt, die Verse auswendig zu lernen, als mich von dem Wort Gottes erfüllen zu lassen.

Und das ist das zweite Problem mit der These „Eines Tages werde ich vollkommen geheilt sein". Sie richtet den Blick auf das Gesetz, auf das Erfüllen der Aufgabe, und nicht auf die Reise, darauf, wie man dahin gelangt. Diese These entfernt die Christen von der Liebe Gottes und anderer, treibt sie unentwegt auf das unerbittliche Ziel der Vollkommenheit zu. Dort anzukommen, wird zu einer Anforderung, die nicht zu bewältigen ist und die sie niederdrückt.

Das Ziel ist die Liebe. Kennen Sie Christen, die die Bibel in- und auswendig kennen, aber nicht lieben können? Sie haben die Lektion aus 1. Timotheus 1,5 nicht gelernt: „Die Hauptsumme aller Unterweisung aber ist Liebe aus reinem Herzen und aus gutem Gewissen und aus ungefärbtem Glauben."

Tatsächlich ist die Liebe der Prozeß, durch den wir das Ziel erreichen, aber auch das Ziel selbst. Vertrauen lernen, unser Herz weiten, das Eingeständnis unserer Schuld, all dies gehört zu

Gottes Wiederherstellungsprogramm. Darum werden Menschen, die bei der Frage „Wann werde ich fertig sein?" stehenbleiben, das Ziel verfehlen.

In den sechziger Jahren wurde meine Heimatstadt durch die Scheidung eines prominenten Ehepaares erschüttert. Beide Ehepartner waren bereits Ende fünfzig und in ihrer Gemeinde sehr aktiv. Es machte einfach keinen Sinn. Sie waren überzeugte Christen, hatten drei prächtige Kinder großgezogen, kamen beruflich gut klar, und ihre Ehe schien nach außen vollkommen intakt zu sein. Was war passiert?

Sehen Sie sich an, wie ihre Ehe bewertet wurde: in der Gemeinde sehr aktiv, beruflich erfolgreich, und ihre Kinder haben sie zu verantwortungsbewußten Erwachsenen erzogen. Und nun sehen Sie sich an, wie die Ehe nicht bewertet wurde: Welche Verbindung bestand zwischen ihnen? Wie war ihre Beziehung? Was sagten sie und empfanden sie füreinander, wenn sie allein waren? Das konnte niemand sagen. Mit anderen Worten, der Blick war auf das Ziel gerichtet, nicht auf die Liebe. Sie hatten das Wichtigste in der Ehe versäumt.

So war auch Marta ärgerlich auf Maria, weil sie zu den Füßen Jesu saß, um einfach nur bei ihm zu sein. „Herr", beklagte sie sich, „fragst du nicht danach, daß mich meine Schwester allein dienen läßt? Sag ihr doch, daß sie mir helfen soll" (Lk 10,40).

Jesus sieht über Martas Neid hinweg und sagt ihr, daß Nähe zu ihm das Wichtigste ist, was es gibt. Marias Augenblicke mit Jesus würden dauerhaft zu ihren emotionalen Erinnerungen, zu ihrer persönlichen Charakterstruktur gehören. Sie würden sie entscheidend prägen.

Menschen im Wiederherstellungsprozeß lernen, die Reise um ihrer selbst willen zu lieben. Sie lernen, innezuhalten und „den Duft der Rosen einzuatmen", bildhaft gesprochen.

„Ich konnte es kaum erwarten, wieder gesund zu werden, damit ich endlich richtig leben konnte", erklärte mir ein Patient. „Aber meine Ungeduld hielt mich davon ab, in den Prozeß einzusteigen. Darum konnte ich meine emotionalen Probleme nicht lösen. Erst als ich erkannte, daß meine totale Zielorientierung mich von Gott und den Menschen fernhielt, begann sich etwas zu verändern."

Wir verpassen die Vergebung

Wir müssen darauf achten, welche Richtung unser Leben einschlägt. Wie ein Navigator, der den Kurs eines Schiffes bestimmt, sollten wir unablässig auf unser Verhalten achten und es neu ausrichten. Dieser Prozeß wiederholt sich im Leben immer wieder: Wir verlieren das Ziel aus den Augen, nehmen Korrekturen vor und kommen wieder auf Kurs. Ohne Vergebung ist es unmöglich, diesen Prozeß zu durchleben.

Unter meinen Freunden gibt es einige Videospiel-Fanatiker. Ich kann nicht verstehen, wie sie stundenlang Landminen, Raumschiffen und Kanonenkugeln ausweichen können. Ihr Reaktionsvermögen versetzt mich in Erstaunen.

Sie erinnern sich vielleicht an ihr erstes Videospiel. Vermutlich haben Sie sich noch recht ungeschickt angestellt, auf Hindernisse überreagiert und regelmäßig Ihre Spieler in die Grube fallen lassen.

Wenn Sie durchhalten (wie ich es nicht getan habe), werden die Bewegungen Ihres Spielers immer feiner. Sie zielen, rennen und schießen akkurater. Sie können über den Lavasee springen und feuerspeienden Ungeheuern aus dem Weg gehen.

Wenn Teenager den Führerschein machen, ist ihr Fahrstil zuerst noch sehr ruckartig, doch allmählich werden sie immer ausgeglichener. Selbst professionelle Fahrer halten ihr Lenkrad nicht immer gleichbleibend ruhig. Unablässig lenken sie, korrigieren sie den Kurs; sie sind immer in Bewegung.

Genauso ist geistliches Wachstum. Wir machen einen Schritt, machen einen Fehler, lernen daraus, und der nächste Schritt wird schon besser. Wir bewegen uns von der Kindheit zum Erwachsenenalter (1 Joh 2,12-14). Wir stolpern, bekennen, bereuen und lernen aus den Konsequenzen.

Die Vergebung ist aus diesem Lernprozeß nicht wegzudenken: Da Jesus uns niemals verdammt, sind wir in all unseren Überreaktionen, Irrtümern und ausgesprochenen Sünden nie von der Liebe getrennt.

Nehmen wir nur für ein paar Minuten die Vergebung aus dem Bild. Nehmen wir an, das Kissen der Gnade würde uns nicht auffangen, wenn wir fallen. Nehmen wir an, wir kämen vom Kurs ab und wären völliger Isolation von Gott und Menschen ausgeliefert.

Menschen, denen geraten wird, den Prozeß der Wiederherstellung zu ignorieren, und die einfach den Vorsatz fassen, wieder gesund zu werden – diese Menschen werden des Geschenkes der Vergebung beraubt. Man gibt ihnen keinen Raum für Versuchung und Irrtum, für Risiko und Lernen. Es gibt so keinen Raum für auf der Liebe aufgebautes Wachstum.

Gerald kam wegen seiner Depression zu mir in die Beratung. Ich erfuhr, daß es ihm sehr schwerfiel, andere zur Rede zu stellen, Dinge direkt anzusprechen und die Initiative zu ergreifen.

Jedesmal, wenn Gerald sich am Arbeitsplatz ausgenutzt fühlte, wurde er zornig, nahm sich vor, etwas zu sagen, doch dann wurde ihm übel. Wenn die Übelkeit vorbei war, war er noch immer zu erschüttert, um den Konflikt zu lösen.

Ich entdeckte, daß in Geralds Elternhaus jedes Aufmucken seinerseits einen Wutausbruch seines alkoholabhängigen Vaters zur Folge hatte. Darum lernte er, Probleme zu umgehen, Frieden zu halten und im Umgang mit seinem Vater – und mit dem Rest der Welt – überaus vorsichtig zu sein und immer zurückzustecken.

Jegliche aggressive Regung von Geralds Seite war von seinem Vater im Keim erstickt worden. Und wenn er jetzt, als Erwachsener, die Wahrheit sagen wollte, hielt ihn die Übelkeit davon ab – genau wie es früher sein Vater getan hatte. Sein Vater hatte Geralds Aggression verurteilt, und die Übelkeit war nun an die Stelle der Reaktion seines Vaters getreten.

Gerald brauchte einen sicheren Ort, um zu üben, Risiken auf sich zu nehmen, einen Ort, wo er die Wahrheit sagen konnte, ohne angegriffen zu werden. Er verbrachte viel Zeit in einer Gruppe und erlernte diese Fertigkeit.

Als er in der Selbsthilfegruppe einer anderen Teilnehmerin zum ersten Mal sagte, es gefiele ihm überhaupt nicht, daß sie ihn immer unterbrechen würde, kam wie üblich die Übelkeit in ihm hoch, und er mußte beinahe den Raum verlassen. Doch die Welle der Übelkeit verging – und danach dankte die Frau ihm für seine Ehrlichkeit. Je mehr Gerald sich darin übte, die Wahrheit zu sagen, desto mehr konnte er Fehler machen, die Initiative ergreifen und offen sein. Er hatte die Kraft der Vergebung erlebt.

Wir werden stolz

Ein Ehepaar stritt in meiner Praxis über die kritische Haltung des Ehemannes seiner Frau gegenüber. Unter dem Deckmantel besorgter Frömmigkeit setzte er sie unablässig wegen ihres mangelnden geistliches Fortschritts herab. Sie wand sich unter dem scheinheiligen Sperrfeuer.

„Vielleicht würde Ihre Frau eher auf Ihre Meinung hören", schlug ich ihm vor, „wenn Sie uns sagen würden, wo Ihre eigenen geistlichen Schwachpunkte und Angriffsflächen liegen."

Er starrte mich verständnislos an. „Na ja, eigentlich läuft bei mir alles recht gut", sagte er. „Mein Leben mit Gott ist in Ordnung, und ich erreiche meine Ziele."

„Dann sind Sie viel schlimmer dran als Ihre Frau", erwiderte ich. „Wenn Ihr größtes Problem das geistliche Wachstum Ihrer Frau ist, dann ist Ihr geistliches Problem der Stolz."

Mein Klient war der Meinung, ein Leben mit Gott bedeute, ein Leben zu führen, in dem es keine Schwierigkeiten und Probleme gibt. Viele Menschen stellen sich vor, sie könnten irgendeine magische Ebene der Reife erreichen, auf der alles in Ordnung ist, solange sie die geistliche Kurbel schnell genug drehen. Ausreichendes Bibelstudium, Gebet, Anbetung, Evangelisieren und keine offensichtlich grobe Sünde – und man ist ein hervorragender Christ, dem alles gelingt.

Das einzige Problem bei dieser verlockenden Vorstellung ist, daß die Bibel das nicht lehrt. Keiner von uns wird in diesem Leben am Ziel seiner geistlichen Reise ankommen. Wir alle sind sündige, unreife Menschen, egal, wie groß unsere Fortschritte sind. Wir sind noch nicht vollkommen (Phil 3,12), und das werden wir auch erst sein, wenn wir bei Gott sind.

Wenn wir der Meinung sind, eines Tages würden wir vollkommen sein, dann neigen wir zu Stolz und falscher Unabhängigkeit. Wir leugnen, daß es bei uns viele lose Enden gibt, daß wir Bettler sind, die Gott täglich darum bitten müssen, daß er uns bei unseren Problemen hilft, daß er uns erforscht und unsere

Gedanken erkennt (Ps 139,23). Jede Lehre, die uns dazu verleitet zu glauben, wir hätten eine endgültige, zufriedenstellende geistliche Ebene erreicht, führt uns aus Gottes Einflußbereich hinein in den des Teufels.

Das Ziel geistlichen und emotionalen Wachstums ist nicht Vollkommenheit. Das Ziel ist das immer tiefer werdende Bewußtsein für uns selbst, unsere Schwächen, unsere Fehler und unsere Bedürfnisse. Wir begreifen mehr und mehr, wie sehr wir ein „so großes Heil" brauchen (Heb 2,3).

Viele Christen verstehen Matthäus 5,48 als Aufforderung, vollkommen zu sein, und sie versuchen, genau so zu werden. Das griechische Wort *teleios,* das in vielen Bibelübersetzungen mit „vollkommen" übersetzt wird, bedeutet jedoch eher „vollständig" oder „reif". Paulus gebraucht dieses Wort, wenn er uns sagt: „Wie viele nun von uns *teleios* (vollkommen) sind, die laßt uns so gesinnt sein" (Phil 3,15). Gott wünscht sich erwachsene Menschen, keine Perfektionisten.

Satan möchte, daß wir so denken wie der Pharisäer, nicht wie der Zöllner (Lk 18-9-14). Wenn wir der Meinung sind, wir hätten unser geistliches Ziel erreicht, bereuen wir nicht mehr, sind nicht mehr hungrig und bedürftig – und wir hören auf, um Hilfe zu bitten. Und wenn wir aufhören, um Hilfe zu bitten, bekommen wir auch keine Hilfe mehr (Jak 4,2).

Wir verzweifeln

Wenn wir ehrlich sind, wissen wir sehr genau, daß wir niemals vollkommen sein werden. Und da die Bibel anscheinend von uns Vollkommenheit fordert, verlieren wir alle Hoffnung: „Hoffnung, die sich verzögert, ängstet das Herz" (Spr 13,12).

Christen, die von ihren Rückschritten überrascht werden, verzweifeln häufig. Nachdem sie einige Monate lang gute Fortschritte gemacht haben, fallen sie wieder in ihr zwanghaftes Eßverhalten zurück, bekommen Depressionen oder ziehen sich zurück.

Ein Freund, der sein Leben lang in emotionaler Isolation gelebt hatte, begann eine Therapie wegen seiner Depressionen. Als er an seiner Unfähigkeit, seine Mitmenschen zu lieben, zu arbeiten begann und sich anderen Menschen gegenüber öffnete, konnte er zum ersten Mal lieben. Vor seiner Therapie waren die Menschen für ihn nur Objekte gewesen. Er freute sich über die Veränderung, die er bei sich feststellte.

Und dann wurde ein guter Freund von ihm bei einem Autounfall getötet. Am Boden zerstört, wütete er gegen Gott, daß dieser so etwas zuließ. Das, was er Gott entgegenschleuderte, war so schlimm, daß es ihn selbst erschreckte.

Als er mit seiner christlichen Therapeutin über diese intensiven Gefühle sprach, meinte sie, dies sei vielleicht ein Zeichen dafür, daß er nicht wirklich errettet sei.

„Vielleicht", erwiderte ich, als er mir davon erzählte. „Aber für mich ist das eher ein Zeichen, daß du doch errettet bist. Du fühlst dich sicher genug, um Gott zu bekennen, was du tatsächlich denkst. Und dir ist die Beziehung zu ihm so wichtig, daß du dich mit ihm auseinandersetzen und seine Gründe wissen willst."

Die Reaktion seiner Therapeutin ist die vieler Christen, die Rückschritte, Wut und Versagen so ansehen, als würde der Betreffende „vom rechten Weg abkommen". Sie verstehen nicht, daß Rückschritte zum Heiligungsprozeß gehören. Wenn man den Heiligungsprozeß in einer Skizze darstellen wollte, würde man keine gerade, ansteigende Linie zeichnen, sondern eine Zickzacklinie, voller Täler und Hügel.

Versagen und Rückschritte sind normal. Ununterbrochener Erfolg und stetige Besserung sind die Ausnahme. Wenn Paulus (nach seinen eigenen Worten) der erste Sünder von allen ist, wenn Petrus den Herrn verleugnete, ein Mörder und Ehebrecher mit Namen David als ein Mann nach dem Herzen Gottes bekannt ist (1 Sam 13,14) – wenn all dies stimmt (und das ist so), dann müssen wir das idealisierte Bild von uns selbst aufgeben und Vergebung in Anspruch nehmen; wir müssen uns eingestehen, daß wir Liebe brauchen und reif werden müssen.

Gibt es ein Ziel?

Wie sieht es denn nun mit Fortschritt und Zielen im Leben von Christen aus? Sind wir dazu verurteilt, ziellos umherzuirren mit der trostlosen Aussicht, immer unvollendete Suchende zu bleiben?

Ganz und gar nicht. Definierbare Fortschrittspunkte markieren den Weg des geistlichen und emotionalen Wachstums. Der reife Mensch erreicht immer neue Ebenen der Weisheit in den vier Entwicklungsstufen: Bindungsfähigkeit (ein deutlich definiertes Verantwortungsbewußtsein), Unterscheiden von Gut und Böse (die Fähigkeit, in einer gefallenen Welt Vergebung zu erhalten und zu geben) und Erwachsenwerden (in der Lage sein, die Autorität eines Erwachsenen in der Welt auszuüben).

Diese Merkmale der Reife kennzeichnen einen Menschen, der statt Milch Fleisch zu sich nehmen kann, jemanden, der auf seiner geistlichen Reise einen weiten Weg zurückgelegt hat.

Außerdem können wir Fortschritt auch in der Abnahme der klinischen Symptome erkennen. Depressionen, Ängste und zwanghafte Verhaltensweisen werden im Laufe des Heilungsprozesses an Intensität verlieren. Ein Fieber geht nur langsam zurück. Der Cholesterinspiegel des Blutes fällt nicht über Nacht. Und schmerzliche emotionale Symptome lassen sich nur langsam beheben, während sich der geistliche Zustand eines Menschen verändert.

Menschen schließen eine Therapie erfolgreich ab. Sie lernen, emotionale Bindungen einzugehen. Sie lernen, Grenzen zu setzen. Sie beginnen, ihre eigene Unvollkommenheit zu akzeptieren. Klinische Symptome verschwinden allmählich. Nach einer erfolgreichen Behandlung brauchen Menschen in der Regel keine professionelle Hilfe mehr. Aber denken Sie daran: Konflikte und innere Probleme verschwinden nicht für immer. Solange wir auf dieser Erde leben, werden wir zu kämpfen haben.

Und das bedeutet, daß wir immer Gottes Hilfe und Gnade, die Gemeinde, Selbsthilfegruppen und enge Freunde brauchen werden, die uns in- und auswendig kennen. Wir werden ein gesundes Urteilsvermögen brauchen, um uns richtig einzuschätzen (Röm 12,3). Wir müssen immer weiter wachsen.

Die Frage „Ist meine Wiederherstellung denn noch nicht abgeschlossen?" sollten Sie gar nicht stellen. Fragen Sie statt dessen lieber: „Was kommt als nächstes auf meiner Reise?"

Das Ziel – und die Reise selbst – ist zu lieben und geliebt zu werden.

Irrglaube Nr. 6:

Man muß die Vergangenheit hinter sich lassen

„Ich weiß gar nicht, wie ich anfangen soll", sagte Jill. Sie wirkte sehr bekümmert. „Ich habe Angst, daß Sie mich für eine unfähige Mutter halten oder der Meinung sind, ich würde mein Kind nicht lieben, wenn ich Ihnen erzähle, was passiert ist."

„Ich weiß zwar nicht, was Sie getan haben", erwiderte ich, „aber ich merke, daß es Sie sehr stark belastet. Erzählen Sie mir doch davon, dann werden wir sehen, was ich denke."

Und Jill begann. Wann immer ihre vierjährige Tochter einen Fehler machte, zum Beispiel ihre Milch verschüttete oder Unordnung machte, verlor Jill völlig die Kontrolle über sich und explodierte. Sie brüllte Amanda an und schleuderte ihr Schimpfnamen entgegen. Wenn sie schließlich am Boden zerstört erkannte, was sie tat, verließ sie sofort hilflos den Raum. Ihre Schuldgefühle überwältigten sie.

„Wie lange geht das schon so?" fragte ich.

„Etwa eineinhalb Jahre. Seit Amanda laufen und Unordnung machen kann. Es sind eigentlich keine Fehler; sie ist noch so klein, und ich weiß, daß sie es nicht absichtlich macht. Aber bei solchen Gelegenheiten verliere ich vollkommen die Kontrolle über mich. Ich überlege nicht einmal, was Amanda schon wissen oder noch nicht wissen kann. So weit komme ich gar nicht. Der Jähzorn überfällt mich, und ich weiß fast nicht mehr, wo ich mich befinde."

„Wie haben Sie bisher versucht, damit fertig zu werden?"

„Ich habe Bibelverse über den Zorn auswendig gelernt und mich einfach zurückgezogen, wenn ich wütend wurde. Aber meistens klappt das nicht. Bis ich merke, daß ich zornig werde, ist alles schon vorüber."

„Die Frage mag Ihnen vielleicht seltsam erscheinen, Jill, aber haben Sie etwas Ähnliches erlebt, als Sie klein waren?"

„Na ja, ich ..." Jill konnte den Satz nicht zu Ende sprechen, sondern begann zu schluchzen. Es dauerte eine Weile, bis sie sich wieder einigermaßen beruhig hatte. Als sie zu erzählen begann, hörte ich Horrorgeschichten aus ihrer Kindheit. Ihre Mutter habe sie bei dem kleinsten Fehler angebrüllt, ihr vorgeworfen, sie sei schlecht, dumm und wertlos. Während sie von ihrer Vergangenheit erzählte, wurde sie von Schmerz und Furcht überwältigt.

Nur ungern spreche sie über ihre traumatische Vergangenheit, erzählte Jill, weil der Pastor ihr gesagt hatte: „In der Bibel steht, daß Altes vergangen und Neues entstanden ist", erzählte Jill. „Ich bin eine neue Schöpfung. Wie könnte die Vergangenheit mich noch in ihrem Griff haben? Ich muß vergessen, was hinter mir liegt, und nach vorne sehen. Ich brauche mich doch nur darauf zu verlassen, daß der heilige Geist mir Kraft gibt, und ich muß über meinen Zorn Buße tun, dann wird sicherlich alles in Ordnung kommen."

„Haben Sie es damit versucht?" fragte ich sie.

Ihr Blick sagte mir, daß sie es versucht hatte, aber gescheitert war.

Sie wußte nicht, warum die Verletzungen der Vergangenheit ihr noch immer Schmerz bereiteten und warum sie ihrer Tochter dasselbe zufügte wie ihre Mutter ihr. Sie war einfach hilflos.

Jills Geschichte ist nicht ungewöhnlich. Viele Erwachsene wiederholen das Erziehungsmuster ihrer Eltern bei ihren eigenen Kindern oder sind vorbelastet durch das, was sie selbst als Kinder erlitten haben. Eine glücklich verheiratete Frau kann wegen der Erinnerungen an sexuellen Mißbrauch in der Kindheit keinen Geschlechtsverkehr mit ihrem Mann haben. Ein 40jähriger Mann leidet, wenn er sieht, wie seine Eltern mit seinen Kindern umgehen, weil er sich daran erinnert, daß ihr Erziehungsziel bei ihm war, ein perfektes Kind aus ihm zu machen.

In jedem Beispiel werden Erwachsene in günstigen Lebensumständen durch Dinge aus ihrer Vergangenheit belastet. Obwohl sie versucht haben, die Vergangenheit hinter sich zu lassen, reißen diese Ereignisse sie immer wieder aus ihrem Lebensrhythmus heraus.

In allen diesen Fällen wurde den Betroffenen klar, welchen großen Einfluß die Verletzungen der Vergangenheit auf ihr Leben in der Gegenwart haben. Problematischer ist es jedoch, wenn ein Mensch mit seinem Leben nicht klarkommt und nicht einmal weiß, *warum* das so ist. Er hat Depressionen oder leidet unter Panikanfällen. Er kann nicht aufhören zu essen oder zu trinken, gibt sein Geld aus, sobald er es in die Hand bekommt, oder ist nicht in der Lage, die einfachsten Ziele, die er sich steckt, zu erreichen.

Häufig ist ein Beziehungsproblem die Ursache dafür: Menschen werden in ungesunde Beziehungen hineingezogen, oder sie wiederholen unablässig ein destruktives Beziehungsmuster, ungeachtet ihrer Bemühungen, es zu durchbrechen. Sie fühlen sich zum Beispiel zu kritischen oder sehr herrschsüchtigen Menschen hingezogen. Oder sie lassen sich mit Menschen ein, die zu Mißbrauch neigen, und können sich gegen sie nicht behaupten. Oder – und das ist vielleicht das Schlimmste – sie sind unfähig, auf ‚normale' Menschen zu reagieren, die sie lieben. Und sie wissen nicht einmal, warum sie das tun.

Einige von ihnen beginnen eine Therapie, und ihre Therapeuten decken den Zusammenhang zwischen ihren Problemen und Verletzungen in der Vergangenheit auf, die sie nie aufgearbeitet haben.

Und dann wird ihnen von einem christlichen Freund oder einem Pastor gesagt, sie seien eine neue Schöpfung in Christus, und die Vergangenheit sollte keine Macht mehr über sie haben. Sie sollten „vergessen, was dahinten ist und sich ausstrecken „nach dem, was vorne ist" (Phil 3,13-14).

Und als wäre das noch nicht verwirrend genug, stellen manche fest, daß es die Therapie, nicht der Glaube war, die ihnen geholfen hat, ihre Vergangenheit zu bewältigen und ihnen ein gewisses Maß an Freiheit und Entschlossenheit zu vermitteln. Obwohl der emotionale Schmerz nun abnimmt, werden sie zunehmend von Schuldgefühlen geplagt, von dem Gefühl, etwas Ungeistliches getan zu haben. Immerhin, argumentieren sie, haben sie nicht bei Christus Heilung gesucht, sondern sind in eine Therapie gegangen – eine Hilfsmaßnahme, die einige Christen als humanistische, weltliche Quacksalberei verdammen.

Das Wesen unserer Vergangenheit

Jason kam zu mir in die Therapie, weil seine Frau wegen seiner inneren Distanz zu seinen Kindern frustriert war. Während wir uns mit der Ursache für seine Schwierigkeiten im Umgang mit seinen Kindern beschäftigten, fragte ich Jason nach seinem Verhältnis zu seinem Vater.

Sein Vater sei wundervoll gewesen, erzählte mir Jason, und er selbst hätte immer zu ihm aufgesehen. „Es hat den Anschein, als seien Sie und Ihr Vater sehr viel besser miteinander ausgekommen, als Sie mit Ihren Kindern klarkommen", meinte ich. „Ich frage mich, was da schiefgelaufen ist."

„Ich weiß es nicht. Vielleicht hat das etwas mit seinem Tod zu tun."

„Wie meinen Sie das?"

„Er starb, als ich vierzehn war. Eines Morgens ist er einfach nicht mehr aufgewacht. Ich sah, wie die Sanitäter hereingekommen sind und ihn mit einem Laken bedeckt weggebracht haben. Mama hat nie darüber gesprochen. Mein Onkel hat alle Vorbereitungen für die Beerdigung in die Hand genommen, aber auch er hat nie darüber gesprochen." Und dann begann er zu weinen.

Im Laufe unserer Therapie fing er an zu erkennen, daß er wegen des plötzlichen Verlustes seines Vaters zornig auf Gott, aber auch auf seine Mutter und seinen Onkel war, weil sie ihm nicht über seine Trauer hinweggeholfen hatten. Während er seinen eigenen Verlust aufarbeitete und die Trauer durchlebte, die er als Teenager nicht hatte hochkommen lassen, besserte sich auch sein Verhältnis zu seinen Kindern.

Sein Fortschritt verwirrte ihn. „Warum hat die Vergangenheit einen so großen Einfluß auf mich?"

„Wann haben Sie denn den Schmerz über den Tod Ihres Vaters gespürt?"

„Na ja, jetzt – als Erwachsener."

„Dann sprechen wir doch eigentlich gar nicht über die Vergangenheit, oder? Sie tragen Ihre Trauer bis heute mit sich herum. Der Tod Ihres Vaters ist schon Jahre her, aber den Schmerz empfinden Sie *jetzt,* in diesem Augenblick. Das ist die *Gegenwart,* nicht die Vergangenheit."

„Vermutlich stimmt das", erwiderte Jason. „Ich habe mich immer sofort zurückgezogen, wenn ich den Kindern innerlich näherkam, weil eine engere Beziehung zu den Kindern mich an meine Gefühle für meinen Vater erinnerten."

„Ich glaube, Sie haben recht", erwiderte ich. „Die Vergangenheit selbst kann uns nichts anhaben, aber unsere *Gefühle in bezug auf die Vergangenheit* können es."

Als Menschen sind wir in der Zeit gefangen. Wir teilen unser Leben in Vergangenheit, Gegenwart und Zukunft auf. Aber Gott betrachtet unser Leben aus der Perspektive der Ewigkeit, in der es keine Vergangenheit oder Zukunft gibt – nur die *Gegenwart.* Die Dinge, die, wie wir sagen würden, „unserer Vergangenheit" angehören, sind nach der Bibel *Teil unserer Gegenwart,* da aus der Perspektive der Ewigkeit alles Gegenwart ist.

Menschen haben uns weh getan, wir haben Menschen verletzt, wir haben Schlimmes erduldet und anderen Böses angetan. Wir würden sagen: „Alle diese Dinge gehören der Vergangenheit an und können nicht geändert werden." Aber Gott richtet den Blick von der Vergangenheit auf die ewige Gegenwart: „Wie ist der Zustand deiner Seele und alles, was darin ist, *jetzt?* Sind deine Erfahrungen der Vergangenheit ans Licht gebracht worden? Sind sie vergeben worden? Hast du sie bereut? Hast du deine Verletzungen der Liebe und dem Licht ausgesetzt? Hast du über schmerzliche Dinge getrauert und sie verarbeitet, oder hängen sie dir noch immer nach?"

Wir müssen unser Leben und unsere Seele nicht als vergangen und gegenwärtig sehen, sondern als ewig.

Jills Beziehung zu ihrer Mutter war niemals offengelegt worden, war niemals ans Licht gebracht worden. Es hatte keine Vergebung gegeben, und darum quälte die Sache Jill auch noch, als sie bereits selbst Mutter war. Jasons Trauer über den Tod seines Vaters war niemals ans Licht gebracht worden, darum blieb sie lebendig und gehörte zu Jasons Gefühlen, als er bereits erwachsen war. Was immer in uns nicht zutage gefördert worden ist, führt in der Vergangenheit ein Eigenleben – und wird sicherlich unsere Beziehungen in der Gegenwart beeinflussen.

Die Lehre, wir brauchten uns über den Einfluß der Vergangenheit keine Gedanken zu machen, ist besonders destruktiv und unbiblisch, weil sie uns praktisch verbietet, die Dinge aus der Dunkelheit ans Licht zu bringen und sie von der Gnade Gottes anrühren zu lassen.

Eine Fehlinterpretation der bekannten Bibelstelle zum „Vergessen der Vergangenheit" erklärt, warum viele ihre Gefühle niemals ans Licht bringen. „Aber seit ich Christus kenne, ist für mich alles ein Verlust, was ich früher als großen Gewinn betrachtet habe. Denn das ist mir klargeworden: Gegenüber dem unvergleichlichen Gewinn, daß Jesus Christus mein Herr ist, hat alles andere seinen Wert verloren. Ja, alles andere ist für mich nur noch Dreck, wenn ich bloß Christus habe. Zu ihm will ich gehören. Durch meine Leistung kann ich vor Gott nicht bestehen, selbst wenn ich das Gesetz genau befolge. Was Gott für mich getan hat, das zählt. Darauf will ich vertrauen. (...) Wie gesagt, mein lieben Brüder, ich weiß genau: Noch habe ich den Preis nicht in der Hand. Aber eins steht fest, daß ich alles vergessen will, was hinter mir liegt. Ich konzentriere mich nur noch auf das vor mir liegende Ziel. Mit aller Kraft laufe ich darauf zu, um den Siegespreis zu gewinnen: das Leben in Gottes Herrlichkeit. Denn dazu hat uns Gott durch Christus berufen" (Phil 3,7-9.13-14).

Was bei Paulus „hinter ihm liegt", sind nicht seine Verletzungen, seine alten Sünden oder unbereinigte Situationen, die erfordern, daß er einem anderen vergibt. Die Vergangenheit, die Paulus hinter sich läßt, ist die Art, wie er früher Vergebung erreichen wollte. Im gesamten ersten Teil des Kapitels zählt Paulus seine Leistungen auf, um den Philippern zu zeigen, wie er vergeblich versucht hat, Gott zu gefallen. Aber es hat nicht funktioniert, schreibt er. Er hat deshalb nun das alte System hinter sich gelassen. Er hat einen neuen Glauben gefunden.

Indem er im ersten Teil des Kapitels seine sinnlosen „Leistungen" aufzählt, bringt er sie ans Licht, bekennt und betrauert sie. Er hat nie geleugnet, was er getan hatte.

Doch Paulus sagt in diesem Abschnitt nicht, wir sollten Vergangenes vergangen sein lassen, wie einige diese Stelle fälschlicherweise interpretieren. Ganz im Gegenteil, der Apostel ist ein Vorbild für uns, weil er die Vergangenheit ans Licht bringt und sie bekennt.

Christen, die Ihnen sagen, Sie sollten die Vergangenheit einfach vergessen und nach vorn sehen, ignorieren und widersprechen sogar ganz wichtigen biblischen Geboten. Im Folgenden werden wir anhand der Bibel belegen, warum es so wichtig ist, sich mit seiner Vergangenheit auseinanderzusetzen.

Die Taten der Dunkelheit ans Licht bringen

In der Bibel werden wir aufgefordert, ans Licht zu bringen, was im Dunkeln liegt. Unsere Vergangenheit ist, biblisch gesehen, unsere Geschichte. Gott interessiert nicht, ob etwas heute oder vor zehn Jahren passiert ist, sondern nur, ob wir das Problem verdrängen und es in die Dunkelheit schieben oder ob wir es dem Licht ausgesetzt und im Sinne Gottes aufgearbeitet haben. Haben wir es versteckt oder es bekannt und ans Licht gebracht?

Bekenntnis bringt ans Licht, macht uns offen für den Prozeß der Umgestaltung. Und an Umgestaltung ist Gott interessiert: „Laßt euch auf keine finsteren Machenschaften ein; im Gegenteil, helft, sie ans Licht zu bringen. (Doch) wenn das Licht Gottes auf diese Dinge fällt, werden sie erst richtig sichtbar. Was Gott ans Licht bringt, kann hell werden" (Eph 5,11.13-14).

Das können wir in Jills Leben erkennen. Sie war sehr zornig auf ihre Mutter wegen der Art, wie sie mit ihr umgegangen war, und dieser Zorn war nie ans Licht gebracht worden. Hatte ihr Pastor ihr nicht gesagt, sie solle die Vergangenheit vergessen? Als Folge davon war sie nie „zornig, ohne zu sündigen", und dieser nicht aufgearbeitete Zorn vergiftete die Beziehung zu ihrer

Tochter (Eph 4,26-27). Dadurch, daß sie sich ihrem Zorn nie gestellt hatte, bot sie dem Teufel eine Angriffsfläche.

Abgesehen davon, daß wir Gefühle und Verletzungen der Vergangenheit zudecken, finden wir auch häufig verborgene Motive, die auf Beziehungen der Vergangenheit zurückzuführen sind. Ein Mann ist zum Beispiel krankhaft ehrgeizig, um die Anerkennung seiner Mutter zu erringen. Eine Frau sieht alles als Konkurrenzkampf und will immer die erste sein, um eine alte Rechnung mit ihrer Schwester zu begleichen. Solche Motive sind in der Regel auf ein Problem in einer Beziehung in der Vergangenheit zurückzuführen, das nie aufgearbeitet worden ist.

Kurz gesagt, die Vergangenheit ist wichtig, weil sie, solange wir uns ihr nicht stellen, zu „der Dunkelheit" unserer Seele gehört, wie die Bibel es nennt. Wenn wir unsere Sünden der Vergangenheit nicht bekennen oder anderen vergeben, die gegen uns gesündigt haben, werden diese Sünden uns beherrschen, und der Teufel findet einen Angriffspunkt in unserem Leben. Die Beschäftigung mit der Vergangenheit als falsch zu bezeichnen, widerspricht der Aufforderung der Bibel, daß wir uns mit der Dunkelheit in unserem Innern auseinandersetzen sollen. Beziehungen und Gefühle der Vergangenheit müssen in der Gegenwart angegangen werden.

Denen vergeben, die gegen uns gesündigt haben

Wenn wir uns nicht mit der Vergangenheit beschäftigen, können wir nicht aufrichtig vergeben. Durch die Vergebung bringt Gott Dinge, die uns verletzt haben, wieder in Ordnung. Um zu erkennen, wem wir vergeben müssen, müssen wir wissen, was uns angetan wurde, die Sünde beim Namen nennen und den Schuldigen erkennen.

Der Schmerz und Mißbrauch, dem Menschen als Kinder ausgesetzt waren, zeigt sich häufig in ihren eigenen Verhaltens- und Beziehungsmustern, die ihre Ursache häufig in nicht vergebenen Verletzungen haben. Weil sie den Menschen, die ihnen weh getan haben, nie vergeben haben, sind sie unbewußt vielleicht noch immer zornig auf sie.

Tom geriet immer wieder über Kleinigkeiten mit seinen Vorgesetzten in Streit. Alles wurde zum Problem, und immer mußte er das letzte Wort haben. Als er in der Therapie begann, diesem Problem auf den Grund zu gehen, erkannte er, daß er noch immer versuchte, eine alte Rechnung mit seinem Vater zu begleichen. In einer Auseinandersetzung mußte sein Vater immer die Oberhand haben, und wann immer sie miteinander sprachen, setzte er den jungen Tom herab. Obwohl Tom dachte, er hätte seinem Vater bereits vor Jahren vergeben, zeigte sein gegenwärtiges Verhalten, daß dies doch nicht der Fall war. Ganz allmählich erkannte er, daß er seinem Vater doch nicht vergeben hatte, sondern versuchte, alle Autoritätspersonen in seinem Leben für das bezahlen zu lassen, was sein Vater ihm angetan hatte.

Als Tom sich dem Zorn auf seinen Vater stellte, begann er, ihn zu verarbeiten und loszulassen. Das heißt, er begann, das Werk der Gnade zu tun: „Vergebt einer dem anderen, wie auch Gott euch vergeben hat in Christus" (Eph 4,32). Nachdem er seinen Vater erst einmal akzeptiert hatte, konnte er auch andere Autoritätspersonen akzeptieren.

Heilen, die zerbrochenen Herzens sind

Problematisch an der Lehre, man sollte die Vergangenheit hinter sich lassen, ist auch die Tatsache, daß die Menschen, die zerbrochenen Herzens sind, außer acht gelassen werden (ähnlich der Lehre, Christen sollten keinen Schmerz empfinden, Kapitel 2). Wiederholt beschreibt die Bibel, wie Gott denen nahe ist, „die zerbrochenen Herzens sind, und hilft denen, die ein zerschlagenes Gemüt haben" (Ps 34,19).

Die niedergedrückten Menschen heilt Gott in erster Linie durch Beziehungen – durch die Glieder seines Leibes, seine Gemeinde. Er hat uns aufgefordert, einander zu lieben und zu dienen, indem wir Mitgefühl und Erbarmen zeigen, Hilfe und Kraft geben. Wiederholt werden wir im Neuen Testament angewiesen, einander emotional, geistlich und körperlich zu dienen.

Gott zürnt, wenn sein Volk den Schwachen keine Hilfe zukommen läßt: „Das Schwache stärkt ihr nicht, und das Kranke heilt ihr nicht, das Verwundete verbindet ihr nicht." Er wird diese Aufgabe nicht nur für uns übernehmen („Ich will ... das Verwundete verbinden und das Schwache stärken"), sondern auch, „was fett und stark ist", vernichten, also diejenigen, die selbst durch die Unterdrückung der Schwachen „fett" geworden sind (Hes 34,4.16).

Ein Mensch kann in der Gegenwart Schmerz leiden, weil Wunden der Vergangenheit nicht in Liebe angerührt worden sind. Solche verlassenen oder sogar verwundeten Menschen haben ein zerbrochenes und mißbrauchtes Herz. Und wie überzeugend auch ein Lehrer behauptet, solche Wunden würden mit der Zeit von selbst verschwinden, sie tun es nicht. Sie müssen angerührt werden.

Wenn jemand ein zerbrochenes Herz hat, braucht er die Liebe anderer Christen. Die Bibel sagt, daß unsere Liebe untereinander eine Manifestation der Gnade Gottes ist (1 Petr 4,8).

Menschen, die in der Familie, in der sie aufgewachsen sind, verletzt worden sind, brauchen die Liebe und Fürsorge ihrer neuen Familie, der Familie Gottes (Lk 8,21), damit ihre alten Wunden heilen und sie die Liebe bekommen, die sie brauchen.

Die Verluste betrauern

Offenheit in bezug auf die Vergangenheit ist der Weg, Trauer zu überwinden und Dinge loszulassen, an die wir uns früher gebunden hatten. Dieses Loslassen ermöglicht es uns, der Gegenwart gegenüber offen zu sein. Kurz gesagt, Loslassen öffnet die Tür zu einem neuen Leben. Das Trauern ist ein Prozeß, durch den wir bewußt unsere Bindung an Menschen, Ziele, Wünsche oder religiöse Systeme lösen. Die Bindung an alte Dinge hindert uns daran, uns an neue und bessere Dinge zu binden, die Gott für uns bereithält (2Kor 6,11-13).

Lots Frau hatte an der Vergangenheit festgehalten und war nicht in der Lage gewesen, sich an neue Dinge zu binden. *„Verlasse Sodom"*, hatte Gott ihr aufgetragen. Aber ihre Bindungen waren so stark, daß sie nicht von ganzem Herzen gehen konnte. Anstatt ihren Verlust zu betrauern und weiterzugehen, blickte sie sehnsüchtig auf ihr früheres Leben zurück und „ward zur Salzsäule" (Gen 19,26).

Jesus weist auf sie hin, als er erklärt, was es bedeutet, sein Leben zu verlieren. „Denkt an Lots Frau!" sagt er. „Wer sein Leben zu erhalten sucht, der wird es verlieren; und wer es verlieren wird, der wird es gewinnen" (Lk 17,32-33). Bindungen an das alte Leben halten uns davon ab, das neue Leben zu führen, das Gott für uns im Sinn hat.

Verletzungen und Verluste in unserer Vergangenheit können uns emotional und geistlich blockieren, wenn wir sie nicht betrauern und dadurch überwinden. Man kann an einen Toten gebunden sein, an einen Menschen, dessen Liebe man nicht bekommen kann, an die Anerkennung eines Menschen, die man nie erhalten wird, an ein Traumbild, das sich nie wird realisieren lassen. Was immer es ist, eine emotionale Bindung an die Vergangenheit kann uns in der Gegenwart blockieren.

Mit Gottes Hilfe können wir dies durch Trauern oder Loslassen aufarbeiten. Wir werden frei durch die Erkenntnis dessen, was wir verloren haben. Wir können Zorn oder Traurigkeit empfinden und dann loslassen.

Hören Sie, welchen Wert die Bibel dem Trauern beimißt:

„Es ist besser, in ein Haus zu gehen, wo man trauert, als in ein Haus, wo man feiert; denn da zeigt sich das Ende aller Menschen, und der Lebende nehme es zu Herzen! Trauern ist besser als Lachen; denn durch Trauern wird das Herz gebessert. Das Herz der Weisen ist dort, wo man trauert, aber das Herz der Toren dort, wo man sich freut" (Pred 7,2-4).

Eigenartigerweise kann Traurigkeit einen Menschen von seinem Schmerz befreien und wieder glücklich machen. Trauer kann ein Herz umgestalten – das ist eine Tatsache, die viele bezeugen können, die eine Depression überwunden haben. Als sie begannen, ihre verborgene Traurigkeit aufzuarbeiten, verschwand ganz allmählich ihre Depression.

Erst wenn wir den Schmerz unserer Verluste empfinden, können wir uns der Fürsorge öffnen, die auf uns wartet. „Selig sind, die da Leid tragen; denn sie sollen getröstet werden" (Mt 5,4). Viele könnten diesen Trost in Anspruch nehmen, aber sie sind nicht fähig, ihn entgegenzunehmen, weil sie nicht um ihren

Schmerz und ihre Verluste getrauert haben. Das Trauern schließt ein Herz auf und läßt neue Liebe hinein.

Sehr viele Menschen erfahren einen Verlust in ihrem Leben, betrauern ihn aber nicht – trotz der Tatsache, daß es normal und gesund ist zu trauern. In der Bibel wird von vielen Gelegenheiten berichtet, bei denen Gott getrauert hat: Er betrauerte den Verlust einer vollkommenen Schöpfung. Am Kreuz auf Golgatha verlieh er seinem Schmerz und seiner Trauer Ausdruck. Jesus weinte, als sein Freund Lazarus starb, und er trauerte um Jerusalem. Wenn wir etwas Wichtiges verlieren und nicht darum trauern, hält unser Herz an dieser alten Bindung fest – und wir bleiben stehen. Wir können erst weitergehen, wenn der Prozeß des Trauerns es uns gestattet loszulassen.

Viele Menschen erfahren erstarrte Trauer als Depression. Traurigkeit und Zorn, die keinen Ausdruck gefunden haben und so überwunden wurden, führen zur Depressionen. Trauer und Zorn dürfen nicht eingesperrt werden. Wenn wir ihnen Ausdruck verleihen, lassen wir sie los und können uns auf das Glück zubewegen (Salomo spricht von der Trauer mit einem fröhlichen Herzen). Aber die Depression sitzt fest wie eine Blockade aus Schlamm.

Sprechen Sie über die Vergangenheit. Trauern Sie darüber, wie Gott es uns Menschen bestimmt hat. (Es hat schon seinen Grund, daß er uns Tränendrüsen gegeben hat.) Und dann lassen Sie los. Befreien Sie sich davon. Dieser Tod öffnet die Tür für eine Auferstehung. Fürchten Sie sich nicht vor dem Trauern, und hören Sie nicht auf Menschen, die Ihnen sagen, die Vergangenheit zu betrauern, sei unbiblisch. „Selig sind, die da Leid tragen; denn sie sollen getröstet werden" (Mt 5,4).

Bekennen und bereuen

Wenn Menschen die Muster untersuchen, die sie als Kinder in ihrer Familie übernommen haben, wird ihnen häufig vorgeworfen, sie würden ihre eigenen Probleme umgehen und ihre Eltern für ihr Verhalten verantwortlich machen. „Warum meidest du das Leben?" werden sie gefragt. „Warum versuchst du so starrköpfig, Dinge in Ordnung zu bringen, die du nicht ändern kannst?"

Sicher, es ist leicht, anderen die Schuld zu geben, wenn wir eigentlich die Verantwortung für unser Verhalten auf uns nehmen sollten. Einige Menschen bleiben immer dabei stehen, anderen die Schuld zu geben. (Dieses Problem haben wir im vierten Kapitel angesprochen.)

Einige der Gründe, sich mit der Vergangenheit auseinanderzusetzen, haben wir bereits besprochen: um Dinge aus der Dunkelheit ans Licht zu bringen; um zu verstehen, wem wir vergeben und mit wem wir uns versöhnen müssen, und um Dinge zu betrauern, die uns verletzt haben.

Ein ebenso wichtiger Grund, die Vergangenheit zu verstehen, ist der, damit wir bereuen können – und damit wir uns von den Verhaltensmustern, die wir in unserer Familie gelernt haben, abwenden können.

Immer wieder wird im Alten Testament berichtet, wie Gott den Menschen vorwirft, daß sie die bösen Wege ihrer Väter eingeschlagen haben. Er weist darauf hin, daß sie die Generationensünde wiederholen, ruft sie zur Buße und klärt sie über ihr Verhalten auf.[1]

„Und seid nicht wie eure Väter und Brüder, die sich am Herrn, dem Gott ihrer Väter, versündigt haben, so daß er sie in die Verwüstung dahingab, wie ihr selber seht. So seid nun nicht halsstarrig wie eure Väter" (2 Chr 30,7-8).

„Willst du sie richten, du Menschenkind? Willst du richten? Zeige ihnen die Greueltaten ihrer Väter und sprich zu ihnen: So spricht Gott, der Herr" (Hes 20,4).

Nehemia berichtet uns, daß die Israeliten sich von allen fremden Völkern absonderten „und traten hin und bekannten ihre Sünden und die Missetaten ihrer Väter" (9,2).

Auf ähnliche Weise erleben wir eine geistliche Erneuerung und Buße, indem wir verstehen, inwiefern das Verhalten unserer Eltern Gott nicht gefallen hat, inwiefern die Beziehung zu ihm und zu anderen nicht so war, wie er es uns bestimmt hat. Erst wenn wir diese Verhaltensmuster ans Tageslicht bringen, können wir sie erkennen und uns davon abwenden.

Wenn Menschen die „Sünden ihrer Väter" leugnen, werden

sie sie unweigerlich wiederholen. Wenn sie niemals die verletzenden, sogar bösen Verhaltensmuster beim Namen nennen, werden sie sie blind übernehmen. Sie verletzen ihre eigenen Kinder, wie sie selbst verletzt worden sind.

Einsicht und Bekenntnis jedoch durchbrechen die Kette der Generationensünde und geben Hoffnung. Trotzdem fühlen sich viele dazu bestimmt, die funktionsgestörten Verhaltensmuster fortzusetzen, weil sie eine falsche Auslegung von Exodus 20,5 gelehrt wurden, wo es heißt, daß die Sünde in die dritte und vierte Generation weitergetragen wird. Dies ist jedoch nur die halbe Wahrheit. Die Bibel spricht auch davon, daß Gott den Menschen ehren wird, der Buße tut; seine Buße wird ihm helfen, die Kette zu durchbrechen.

„Denn wer sündigt, der soll sterben. Der Sohn soll nicht tragen die Schuld des Vaters, und der Vater soll nicht tragen die Schuld des Sohnes, sondern die Gerechtigkeit des Gerechten soll ihm allein zugute kommen, und die Ungerechtigkeit des Ungerechten soll auf ihm allein liegen. Wenn sich aber der Gottlose bekehrt von allen seinen Sünden, die er getan hat, und hält alle meine Gesetze und übt Recht und Gerechtigkeit, so soll er am Leben bleiben und nicht sterben. Es soll an alle seine Übertretungen, die er begangen hat, nicht gedacht werden, sondern er soll am Leben bleiben um der Gerechtigkeit willen, die er getan hat" (Hes 18,20-22).

Gott ist immer bereit, denjenigen zu vergeben, die ihre Verfehlungen anerkennen und bereuen. Bereuen bedeutet immer zurückschauen auf das, was gewesen ist, damit wir verstehen, was wir getan haben, von wem wir dieses Verhalten gelernt haben und wie wir es heute wiederholen. Bekenntnis und Bereuen von falschen familiären Verhaltensweisen ist ein mächtiger Faktor in Ihrem geistlichen Leben. Bekennen Sie, welche bösen Verhaltensmuster Sie in der Vergangenheit gelernt haben, wenden Sie sich davon ab, und genießen Sie die Freiheit, im Licht Gottes zu stehen und die geerbten Muster der Dunkelheit nicht zu wiederholen.

Persönliche Schuld

Wenn wir durch diese moralische Bestandsaufnahme nicht nur Generationen- und Familiensünde, sondern auch persönliche Schuld finden, für die wir allein verantwortlich sind, müssen wir auch diese bekennen, um Vergebung bitten und weitermachen (1 Joh 1,9). Und dieses Bekenntnis ist nicht nur für Gottes Ohren bestimmt. Wir müssen diese Dinge auch einander bekennen (siehe Jakobus 5,16), um die volle Macht der Gnade Gottes zu erfahren. Denn Gottes Annahme erfahren wir unter anderem auch durch die Liebe seines Volkes (1 Petr 4,10).

Außerdem müssen wir die Menschen um Vergebung bitten, denen wir weh getan haben. Abbitte tun führt zur Versöhnung, zum Eingeständnis unserer Sünde und hilft den Menschen, die wir verletzt haben. Das Eingeständnis unserer Sünde anderen Menschen gegenüber hilft ihnen, das zu verarbeiten, was wir ihnen angetan haben.

Hören Sie, was Jesus dazu sagt: „Wenn du während des Gottesdienstes ein Opfer bringen willst und dir fällt plötzlich ein, daß dein Bruder etwas gegen dich hat, dann laß dein Opfer liegen, gehe zu deinem Bruder und versöhne dich mit ihm. Erst danach bringe Gott dein Opfer. Setze alles daran, dich noch auf dem Weg zum Gericht mit deinem Gegner zu einigen" (Mt 5,23-26).

Gott ist sehr wichtig, wie wir miteinander umgehen. In der Abbitte liegt Heilung für uns selbst, aber auch für die, die wir verletzt haben.

Die Vergangenheit verändern

Es ist vollkommen falsch zu sagen, wir sollten die Vergangenheit einfach vergessen. Der Grund dafür ist ganz einfach: Unser gesamtes Leben wird eines Tages Vergangenheit sein. Vergangenheit, Gegenwart und Zukunft sind Aspekte unserer Seele, die mit Gott versöhnt werden müssen.

Unsere Vergangenheit können wir nicht ändern. Aber wir können unsere innere Einstellung zu denen, die uns verletzt haben, ändern, indem wir ihnen vergeben. Wir müssen unsere Forderung aufgeben, daß sie uns irgendwie Wiedergutmachung schulden. Wir müssen verlorene Träume loslassen.

Obwohl keiner dieser Prozesse die Vergangenheit *verändert,* so setzen sie sie doch frei. Gott möchte alles gut machen, was falsch gelaufen ist, auch unsere persönliche Vergangenheit: Er beschäftigt sich mit der Vergangenheit, er versöhnt die Menschen mit sich selbst, bringt den Schaden wieder in Ordnung und baut wieder auf, was die Sünde zerstört hat. Aber damit er sich mit unserer Vergangenheit beschäftigen kann, müssen wir ihm unsere Verletzungen bringen. Dies ist die letztgültige Beschäftigung mit der Vergangenheit. „Alles im Himmel und auf der Erde sollte durch Christus mit Gott wieder versöhnt werden und Frieden mit ihm finden. Das ist geschehen, als er am Kreuz sein Blut vergoß" (Kol 1,19-20).

Bringen Sie Gott Ihre Geschichte – egal, wie alt sie ist. Lassen Sie es zu, daß sein Licht und seine Gnade sie umgestalten, und erfahren Sie seine Versöhnung.

Irrglaube Nr. 7:

Wenn ich Gott nahe bin, brauche ich keine Menschen

Roy und ich hatten uns mehr als zwei Jahre lang nicht mehr gesehen. Da er in einem anderen Staat lebte, kamen wir nicht sehr oft zusammen. Doch unser Kommunikationsdefizit war nicht nur auf die geographische Distanz zurückzuführen. Es gab Dinge, die bislang nicht ausgesprochen worden waren.

Achtzehn Monate zuvor hatte sich Roy vollkommen zurückgezogen. Seit vielen Jahren waren wir bereits befreundet. An dem einen Tag ging es ihm noch gut, so erzählte man mir, und am nächsten zog er aus seinem Haus aus, nahm sich eine Wohnung und war buchstäblich vom Erdboden verschwunden.

Mehr als ein Jahr lang hatte Roy nun schon keinen Kontakt mehr zu seinen Freunden und Kollegen. Er behielt seine Arbeitsstelle, besuchte gelegentlich seine Kinder, aber sonst bekam ihn niemand zu Gesicht. Telefonanrufe erwiderte er nicht. Sekretärinnen und Anrufbeantworter nahmen seine Anrufe entgegen.

Seine Freunde spekulierten darüber, was mit Roy passiert war. Hatte er seinen Glauben verloren? War er verrückt geworden? Roy redete nicht.

Eines Abends rief Roy mich aus heiterem Himmel an und fragte, ob wir uns nicht treffen könnten. Wir verabredeten einen Termin, und er kam am folgenden Tag in die Stadt.

Beim Frühstück erzählte Roy mir seine Geschichte. Etwa ein Jahr lang hatte er unter extremem beruflichem Druck gestanden.

Sein Job forderte mehr von ihm, als er geben konnte. Er versuchte jedoch, das durchzustehen und für die anderen stark zu sein. Doch das funktionierte nicht, er bekam sehr bald Depressionen.

Roy hatte nur mit wenigen Christen über sein Problem gesprochen. „Nimm dir doch ein wenig Zeit", riet ihm der eine, „und bring deine Beziehung mit Gott wieder in Ordnung." „Mach eine Bestandsaufnahme deines Lebens", meinte ein anderer. „Es kann sein, daß dir deine Beziehung zu Gott nicht mehr so wichtig ist." Ein Dritter sagte ihm: „Gott wird dich trösten."

Roy begann also, mehr Zeit mit Bibellesen und Gebet zu verbringen. Da er, durch Streß und seine Ängste bedingt, morgens bereits um vier Uhr aufwachte, nutzte er diese Zeit für seine Andacht. Doch seine Depressionen verschwanden nicht; schwarze Hoffnungslosigkeit und Verzweiflung umgaben ihn.

Und schließlich erreichten sie ihren Höhepunkt. Roys emotionaler Schmerz wurde so groß, daß er seinen Revolver ölte und lud, weil er keinen anderen Ausweg mehr sah als Selbstmord. Doch bevor er zur Tat schritt, beschloß er, dem Bibellesen und Gebet noch eine Chance geben. Vielleicht war er bei den anderen Versuchen nicht richtig mit Gott in Verbindung getreten. Vielleicht würde es diesmal anders sein.

Aber so war es nicht. Stundenlang lag Roy auf den Knien und betete voller Inbrunst. Er las in der Bibel, meditierte über ihr, um Gott zu suchen. Und seine Depressionen wurden immer schlimmer.

„Aber du bist noch immer bei uns", sagte ich an diesem Morgen zu Roy. „Was ist passiert?"

„Das war wirklich seltsam", erinnerte er sich. „Gerade als ich beschlossen hatte, meinem Leben ein Ende zu setzen, klopfte mein Wohnungsnachbar an die Tür, um sich einen Schraubenzieher auszuleihen. Ich holte ihn ihm, und wir kamen ins Gespräch.

Er war kein Christ, aber er schien wirklich an mir interessiert zu sein. Bill ließ mich reden. Über meinen Schmerz und mein Leben, den unglaublichen Druck bei der Arbeit, meine Eheprobleme, meine Mutter, die mich mißbraucht hatte, und meinen Vater, der nie da gewesen war, meine Schulzeit, den Bruder, der mich im Stich gelassen hatte, meine Bekehrung zu Christus und daß mein Leben danach endlich in den richtigen Bahnen zu verlaufen schien; über die vielen Jahre, in denen ich versucht hatte, die Welt für Gott zu retten, und daß die Anforderungen an mich immer größer zu werden schienen.

Bill hörte mir zu und stellte mir Fragen. Er gab mir keinen Rat, sondern ließ mich sein Mitgefühl spüren. Das war alles. Und nachdem ich einige Stunden lang nur geredet hatte, fragte er mich, ob ich mit ihm zum Abendessen gehen wolle. Wir gingen. Und dann erzählte er seine Geschichte."

Roy blickte mich nachdenklich an. „Das war wirklich seltsam. Bill hat mir keinen ‚guten' Rat gegeben. Er sagte nicht ein einziges Wort über Gott. Und doch fühlte ich mich aus irgendeinem Grund sehr viel besser, nachdem ich mit ihm gesprochen hatte, als ich mich nach meinen Gesprächen mit Gott gefühlt hatte. Ich sage das nur ungern, aber es ist wahr. Ich lernte dann einige von Bills Freunden kennen. Sie waren wie er – Menschen, die Kämpfe durchgestanden haben, einige waren gläubig, die meisten aber nicht. Aber alle waren bereit, den Problemen der anderen zuzuhören. Niemand verlangte von mir, ich solle mich seiner annehmen. Niemand erwartete einen geistlichen Rat von mir. Ich konnte sagen, wie ich mich fühlte, und sie akzeptierten mich trotzdem.

Ich fühlte mich schuldig, weil ich nicht mit Christen zusammen war. Aber ich hatte nicht mehr den Wunsch, Selbstmord zu begehen. Und seltsamerweise wollte ich auf einmal wieder beten. Kannst du das glauben? Inmitten einer Gruppe Nichtchristen fühlte ich mich Gott näher als je zuvor!

Auf jeden Fall: Nach etwa einem Jahr begann ich, mehr ... Substanz, so kann man es wohl nennen, in mir zu empfinden. Und ich wußte, ich mußte zu meiner Familie, meinen Freunden und meinem Leben zurückkehren. Und so bin ich nun wieder zu Hause. Alle halten mich für verrückt, weil ich nicht viel darüber spreche. Aber aus irgendeinem Grund bin ich jetzt viel eher bereit, mein Leben wieder in die Hand zu nehmen."

Roy beugte sich vor. „Und das führt mich zu dem Grund, warum ich mit dir sprechen wollte. Warum geht es mir jetzt besser? Warum hat es mir geholfen, mit ganz gewöhnlichen Menschen zusammen zu sein? Ich glaube, daß Gott alle meine Bedürfnisse befriedigen kann. Und doch hatte es den Anschein, als hätte er es eben nicht gekonnt. Also, was ist los? Hat die Bibel unrecht? Kann Gott meine Bedürfnisse doch nicht erfüllen?"

Das „Nur ich-und-Gott"-Syndrom

Bevor wir Roy als unverantwortlich, kleingläubig oder sogar verrückt abstempeln, wollen wir uns sein Dilemma ansehen. Viele Christen haben nämlich dasselbe Problem und stellen dieselben Fragen.

In gewisser Weise ist es leichter, sich mit dieser These auseinanderzusetzen als mit der falschen Annahme, mit der wir uns in Kapitel 1 beschäftigt haben („Es ist egoistisch, meine eigenen Bedürfnisse zu berücksichtigen"). Wenigstens läßt das „Nur ich-und-Gott-Syndrom" die Erkenntnis zu, daß wir uns in einer Notlage befinden. Das Problem ist, daß es eine biblisch unvollständige Aussage dazu macht, wie diese Bedürfnisse erfüllt werden können. Menschen, die diese falsche These vertreten, geben nur eine Teilantwort. Es ist eine sub-biblische Sichtweise, wie Menschen Hilfe bekommen können.

Das „Nur-ich-und-Gott"-Syndrom besagt folgendes: Da Christus genug für mich ist, stehe ich mit ihm gegen die ganze Welt. Wenn Gott auf meiner Seite steht, kann ich jedes Problem bewältigen. Im Lebenskampf ist er der Pilot und ich der Co-Pilot. Wenn er bei mir ist, brauche ich keinen anderen Menschen."

Theologisch ausgedrückt, basiert diese falsche These auf der Aussage, daß Christus allein genug für uns ist. Wenn diese Aussage, der Bibelstellen wie Kolosser 2,9-10 zugrunde liegen, biblisch verstanden wird, kann sie sehr hilfreich sein: „Nur in Christus ist Gott wirklich zu finden, denn in ihm lebt er ganz und gar. Deshalb lebt Gott auch in euch, wenn ihr mit Christus verbunden seid." In der Übersetzung nach Luther heißt es: „Denn in ihm wohnt die ganze Fülle der Gottheit leibhaftig, und ihr habt diese Fülle in ihm, welcher ist das Haupt aller Reiche und Gewalten."

Korrekt verstanden, lehrt dieses Prinzip natürlich schon, daß

Christus für alle Bedürfnisse des Gläubigen sorgt – die körperlichen, geistlichen und emotionalen. Problematisch wird es, wenn wir die „Fülle in Christus" als „Christus allein" interpretieren und seine Hilfsmittel ausschließen. Wir bekommen Probleme, wenn wir meinen, Gebet und Bibellesen allein würden es uns ermöglichen, Depressionen, Einsamkeit oder Ängste zu überwinden.

Diese verzerrte Lehre – „Wenn ich Gott ganz nahe bin, brauche ich keine Menschen" – besagt nichts anderes, als daß es falsch ist, zu Menschen zu gehen, um unsere geistlichen oder emotionalen Bedürfnisse zu erfüllen. Vertreter dieser Doktrin sagen zu Menschen, die Hilfe bei ihren Geschwistern suchen: „Dir fehlt der Glaube. Du hast eine begrenzte oder kleine Sichtweise von Gott. Du vertraust auf Menschen statt auf Gott. Du hast gesündigt. Du bist stolz."

Ist Gott denn nun genug oder nicht?

„Gott ist Gott", sagen Sie, „und er kann alles, richtig? Heißt es in der Bibel denn nicht, daß in Gott die Fülle liegt? Wie kann mit dieser Aussage etwas nicht stimmen? Wie kann eine solche Aussage einen Menschen krank machen?"

Gott ist natürlich Gott, und Gott kann alles. Jesus bezeugte, daß bei Gott alle Dinge möglich sind (Mt 19,26). Er regiert das Universum (Offb 19,6).

Doch obwohl er alles kann, *tut* er nicht alles. Gott fährt Ihren Wagen nicht zur Kirche. Er sprengt Ihren Rasen nicht, es sei denn, Sie leben in Seattle, wo es ununterbrochen regnet. Er sagt Ihren Kindern nicht, daß Sie sie lieben.

Gott gebraucht alle möglichen Hilfsmittel, um uns im Leben zu helfen. Er gebraucht Engel und „sendet sie aus, damit sie allen helfen, denen er Rettung und Erlösung schenken will" (Heb 1,14). Er gebraucht das Zeugnis der Schöpfung, um uns zu ihm zu ziehen: „Die Himmel erzählen die Ehre Gottes, und die Feste verkündigt seiner Hände Werk" (Ps 19,2). Er gebrauchte einen Esel, um mit Bileam zu sprechen. Und er gebraucht Menschen.

Kurz gesagt, Gottes Liebe manifestiert sich durch viele Kanäle, und dazu gehört auch der folgende: Seine Geschöpfe lieben und dienen anderen Geschöpfen Gottes (1 Petr 4,8-10).

Die Vertreter der „Nur-ich-und-Gott"-Lehre behaupten, Gott allein sei die Quelle der Gnade, der unverdienten Liebe. Sie sind der Meinung, wir sollten nicht von Menschen Hilfe erwarten. Doch in der Bibel heißt es, daß die Menschen tatsächlich ein Kanal sind, durch den Gottes Gnade anderen zuteil wird: „... und haben verschiedene Gaben nach der Gnade, die uns gegeben ist" (Röm 12,6); „Einem jeden aber von uns ist die Gnade gegeben nach dem Maß der Gabe Christi" (Eph 4,7).

Wenn Sie vom Volk Gottes keine Gnade annehmen, ist Ihre Sichtweise von Gott zu klein. Gott möchte, daß seine Liebe sich in seinem Universum ausbreitet. Das ist seine Absicht, und das soll auch unser Ziel sein.

Gott gebraucht Menschen,
um die Bedürfnisse der Menschen zu befriedigen

Ich wurde wegen eines Notfalls in eine psychiatrische Klinik gerufen. Es lag an mir zu entscheiden, ob diese Frau aufgenommen werden sollte. Als ich in der Klinik ankam, wurde ich einer völlig verwirrten Frau Mitte zwanzig vorgestellt.

Ihr Name war Ruth, und sie war mitten in der Nacht splitternackt und in psychotischen Angstzuständen auf einer Landstraße aufgegriffen worden. Die Behörden benachrichtigten ihre Eltern, die einen christlichen Psychologen zu Rate zogen, der wiederum mich um Hilfe bat.

Während wir miteinander redeten, beruhigte sich Ruth ein wenig. „Was haben Sie im Wald getan?" fragte ich sie.

„Ich hatte mich zurückgezogen, um geistlich zu wachsen."

„Inwiefern?"

„Ich wollte längere Zeit mit Gott allein sein und aufschreiben, was ich von ihm lerne, um ihm näherzukommen."

„Wie lange ist ‚längere Zeit'?"

„Seit einer Woche lebe ich mit meiner Bibel und meinem Notizblock allein in einer Hütte."

„Sie haben mit niemandem gesprochen?"

„Einmal am Tag setzte ich mich etwa eine Stunde lang mit meinem geistlichen Mentor zusammen. Wir haben über die Erfahrungen gesprochen, die ich dabei mache. Dann kehrte ich in meine Hütte zurück."

„Wann wurde es schlimm für Sie?"

„Am Montag bin ich dorthin gefahren. Die ersten beiden Tage waren okay. Doch am Donnerstag fühlte ich mich nicht mehr wohl. Zuerst war ich einfach nur einsam, dann bekam ich schreckliche Angst. Am Freitag hatte ich den Eindruck, von schrecklichen Wesen angegriffen zu werden, und ich rannte mitten in der Nacht aus der Hütte, um ihnen zu entkommen."

„Was hat Ihr geistlicher Mentor dazu gesagt?"

Ruth hielt einen Augenblick inne. „Er sagte, ich würde dem Geist Gottes widerstehen", meinte sie schließlich. „Er war der Meinung, daß mir vielleicht ein paar zusätzliche Tage Abgeschiedenheit helfen würden."

Schuld an der Misere hier war nicht die Zeit, die Ruth allein mit Gott verbrachte, sondern die Tatsache, daß Ruth mit einer nicht diagnostizierten, aber sehr starken Störung in die Abgeschiedenheit ging. Sie bekam Panik, wenn sie allein war, und in dieser Zeit der geistlichen Einkehr trat diese Störung natürlich sehr deutlich zutage. Doch als sie ihrem geistlichen Berater davon erzählte, riet er ihr, sich noch mehr zu isolieren.

Dieser Ansatz für geistliche Probleme ist in christlichen Kreisen sehr weit verbreitet. Er erinnert mich an die beiden Grundregeln der Technik: 1) Wenn es nicht funktioniert, benutze einen Hammer; 2) wenn es dann immer noch nicht funktioniert, nimm einen noch größeren Hammer. Ruths Berater gebrauchte einen noch größeren Hammer für sie – mit katastrophalen Folgen.

Das Problem bei dem Ansatz „Wenn ich Gott ganz nahe bin, brauche ich keine Menschen" ist, daß geleugnet wird, daß Gott auch Menschen als Werkzeuge gebraucht.

Und doch ist es genau so. Immer wieder finden wir in der Bibel Beispiele dafür, daß Menschen die Bedürfnisse anderer Menschen erfüllen. Gott sah den Garten Eden an und sagte sich, daß es nicht gut war, daß der Mensch keinen menschlichen Gefährten hatte (Gen 2,18). Im Prediger heißt es: „So ist's ja besser zu zweien als allein ... Fällt einer von ihnen, so hilft ihm sein Gesell auf" (Pred 4,9-10). Und alle Stellen im Neuen Testament in bezug auf die Gemeinde, in denen „einander" vorkommt (z.B. Röm 12,10; 13,8; 14,13; 1Kor 12,25; 16,29; Gal 5,13; Eph 4,25.32) weisen auf diesen Gedanken hin: Gott befriedigt unsere Bedürfnisse durch andere Menschen.[1]

„Sowohl ... als auch ..." nicht „Entweder ... oder ..." Ist Ihnen die Vorstellung, daß Gott Menschen gebraucht, unangenehm? Vermittelt es Ihnen das Gefühl, daß Gott niemals direkt etwas durch seine Person oder sein Wort vollbringt – daß er uns einfach nur Menschen in den Weg stellt, die ihn repräsentieren sollen?

Das ist wohl kaum der Fall. Gott ist nicht auf Menschen angewiesen, sondern eine ganz persönliche Beziehung zu uns eingegangen. Er gebraucht Menschen für bestimmte Dinge, und anderes übernimmt er ganz persönlich.

Bei einem Seminar zu diesem Thema stellte ein eifriger Zuhörer die folgende Frage: „Zu welchem Prozentsatz werden unsere Bedürfnisse denn nun von Gott selbst und zu welchem Prozentsatz von Menschen erfüllt?"

Wir antworteten: „Hundertprozentig von beiden." Wie wir sehen werden, ist es tatsächlich Gottes Hand, die alles wirkt.

Augen und Hände. Gott hat uns so geschaffen, daß wir einander brauchen, um als seine Geschöpfe mit ihm als unserem Schöpfer in Verbindung treten zu können. Wenn wir der Meinung sind, wir bräuchten das nicht, was andere Christen uns anzubieten haben, funktioniert der Leib Christi nicht mehr so, wie er sollte: „Das Auge kann nicht sagen zu der Hand: ‚Ich brauche dich nicht'; oder auch das Haupt zu den Füßen: ‚Ich brauche euch nicht'" (1 Kor 12,21). Das Annehmen von Hilfe durch andere ist das biblische Vorbild für Reife.

Es gibt vier fundamentale geistliche und emotionale Bereiche, in denen Gott den Menschen gibt, was ihnen fehlt: Wachstum, Trost, Weisheit und Wiederherstellung.

1. Wachstum. Die meisten Christen, die wir kennen, wollen geistlich wachsen. Nachdem uns Gott die Erlösung in Christus geschenkt hat, sehnen wir uns danach, zu reifen und mehr und mehr so zu werden, wie wir ursprünglich sein sollten – ein Abbild Gottes (Gen 1,27).

Dies geschieht sicherlich auch durch andere Christen. Als Glieder des Leibes Christi, der Gemeinde (Eph 1,22-23), helfen wir einander zu wachsen. Keiner von uns ist vollständig. Wir alle erleben unsere Krisen und Konflikte zu unterschiedlichen Zeiten und aus unterschiedlichen Gründen. Auf diese Weise kann jedem geholfen werden, wenn er in Not ist. Paulus erklärt dies folgendermaßen: „Und durch die Liebe soll all unser Glauben und Handeln sich immer mehr an Christus ausrichten, der das Haupt seiner Gemeinde ist. Dieses Haupt bestimmt über den ganzen Leib, wobei die einzelnen Körperteile miteinander verbunden sind. Jedes hilft auf seine Weise mit, daß der ganze Körper funktionsfähig bleibt. So wachsen wir durch die Liebe zusammen, zu seiner Gemeinde, die sein Leib ist " (Eph 4,15-16).

Wenn wir uns der Hilfsmittel bedienen, die Gott uns gegeben hat, werden wir eine wichtige Rolle im geistlichen Wachstum des anderen spielen. Das Leben in Christus ist Leben im Leib Christi, seiner Gemeinde.

Im Laufe der Jahre habe ich verschiedene Gemeinden kennengelernt, in denen dieses Prinzip lebendig ist. Die Mitglieder halfen einander, wenn Kinder geboren wurden, und sie halfen einander, ihre Toten zu begraben. Wenn sich jemand in einer körperlichen, finanziellen oder emotionalen Notlage befand, rief er seine geistliche Familie zu Hilfe. Jeder Teil tat seine Arbeit, und die Gemeinde nahm im Laufe der Jahre an Tiefe und an Größe zu.

2. *Trost.* Dies ist ein grundlegendes geistliches und emotionales Bedürfnis. Wir brauchen jemanden, der unseren Schmerz lindert, der uns beruhigt, wenn wir bekümmert sind.

Einem der hebräischen Wörter für Trost, *naham,* liegt der Gedanke „tief durchatmen" zugrunde.[2]

Um dies zu verstehen, beobachten Sie einmal, wie eine Mutter ihr verängstigtes Kind beruhigt. Sie drückt es an ihre Brust, ganz in die Nähe ihres Herzens. Das Baby kann den Herzschlag der Mutter und ihr tiefes, ruhiges Atmen hören. Es dauert nicht lange, bis die Angst abnimmt und das Kind auf die ruhigen

Atemzüge der Mutter reagiert. Trost stellt das Gefühl der Sicherheit und Ordnung in uns wieder her.

Trost kommt von Gott allein: „Deine Gnade soll mein Trost sein" (Ps 119,76); „Denn der Herr hat sein Volk getröstet und erbarmt sich seiner Elenden" (Jes 49,13). Der heilige Geist tröstet: Die frühe Gemeinde baute sich auf und lebte „unter dem Beistand des heiligen Geistes" (Apg 9,31).

Roys Freund sagte die Wahrheit, als er Psalm 23 zitierte: „Dein Stecken und Stab trösten mich." Doch er ging nicht weiter und fragte nicht: „Kann ich dir helfen?"

Menschen sind ganz eng an dem Tröstungsprozeß Gottes beteiligt. Als Jakob dachte, sein Lieblingssohn Joseph sei getötet worden, kamen alle seine Söhne und Töchter zu ihm, „ihn zu trösten, aber keinem gelang es. ‚Bis zu meinem Tod werde ich um ihn trauern! weinte er" (Gen 37,35). Dieser wichtige Abschnitt zeigt die heilende Kraft menschlichen Trostes. Jakob weigerte sich, sich von seinen Kindern trösten zu lassen, weil er wußte, es würde den Prozeß des Trauerns vorantreiben. Doch er wollte seine Trauer nicht überwinden, sondern lieber mit seinem toten Sohn in Verbindung bleiben.

„Vertraue Gott", so lautet der Rat einiger Christen an Freunde, die einen Verlust zu verkraften haben. Doch damit verurteilen diese Christen ihre Freunde zu einem Leben in nicht überwundener Trauer.

„Menschentrost" ist nicht nur wichtig für diejenigen, die einen lieben Menschen verloren haben. Wenn Gemeindemitglieder gesündigt haben und dann dafür gestraft werden, sollten wir sie nicht allein lassen („Zu ihrem eigenen Besten", reden wir uns ein). Statt dessen sollten wir „ihm desto mehr vergeben und ihn trösten ..., damit er nicht in allzu große Traurigkeit versinkt" (2 Kor 2,7). Wir sollten ihm Trost anbieten, auch wenn er es in unseren Augen verdient hat zu leiden.

Paulus fand in Philemons Liebe große Freude und Trost (Philem 7). Und als Paulus deprimiert war, heißt es: „Aber Gott, der die Geringen tröstet, der tröstete uns durch die Ankunft des Titus" (2 Kor 7,6). Hiob nannte seine predigenden Freunde „leidige Tröster" (Hiob 16,2). Sie wurden schließlich durch andere Freunde und Familienmitglieder ersetzt, die ihn über alles Unglück hinweg trösteten, „das der Herr über ihn hatte kommen lassen" (Hiob 42,11).

Offensichtlich gibt es zweierlei Arten von „Menschentrost": guten und schlechten. Es ist sehr aufschlußreich, sich einmal anzusehen, welchen Trost Hiobs Freunde ihm anboten, damit man solchem „Spar-Trost" aus dem Weg gehen kann.

Wenn man nur bei Gott Trost sucht, könnte man aber die Hilfe, die Gott geben will, einschränken. Wenn wir seine Finger nicht gebrauchen, binden wir seine Hände.

3. Weisheit. Im Seminar diskutierten wir stundenlang, welche dogmatische Lehrmeinung wir verträten: Calvinismus, Arminianismus und so weiter. Während einer jener hitzigen Auseinandersetzungen machte einer den Fehler einzugestehen, daß er sich keiner der Meinungen anschließen würde. Er sagte, für ihn habe nur die Bibel Gültigkeit.

Wir alle stürzten uns nun auf ihn und warfen ihm vor, anmaßend und arrogant zu sein. Doch er hielt dagegen: „Alle Bibelgelehrten der letzten beiden Jahrtausende sind irrelevant. Ich verstehe die Bibel auch ohne ihre Hilfe."

Wir sollen im Verständnis der Bibel reifen. Wir sollen danach streben, das Wort der Wahrheit korrekt zu handhaben (2Tim 2,15). Aber wir brauchen die Hilfe anderer, um das Wort zu verstehen.

Denken Sie an die Reaktion des äthiopischen Eunuchen auf den Apostel Philippus. Philippus sah, wie er den Propheten Jesaja las und fragte ihn: „Verstehst du auch, was du liest? Er aber sprach: ‚Wie kann ich, wenn mich nicht jemand anleitet?'" (Apg 8,31-32). Und wenn Philippus nun geantwortet hätte: „Na ja, du mußt dich einfach nur auf Gott verlassen, um diese Worte zu verstehen. Bis dann!"?

Der Punkt ist, daß wir alle Weisheit brauchen, sei es nun im Verständnis der Bibel, in der Ehe oder im Umgang mit Depressionen. Und die Menschen sind Gottes Werkzeuge, durch die er uns hilft, diese Fertigkeit zu erlernen.

Immer wieder hören Sie Sätze wie: „Such nicht Antworten bei Menschen – laß sie dir direkt von Gott geben." Aber erkennen Sie den Widerspruch, der darin liegt? „Hör nicht auf das, was ich sage, denn ich bin ja ein Mensch."

Konsultieren Sie ruhig „Spezialisten" in allen Bereichen, in denen Sie Weisheit brauchen, sei es im Beruf, bei Finanzen, wenn es um Ängste oder den Willen Gottes geht. Lassen Sie Gott durch diejenigen zu Ihnen sprechen, die mit ihm gehen, und lernen Sie von ihnen.

4. Wiederherstellung. In gewisser Weise sind wir alle zerbrochen. Wir sind sündige Menschen, aber auch Menschen, an denen gesündigt worden ist. Weil keiner von uns den Folgen der Sünde entgehen kann, leiden wir geistlichen und emotionalen Schaden. Wir lassen nicht zu, daß andere uns lieben. Wir können nicht „Nein" sagen. Wir wissen nicht, wie wir mit anderen Menschen in Verbindung treten können. Wir sind unfähig, unsere Meinung zu vertreten. Wir brauchen Hilfe, um diszipliniert zu sein, um unsere Schwächen anzunehmen und uns gegen diejenigen zu behaupten, die uns mißbrauchen wollen. Die zerbrochenen, beschädigten und unreifen Bereiche unseres Charakters müssen in Ordnung gebracht werden.

Wie wir bereits in Kapitel 5 gesagt haben, ist das Werk der Wiederherstellung das Werk der Heilung. Gott heilt die Bereiche unserer Seele, die verletzt worden sind. Er stellt die Wunden in das Licht seiner Gnade und Wahrheit.

Und viele sind der Meinung, diese Wiederherstellungsarbeit würde Gott nur ganz alleine tun, ohne die Hilfe von Menschen. Sie behaupten, wir müßten uns nur an das halten, was die Bibel sagt.

Doch die Bibel betont immer und immer wieder, daß wir uns Menschen suchen sollten, die uns helfen, zur geistlichen und emotionalen Gesundheit zurückzufinden. Die eigentliche Bedeutung des hebräischen Wortes *hazaq* („in Ordnung bringen") ist „drücken oder binden". Unter anderem bedeutet es auch „die Hände und Arme stärken helfen". Dahinter steckt das Bild starker Hände, die die Schwachen stützen.

Eine gute Bekannte von mir war im Alter sehr schwach und gebrechlich geworden; sie konnte beim Essen nicht einmal ihre Gabel halten. Wenn wir zusammen aßen, legte ich manchmal meine Hände um ihre und führte ihr die Gabel zum Mund. Dieses *hazaq* brachte uns einander näher.

Genau dieses Charakteristikum bemerkte Eliphas bei Hiob:

„Siehe, du hast viele unterwiesen und matte Hände gestärkt, deine Rede hat Strauchelnde aufgerichtet" (Hiob 4,3-4). Er war froh, daß Hiob *hazaq* gegeben hatte (wenn auch Eliphas es versäumte, Hiob seinerseits *hazaq* zu geben). Jonathan half David in einer Krise: Er „stärkte sein Vertrauen auf Gott" (2 Sam 23,16). Durch Jonathan erfuhr David die Liebe Gottes.

Die Bibel schreibt nicht vor, wie Gott ein bestimmtes Bedürfnis erfüllt – direkt oder durch Menschen. Und doch können wir nicht einen liebenden Akt Gottes über einen liebenden Akt von Menschen stellen. Gott hat Titus zu Paulus geschickt (2 Kor 7,6). So sehr hat Gott die Welt geliebt, daß er seinen Sohn gesandt hat. Lassen Sie sich von Gott anrühren durch den Menschen oder die Umstände, die er für richtig hält.

Spielen Sie die Menschwerdung nicht herunter

Es war eine schwierige Sitzung für Carol. Ihr Vater war vor kurzem nach langer Krankheit verstorben. Alle hatten mit seinem Tod gerechnet. Womit Carol nicht gerechnet hatte, war das, was sie in bezug auf ihre Beziehung zu ihm herausfand.

Lange Zeit hatte Carol mir erzählt, wie liebevoll, fürsorglich und beschützend ihr Vater gewesen war. Alle Männer in ihrem Leben hatte sie nur an dem einen Maßstab gemessen – an ihrem Vater. Es gab nur ein Problem: Carols Vater hatte sie und ihre Mutter verlassen, als sie zwei Jahre alt war. Und seither hatte er nur sporadisch Kontakt zu Carol aufgenommen.

Weil sie so sehr unter dieser Situation litt, hatte Carol in ihren Gedanken einen perfekten Vater geschaffen. Sie hatte verdrängt, wer er eigentlich war, um sich selbst vor dem Schmerz zu schützen, daß sie keinen Vater und kein richtiges Heim gehabt hatte. Erst nach seinem körperlichen Tod war sie in der Lage, den Tod der Beziehung viele Jahre zuvor zu akzeptieren. Sie begann, ihren Vater als den Menschen zu erkennen, der er gewesen war – ein schwieriger, von sich selbst eingenommener Mensch, der sich keine Zeit für sie genommen hatte. Sie hatte einen großen Verlust zu verarbeiten: den Verlust eines Menschen, der nie richtig existiert hatte.

Die Tatsache, daß Carol irgendwo einen tatsächlichen Vater

hatte, konnte sie nicht vor den tiefgehenden Gefühlen der Verlassenheit und des Verlustes bewahren. Sie hätte einen Vater zum Anfassen, einen leibhaftigen Vater, gebraucht. Dies spiegelt das Bedürfnis wieder, das Gott bei den Menschen spürte: Neben der Tatsache, daß Gott in unserem Leben ist, brauchen wir einen Gott zum Anfassen, einen Mensch gewordenen Gott – Jesus Christus.

Die These, die besagt „Wenn du Gott ganz nahe bist, brauchst du keine Menschen" entfernt uns von dem Menschen Jesus. Sie spielt die Menschwerdung, eine fundamentale christliche Wahrheit, herunter.

Eine „fleischliche" Religion. In den meisten Religionen wird genau erklärt, wie man Gott nahe kommen kann. Man absolviert bestimmte Rituale, man befolgt treu die Gebote, man lebt, so gut man kann, oder man erkennt Gott in sich selbst.

Im christlichen Glauben dagegen strecken wir uns nicht nach Gott aus. Wir finden nicht den Weg zu Gott. *Er* hat sich nach *uns* ausgestreckt, *er* hat für *uns* den Weg bereitet: „Denn Gott hat durch Christus Frieden mit der Welt geschlossen, indem er den Menschen ihre Sünden nicht länger anrechnet, sondern sie vergibt. Gott hat uns dazu bestimmt, diese Botschaft von der Versöhnung öffentlich bekanntzugeben" (2 Kor 5,19). Gott hat gesehen, daß wir in großen Schwierigkeiten steckten und von uns aus niemals in der Lage sein würden, Verbindung zu ihm aufzunehmen. Darum hat er uns das abgenommen: Christus hat am Kreuz unsere Sünden auf sich genommen und dadurch für uns die Brücke zu Gott geschlagen.

Im christlichen Glauben ist Gott tatsächlich Mensch geworden. Das bedeutet das Wort *Inkarnation* [carne (lat.)= Fleisch].

Indem er Mensch wurde, bestätigte Gott unser Menschsein. Er sorgte dafür, daß wir einfach nur Menschen sein können. Wir brauchen nicht zu versuchen, *geistlich* zu sein. Im Gegenteil: Um geistlich zu werden, müssen wir *menschlicher* werden.

Durch seine Menschwerdung hat Gott gezeigt, daß er unser Leiden versteht. Er hat es selbst durchlebt. „Doch er gehört nicht zu denen, die unsere Schwächen nicht verstehen und zu keinem Mitleiden fähig sind. Jesus Christus mußte mit denselben Versuchungen kämpfen wie wir, auch wenn er nie gesündigt hat" (Heb 4,15).

Er wurde mehr Mensch, als irgendeiner von uns sich vorstellen kann: „Denn Gott hat Christus, der ohne jede Sünde war, mit all unserer Schuld beladen und verurteilt, damit wir von dieser Schuld frei sind und Menschen werden, die Gott gefallen" (2 Kor 5,21).

Das Wunder des christlichen Glaubens ist, daß der Gott-Mensch selbst unsere Sünde auf sich nahm und dafür bezahlte. Er lud unsere Sünde auf sich und erduldete die Bestrafung, die wir verdient hätten. So hat er uns eine Versöhnung mit Gott ermöglicht.

Wenn nun die Menschen Gott offensichtlich wichtig genug waren, daß er Mensch geworden ist, dann kann es nicht so schlecht sein, ein Mensch zu sein. Außerdem können wir sehr viel über die Liebe lernen, wenn wir uns ansehen, wie der „Modell-Mensch" Jesus die Menschen liebte. Er lehrte sie. Er heilte sie. Er legte ihnen die Hände auf. Er weinte mit ihnen. Er besuchte sie in ihren Häusern. Er bat sogar drei von ihnen, ihn in seinem Schmerz in Gethsemane zu begleiten: „Meine Seele ist betrübt bis an den Tod; bleibt hier, und wacht mit mir" (Mt 26,38).

So befriedigte er während seiner Erdenzeit die Bedürfnisse der Menschen – mit direkter Hilfe, handgreiflichem Mitgefühl und mit Liebe. Die Menschwerdung Christi zeigt auf, wie absurd der Gedanke ist, man bräuchte keine Menschen. Als er Mensch war, brauchte selbst Gott in ihm die Menschen.

Dies ist es, was die Lehre von dem „vollen Genüge in Christus" ungenügend macht. Vertreter dieser Lehre verkünden einen Christus, der ausgesprochen göttlich und kaum menschlich ist – im Gegensatz zu der biblischen Lehre, daß Christus ganz Gott *und ganz Mensch* war. Daher begrenzt diese Auffassung die Möglichkeiten Gottes. Sie lehren einen ungenügenden Christus, nicht den Christus der Bibel.

Die gnostische Spaltung

Der Ursprung der Lehre von der „vollen Genüge in Christus" ist der Gnostizismus, eine alte Philosophie, die die Ansicht vertritt, das Wissen um geistliche Dinge sei allein wesentlich. „Materie" – das Gegenteil von Geist – ist daher böse. Mit anderen Worten, das Fleisch ist böse, und der Geist ist gut. Das Ziel eines Gnostikers war damals, weniger fleischlich und dafür geistlicher zu werden.

Daher war es nur logisch, daß Gnostiker sehr rauh mit ihren Körpern, die ja „Materie" waren, umgingen. Selbstverstümmelung, Entbehrung und Isolation wurden bei ihnen häufig praktiziert, um ihnen zu helfen, ihr Fleisch von ihrem Geist zu trennen. Und wie sahen sie Christus? Für sie war er ein rein geistlicher Christus, keiner, der mit Menschlichkeit behaftet war.

Mit den Eröffnungsworten seines ersten Briefes macht Johannes diese Irrlehre zunichte: „Christus war von allem Anfang an da. Jetzt aber haben wir ihn selbst gehört. Wir haben ihn mit unseren eigenen Augen gesehen und mit unseren Händen berühren können, ihn, der uns die Botschaft vom Leben brachte. (...) Er ist von Gott, dem Vater, gekommen und hat als Mensch unter uns gelebt."

Der Apostel wollte damit sagen, daß der Christus auch ein Mensch mit Namen „Jesus" war, der gelebt, geatmet und uns berührt hat und der für uns gestorben ist. Und so, wie er uns geliebt hat, sollen wir andere lieben. Der geistliche Christus ist sehr, sehr menschlich.

Mehr über Gott lernen

Aus unseren menschlichen Beziehungen erfahren wir viel über das Wesen Gottes. Darum heißt es in der Bibel, daß der, der „seinen Bruder nicht liebt, den er sieht", Gott nicht lieben kann, den er nicht sieht (1 Joh 4,20). Menschen, die keine Verbindung zu anderen Menschen pflegen und sich ihnen entfremdet haben, fällt es schwer, Gott kennenzulernen und ihm nahe zu sein.

Wir erleben dies immer wieder in der klinischen Praxis, vor allem unter Christen, die nach Jahren des ausgelebten ‚Gnostizismus' und der Lehre von der „vollen Genüge in Christus" keinerlei Nähe zu Gott mehr empfinden. Erst nachdem sie wieder Verbindung zu gesunden Menschen aufgenommen haben, beginnen sie langsam, Gott wieder mehr zu spüren. Sie lernen geistliche Wahrheiten nur, wenn die sozialen Beziehungen in Ordnung sind.

Babys und Partner

Den Verfechtern der Lehre „Nur Gott und ich" ist es fast unmöglich, ihrer eigenen Satzung gemäß zu leben. Wenn ich nur unmittelbar von Gott geliebt werde, dann würde das für mich bedeuten, daß ich andere zur Sünde anstifte, wenn ich sie tröste oder ihnen helfe. Damit würde ich sie veranlassen, sich von Menschen abhängig zu machen, anstatt sich auf Gott zu verlassen. Eltern, die eine solche Ansicht vertreten, müßten sich über die Wiege ihres schreienden Kindes beugen und ihm sagen, es solle sich von Gott trösten lassen – und dann weggehen. Ein Ehemann, der dieser Ansicht ist, würde seine Frau nicht küssen oder in die Arme nehmen – er würde ihr sagen, daß Christus sie liebt und daß das ausreicht. Im tatsächlichen Leben läßt sich diese Lehre nicht sehr lange halten.

Dieses System funktioniert nur, wenn man sich von Menschen fernhält. Und das ist genau das, wovor uns Jakobus warnt: „Stellt euch vor, in eurer Gemeinde sind einige in Not. Sie haben weder etwas anzuziehen noch genug zu essen. Wäre ihnen schon damit geholfen, wenn du zu ihnen sagst: ‚Ich wünsche euch alles Gute! Hoffentlich habt ihr warme Kleider und könnt euch satt essen!', ohne daß ihr ihnen gebt, was sie zum Leben brauchen? Genauso nutzlos ist ein Glaube, der sich nicht in der Liebe zum Nächsten beweist: Er ist tot" (Jak 2,15-16).

Wenn die Anhänger der Theorie „Nur ich und Gott" ausleben, was sie glauben, dann haben sie für Menschen in Not nur Sprüche bereit. In der Hoffnung, daß Gott sich schon aller Unglücklichen annimmt, vermeiden sie es, ihnen zu helfen, damit die Bedürftigen Christus noch mehr vertrauen. Aber dieser

Glaube ist ein toter Glaube, wie Jakobus schreibt. Und was tot ist, muß begraben werden.

Gottes Liebe, die sich durch einen Nichtchristen beweist

Die eigentliche Tragödie in Roys Leben, wie er mir während dieses ausgiebigen Frühstücks erklärte, war nicht das Leid, das er in seiner Kindheit erfahren hatte (was wirklich groß war), oder sein Zusammenbruch (der traumatisch war). Die Tragödie war, daß Roy keinen Christen hatte, mit dem er in Verbindung treten konnte. Gott mußte ihm einen Ungläubigen schicken. Zweifellos war dieser Umstand zum Teil darauf zurückzuführen, daß er den Christen in seiner Nähe aus dem Weg ging. Doch nach dem zu urteilen, was er mir erzählt hatte, waren die meisten Christen einfach nicht bereit, Gottes Werkzeug zu sein. Ganz im Gegenteil, sie hoben warnend den Zeigefinger.

Gott hat uns so geschaffen, daß wir ihn und einander brauchen. Wir brauchen Gott. Wir brauchen sein Wort. Und wir brauchen uns gegenseitig.

In seinem zweiten Brief schrieb der Apostel Johannes: „Ich hätte euch viel zu schreiben, aber ich wollte es nicht mit Brief und Tinte tun, sondern ich hoffe, zu euch zu kommen und mündlich mit euch zu reden, damit unsere Freude vollkommen sei" (2 Joh 12). Machen Sie Ihre Freude vollkommen. Treten Sie mit Menschen, die Sie lieben, in Verbindung.

Irrglaube Nr. 8:

„*Du mußt ...*" ist ein guter Ansatz

Ich (Henry) las in meiner Teenagerzeit jeden Tag in der Bibel, weil ich sie liebte. Als ich zum College kam, schloß ich mich einer Gruppe an, die sehr großen Wert auf die tägliche Andacht legte. Jede Woche wurde gefragt: „Hast du deine Stille Zeit eingehalten?" Ich begann diese Frage zu fürchten. Plötzlich fühlte ich mich schuldig, wenn ich nicht jeden Tag in der Bibel las und betete.

Ich hatte immer gern in der Bibel gelesen, doch als es auf einmal gefordert wurde und negative Konsequenzen angedroht wurden, wollte ich es nicht mehr. Ich hatte das Gefühl, ich *müßte* es tun, sonst würde ich verurteilt. Ich bewegte mich von „Ich *will* es tun" zum „Du *mußt* es tun".

In diesem Kapitel werden wir uns mit dieser vermeintlich christlichen These beschäftigen, die Menschen krank machen kann: „*Du mußt* ... ist ein guter Ansatz". Wir werden uns ansehen, wie wir zu Pflichten stehen, die uns auferlegt worden sind.

Das Wort *müssen* drückt eine Verpflichtung, einen Zwang aus. Es impliziert, daß wir keine Wahl haben; daß wir schlecht und verurteilungswürdig sind, wenn wir nicht tun, was von uns gefordert ist.

Deshalb zu sagen, daß Gebote grundsätzlich *nicht* gut sind, ist schwierig, denn die meisten von uns haben ein sehr ausgeprägtes Pflichtbewußtsein. Wir müssen das Abendessen für unsere Familie zubereiten. Wir müssen rechtzeitig zur Arbeit kommen. Wir müssen aufhören, zuviel zu essen. Wir müssen aufhören, zuviel Geld auszugeben.

Und dann schleichen sich die Gebote in unser geistliches

Leben ein. Wir müssen uns Zeit für das Bibellesen nehmen, in diesem Komitee mitwirken, unseren Nächsten lieben, auch wenn er über andere schlecht redet. Problematisch wird es, wenn wir bestimmte Dinge tun, um „gut" zu sein, und nicht mehr, weil wir es tun wollen. Denn dann tun wir das Gute aus einem Gefühl der Verpflichtung heraus und nicht mehr aus echter Liebe.

Unser Ziel als Christen ist es, den Herrn, unseren Gott, von ganzem Herzen, von ganzer Seele und von ganzem Gemüt zu lieben und unseren Nächsten wie uns selbst (Mt 22,37-40). Wir können nicht lieben, wenn wir nicht frei sind, *nicht* zu lieben – und die Konsequenzen beider Möglichkeiten sehen.

Das zugrundeliegende Prinzip ist die *Freiheit*. Das traditionelle christliche Konzept der Freiheit ist, daß wir frei sind von bestimmten zeremoniellen Praktiken des mosaischen Gesetzes: Wir brauchen nur noch wenige der alttestamentlichen Vorschriften zu halten, weil Jesus alle diese Verfügungen in der neutestamentlichen Zeit bereits erfüllt hat. Wirkliche Freiheit ist jedoch mehr als nur die Nicht-Abhängigkeit von Gesetzen. Es ist die Freiheit, das Leben zu wählen; die Freiheit von Gefühlen der Angst, Schuld und Verdammnis, wenn wir die falsche Entscheidung treffen; die Freiheit, die Liebe zu wählen und nicht in Schuldgefühlen ersticken zu müssen.

Freiheit entsteht durch Gnade. Wenn wir nicht so sind, wie wir sein sollten, oder wenn wir etwas getan haben, was wir nicht hätten tun sollen, können wir durch die Gnade Gottes vollkommen freigesprochen werden. Wir müssen nicht mehr länger bestimmte Dinge tun. Doch warum weigern sich so viele Christen zu glauben, daß sie wirklich frei sind – und auch danach zu handeln? Was sind die Konsequenzen eines solchen Denkens? Und schließlich, was genau ist vollkommene Freiheit?

Warum wir meinen, wir wären nicht frei

Die Bibel bezeichnet die Menschen häufig als Sklaven. Sie unterstehen dem Willen eines anderen. Ein Sklave muß gehorchen, ob der Herr nun eine Person, ein Einfluß oder eine Angewohnheit ist.

Wir sind „Sklaven der Sünde", sagt die Bibel. „Denn ich tue nicht, was ich will; sondern was ich hasse, das tue ich" (Röm 7,15), schreibt der Apostel Paulus. Nur selten gefällt uns das zerstörerische Leben, das wir führen; aber wir sind „unter die Sünde verkauft" (V. 14). Wir werden wütend auf unseren Partner. Wir essen und trinken zuviel. Wir geben zuviel Geld aus und schieben unangenehme Dinge vor uns her. Wir kritisieren unseren Nächsten. Wie sehr wir uns auch bemühen, diese Dinge zu ändern – wir müssen Paulus zustimmen. Das Gute, das wir tun möchten, tun wir nicht – statt dessen tun wir das Böse, das wir hassen. Warum tun wir nicht Dinge, die gut für uns sind und die dazu beitragen würden, daß unser Leben besser verläuft?

Weil wir von Natur aus nicht frei sind. Wir sind, wie die Bibel sagt, „Sklaven des Gesetzes der Sünde und des Todes". Solange wir unter diesem Gesetz stehen, werden wir versagen – so sehr wir uns auch bemühen und so gut unsere Absichten auch sind.

Der Mensch, der Christus als seinen Erlöser angenommen hat, ist vom Gesetz befreit. Er ist „in Christus". Das bedeutet, daß Gott in ihm die Gerechtigkeit Christi anerkennt. Vom Gesetz her ist er nicht mehr schuldig (2 Kor 5,21). Egal, was er tut, er braucht nicht mehr die rechtlichen Konsequenzen zu tragen, weil Christus alle Schuld ein für allemal getragen hat. Die Folge der Sünde ist für den Christen also niemals mehr Verurteilung oder Bestrafung. Ein Christ ist in Gottes Augen vollkommen, weil Christus ihn gerecht gemacht hat.

Das ist die Wahrheit, und sie gilt in unserem geistlichen Leben. Im ganz normalen Alltagsleben können wir jedoch sehr wohl noch unter dem Gesetz stehen. Wir können fühlen und handeln, als würden wir uns Gottes Liebe verscherzen, wenn wir sündigen. Emotional stehen wir dann also noch immer unter dem Gesetz. Wir haben das Gefühl, daß wir verurteilt werden und Strafe verdient haben, wenn wir nicht tun, was wir tun sollten. In dem Maß, in dem wir Schuldgefühle, Zorn und Liebesverlust erfahren, wenn wir nicht tun, was wir sollten, stehen wir noch immer unter dem Bann des Gesetzes.

Wenn wir unter dem Gesetz stehen ...

Es gibt mindestens fünf Konsequenzen, wenn man unter dem Gesetz steht.

Das Gesetz bringt Zorn

In der Bibel heißt es, das Gesetz „richtet Zorn an" (Röm 4,15) – und zwar erstens: den Zorn Gottes. Wenn wir unter dem Einfluß des Gesetzes stehen, rechnen wir damit, daß Gott zornig auf uns ist, wenn wir seine Gebote brechen. Zweitens werden wir unsererseits zornig auf Gott. Wir ärgern uns über ihn und seine „strengen" Gebote, und wir wollen uns von ihm entfernen. Drittens: Wir werden wütend auf uns selbst, weil wir versagen. Zorn ist also eine natürliche Frucht des Gesetzes.

Seit ihrem 25. Lebensjahr hatte Mary permanent zugenommen und durch die verschiedensten Diäten Hunderte von Pfunden wieder abgenommen. Sie fühlte sich gut, wenn ihr Gewicht stimmte, und sie war wütend, wenn sie wieder zunahm. Sie sagte dann schlimme Dinge über sich selbst und gab sich die gräßlichsten Schimpfnamen. Für sie brachte das Gesetz („Du mußt schlank sein!") – und damit die emotionalen Konsequenzen ihres Versagens – nur immer wieder Zorn und keinen dauerhaften Gewichtsverlust. Wäre sie frei gewesen zu sagen: „Ich habe es nicht nötig, emotionale Defizite mit übermäßigem Essen zu stopfen" oder: „Ich muß jetzt diesen Schokoriegel nicht essen", wäre die Wahrscheinlichkeit viel größer, daß diese innere Freiheit letztlich zu einer Einhaltung des „Gesetzes" geführt hätte – aber nicht umgekehrt!

Wir fühlen uns verurteilt

Wenn wir unter dem Gesetz stehen, befinden wir uns in einem Gefühl von Schuld und Verurteilung. Wir haben Schuldgefühle, wenn wir versagen. Wir fühlen uns schuldig, schlecht oder verurteilt, wenn wir nicht tun, was wir sollten.

Doch solche Gefühle bringen nicht weiter, sie lähmen nur und ziehen uns mit ihrem übermäßigen Gewicht nach unten. Gott will nicht, daß wir in einem solchen Zustand sind; dafür hat er nicht seinen einzigen Sohn geopfert! Ein Weg für einen Christen, mit seiner Schuld umzugehen, ist die „Traurigkeit nach Gottes Willen" (2 Kor 7,8-11). Traurigkeit nach Gottes Willen ist der tief empfundene Schmerz und die Reue darüber, Gott oder einen anderen Menschen verletzt zu haben; sie ist auf andere hin gerichtet. Traurigkeit nach Gottes Willen bewirkt eine Veränderung in uns. Das Gefühl der „Schlechtigkeit" ist nach innen gerichtet. (Dieser Unterschied zwischen Traurigkeit nach Gottes Willen und Schuldgefühlen wird im folgenden Kapitel noch näher erklärt werden.)

Weil es Rob schwerfiel, seine finanziellen Ziele für die Familie zu erreichen, fühlte er sich schuldig. Er machte aufwendige Pläne, schaffte es jedoch nie, sich daran zu halten. Als Folge davon fühlte er sich schlecht – aber er änderte sich nicht. Seine Schuldgefühle wurden so stark, daß sie ihn völlig lähmten, und er war unfähig zu lernen, wie er es besser machen könnte. Erst nachdem er sich dieser Gefühle angenommen hatte, war er in der Lage, echte Reue über das unverantwortliche Verhalten zu empfinden, das zu seinem Versagen geführt hatte.

Wenn sich nun jemand schlecht, schuldig oder verurteilt fühlt, steht er emotional und erlebensmäßig unter dem Gesetz. Ist er dagegen traurig über seine Situation, wird er motiviert, sie zu ändern. Die Liebe motiviert ihn. Er wird Besseres für sich und die Menschen wollen, die er liebt. Schuldgefühle sind „weltliche Traurigkeit" (2 Kor 7,10); Traurigkeit nach Gottes Willen ist die Voraussetzung für echte Motivation. Sie basiert nicht auf dem Zorn gegen sich selbst, sondern auf der *Liebe zu Gott und anderen Menschen.*

Den meisten Christen fällt es sehr schwer, in diesem Bereich umzudenken. Wenn sie auch der Meinung sind, Schuldgefühle seien hilfreich, lehrt die Bibel ganz eindeutig das Gegenteil. Ja, uns sollte es leid tun, wenn wir versagen. Das motiviert uns, uns zu ändern. Aber wir sollten niemals zermürbende Schuldgefühle empfinden oder uns verurteilt fühlen. Davon sind wir befreit worden, damit wir unsere Gedanken von unserer Schlechtigkeit und Unzulänglichkeit auf die Veränderung unseres Verhaltens lenken können.

Der Schreiber des Hebräerbriefes drückt dies folgendermaßen aus: „Um wieviel mehr wird dann das Blut Christi, der sich selbst als Opfer ohne Fehl durch den ewigen Geist Gott dargebracht hat, unser Gewissen reinigen von den toten Werken, zu dienen dem lebendigen Gott" (Heb 9,14). Wir sind gereinigt worden „durch sein eigenes Blut ein für allemal" (V. 14), damit wir frei sind von der Schuld und aus Liebe heraus handeln können.

Wir werden von der Liebe getrennt

Eine weitere Konsequenz des emotionalen Lebens unter dem Gesetz ist, daß es uns von der Liebe trennt. In der Bibel wird ganz deutlich gesagt, daß „jeder, der sündigt", sterben soll (Hes 18,4). Tod ist Trennung von Gott. Mit anderen Worten: Unter dem Gesetz zu stehen, bedeutet, daß Gott uns nicht liebt, nicht mit uns in Verbindung tritt, wenn wir nicht so sind, *wie wir sein sollten*. Wenn wir nicht tun, was von uns gefordert ist, wird Gott uns nicht lieben – so heißt es im Gesetz.

Aber die gute Nachricht (das Evangelium) ist, daß Gott uns liebt, ob wir nun tun, was wir sollten, oder nicht. Tatsächlich lesen wir in der Bibel, daß Gott uns schon liebte, „als wir noch Feinde waren", noch bevor wir überhaupt daran interessiert waren zu tun, was seinem Willen entsprach (Röm 5,10).

Jims Leben änderte sich, als er das erkannte. Er war ein Pastor, der bereits seit Jahren versuchte, sich von seinem zwanghaften sexuellen Verhalten zu befreien. Schließlich kam er wegen seiner Depressionen ins Krankenhaus, nachdem er dabei ertappt worden war, wie er sich mit einer Prostituierten einließ. Er fühlte sich verdammungswürdig und verurteilt. Als er der Gruppe seine Geschichte erzählte, rechnete er damit, daß auch sie ihn verurteilen würde, weil er so schrecklich versagt und das verdient hatte.

Doch er war erstaunt festzustellen, daß seine kleine Gruppe von frei gewordenen Abhängigen ihn so akzeptierte, wie er war. Sie entzogen ihm wegen seines Versagens nicht ihre Liebe. Sie machten ihm zwar Vorwürfe, daß er seiner Frau und seiner Familie so weh getan hatte, aber sie veruteilten ihn nicht. Die Tatsache, daß er von ihnen angenommen wurde, war das fehlende Element in seinem Leben und half ihm, sich von dem Gesetz zu befreien und sein zwanghaftes Verhalten in den Griff zu bekommen. Die Erkenntnis, daß er nicht gehaßt wurde, wenn er versagte, veränderte sein Herz.

Das Neue Testament lehrt, daß nichts, was wir tun, uns von der Liebe Christi trennen kann – wir sind geliebt, so wie wir sind. Wir haben „Zugang im Glauben zu dieser Gnade, in der wir stehen" (Röm 5,2). Das bedeutet, daß wir in der Liebe und Gnade Gottes stehen, und daß diese Liebe und Gnade niemals von uns genommen werden wird, egal, wer wir sind oder was wir tun.

Niemals sollten wir befürchten, die Liebe Gottes zu uns würde uns genommen, wenn wir Gottes Erwartungen nicht gerecht werden. Sicherlich hat die Sünde Konsequenzen, denen wir uns stellen müssen – aber dazu gehört nicht die Trennung von der Liebe Gottes.

Die Sünde wird größer

Die Tatsache, daß die Sünde größer wird, wenn wir unter dem Gesetz stehen, ist eine verwirrende und destruktive Konsequenz. Wenn wir vor etwas stehen, das wir tun sollten, reden wir uns ein, wir müßten es tun. Doch in der Bibel heißt es, daß wir um so mehr sündigen, wenn die Gebote zu Gesetzen werden. Paulus schreibt im Römerbrief: „Das Gesetz ist nachträglich hinzugekommen, so daß die Sünde sich erst richtig entfalten konnte" (Röm 5,20) und: „Einst kannten wir noch kein Gesetz. Damals lebten wir, aber als das Gebot kam, lebte die Sünde auf, und wir mußten sterben. Das Gebot, das uns Leben schenken sollte, brachte uns den Tod. Denn die Sünde benutzte es, um uns zu überlisten und zu töten" (Röm 7,10-11).

Paulus lehrt hier doch nichts anderes, als daß wir mehr sündigen werden, nicht weniger, wenn wir das Gefühl haben, daß die Gebote Gesetze mit rechtlichen Konsequenzen sind. Das Gesetz wird in uns den Wunsch entstehen lassen, mehr zu sündigen (Röm 7,5). Dies scheint genau das Gegenteil von dem zu sein, was unserer Meinung nach eigentlich passieren sollte. Doch leider ist es ja meist so, daß wir etwas umso eher tun, je mehr wir uns vornehmen, es *nicht* zu tun.

Keinesfalls wollen wir damit sagen, daß Wertmaßstäbe, die unser Verhalten bestimmen, schlecht sind. Im Gegenteil, sie sind sogar sehr gut. Aber wenn wir der Meinung sind, wir seien rettungslos verurteilt, wenn wir nicht nach diesen Wertmaßstäben leben, stehen wir rechtlich und emotional noch immer unter dem Gesetz, und die Sünde wird zunehmend Macht über uns haben.

Wir gewinnen nichts dadurch

Wenn wir etwas nur tun, weil wir uns dazu verpflichtet fühlen, werden wir keinen Gewinn davon haben. Solches Verhalten ist nicht durch Liebe motiviert. Doch hinter allen Geboten steht sinnstiftend die Liebe. Natürlich haben die Gebote in diesem Schema der Liebe ihren Platz: Sie sind die Richtlinien, die uns sagen, wie wir Gott und andere besser lieben können. Aber wenn wir ein bestimmtes Verhalten an den Tag legen, weil wir es *müssen,* und nicht, weil wir es *wollen,* bringt das überhaupt nichts.

Gott legt großen Wert auf die Motivation. Wenn wir uns verpflichtet fühlen, dann steht keine Liebe dahinter (2 Kor 9,7). Die Kernstelle der Bibel hierzu steht im 1. Korintherbrief: „Wenn ich die Sprachen aller Menschen spräche und sogar die Sprache der Engel kennte, aber ich hätte keine Liebe –, dann wäre ich doch nur ein dröhnender Gong, nicht mehr als eine lärmende Pauke. Auch wenn ich göttliche Eingebungen hätte und alle Geheimnisse Gottes wüßte und hätte den Glauben, der Berge versetzt, aber ich wäre ohne Liebe –, dann hätte das alles keinen Wert. Und wenn ich all meinen Besitz verteilte und nähme den Tod in den Flammen auf mich, aber ich hätte keine Liebe –, dann wäre es alles umsonst" (1 Kor 13,1-3).

Wir können alle möglichen Opfer bringen, aber wenn sie nicht aus der Liebe heraus gebracht werden, sind sie sinnlos. Wenn wir etwas nur tun, weil wir uns dazu verpflichtet fühlen – weil wir das Gefühl haben, nicht akzeptiert zu sein, wenn wir es nicht tun –, dann sparen wir uns besser unsere Energie.

Wir müssen von Jesus Christus aus unserer Gefangenschaft

freigekauft werden. Sklaven lieben nicht, nur Söhne und Töchter lieben.

Die Freiheit zu leben

„Das klingt zu sehr wie ein Freibrief, zu tun, was wir wollen", mögen einige einwenden. Wenn wir nicht für das verurteilt werden, was wir tun oder wie wir uns verhalten, warum sollten wir uns dann überhaupt darum bemühen, das Richtige zu tun? Wenn wir die totale Freiheit haben, tun wir dann nicht einfach nur, was wir wollen?

Dies ist der natürliche menschliche Einwand gegenüber der überwältigend „unmenschlichen" Liebe und Gnade Gottes. Wir alle haben ein sehr strenges gesetzliches Empfinden, das uns an dem zweifeln läßt, was die Bibel zur Gnade sagt. Wir können nicht akzeptieren, daß die Vergebung und Liebe Gottes frei und umfassend ist und daß wir nichts dazu tun können.

Die Bibel hat diese Reaktion vorausgeahnt. „Was folgt daraus für uns?" schreibt Paulus. „Sollen wir ruhig weitersündigen, damit die Liebe Gottes sich um so mächtiger erweisen kann? Nein, ganz gewiß nicht! Für die Sünde sind wir tot. Wie können wir dann weiter unter ihrer Herrschaft leben?" (Röm 6,1-2).

Die biblische Reaktion auf Gottes Angebot der Freiheit ist die Weigerung, weiterhin im Zustand des Todes zu verharren. Es ist lächerlich, daß wir befreit werden, um dann ins Gefängnis zurückzukehren. In Vers 4 schreibt der Apostel Paulus: „Als wir getauft wurden, wurden wir mit ihm (d.i. Jesus Christus; Anm. d.Übers.) begraben. Aber wie er durch die wunderbare Macht Gottes, des Vaters, vom Tod auferweckt wurde, so können und sollen auch wir jetzt ein neues Leben führen."

Zum ersten Mal haben wir die Gelegenheit, aus einem Zustand des Todes befreit zu werden und ein neues Leben zu beginnen. Wir sind von den uns angeborenen Eigenschaften gerettet worden (= die Gottlosen; Anm.d.Übers.). Wir waren „voll Gier, Gehässigkeit und Neid. Sie morden, streiten und betrügen. Sie stellen einander Fallen, sie reden gehässig über ihre Mitmenschen und bringen sie in schlechten Ruf. Sie hassen Gott, sie sind gewalttätig, überheblich und prahlerisch. Sie denken sich immer neue Untaten aus. Sie gehorchen ihren Eltern nicht und folgen nur der eigenen Willkür. Sie halten ihre Versprechen nicht, sie kennen weder Liebe noch Erbarmen" (1 Kor 1, 29-31). Und wer möchte ein solches Leben führen?

Trotzdem fragt der besorgte gesetzestreue Mensch in uns: „Aber was, wenn uns die Gebote nicht auf dem rechten Weg halten?"

Die Bibel bietet uns drei Antworten an. Erstens: Unsere Liebe zu Gott wird uns auf dem rechten Weg halten. Die Freundschaft mit ihm ist so groß und überwältigend, daß sie uns motiviert, ihm ähnlicher zu werden und ihm nicht weh zu tun. „Weißt du nicht, daß Gottes Güte zur Buße leitet?" (Röm 2,4). Wir wollen niemanden verletzen, den wir lieben (Eph 4,30).

Zweitens: Unsere Liebe zu Christus und die Beziehungen innerhalb des Leibes Christi werden uns auf dem rechten Weg halten. Wenn wir andere Menschen lieben und eine Beziehung zu ihnen aufbauen, wollen wir ihnen nicht weh tun. Unsere Liebe zu ihnen hält uns zurück. Wie es in der Bibel heißt: „Alles nun, was ihr wollt, daß euch die Leute tun sollen, das tut ihnen auch" (Mt 7,12). Solche Beziehungen werden uns auch in die Verantwortung nehmen. Wenn wir vom Weg abkommen, werden andere Menschen, die wir lieben und die uns lieben, uns wieder auf den Kurs helfen.

Drittens: Es würde uns schlecht gehen, wenn wir ein Leben in der Sünde führen würden (es sei denn, wir befinden uns gerade im Stadium des Leugnens). Normalerweise erkennen wir, daß die Art, wie wir leben, nicht befriedigend ist. Wir werden der Verhaltensmuster überdrüssig, die zu Problemen in unseren Beziehungen führen. Wenn wir endlich herausfinden, daß das eigentliche Problem wir und nicht die anderen sind, stimmen wir mit der Meinung des Paulus überein, daß auch wir ein neues Leben bekommen können. Wir können das Leben wählen oder aber den Tod. Auf jeden Fall machen wir uns keine Gedanken mehr darüber, daß wir nicht das tun, was wir sollten. Statt dessen konzentrieren wir uns auf unsere Weiterentwicklung und den Schmerz, den wir denen zugefügt haben, die wir lieben.

Die Bibel bietet keinen Mittelweg zwischen den beiden Extremen Leben und Tod an. Beide sind Realität. Das Leben besteht aus „Zutaten" wie Ehrlichkeit, Liebe, Verantwortlichkeit, Vergebung, Erfüllung. Zum Tod gehören Triebkräfte wie Täuschung, Trennung, unverantwortliches Verhalten und Sinnlosigkeit. Paulus drückt dies folgendermaßen aus: „Wenn jemand nach seiner Natur lebt, liegt ihm alles daran, die eigenen Wünsche zu befriedigen. Wenn dagegen der Geist Gottes in ihm lebt, liegt ihm alles daran, diesem Geist in sich Raum zu geben. Die eigenen Wünsche führen zum Tod. Der Geist dagegen schenkt Leben und Frieden" (Röm 8,5-6).

Das tiefere Leben finden

An diesem Punkt stehen Christen am Scheideweg. Sie sind seit langer Zeit Christen, doch sie haben auf der Stelle getreten. Jahrelang haben sie erfolglos mit bestimmten Verhaltensweisen oder Persönlichkeitsstrukturen gekämpft. Welches ist der Hauptgrund für dieses Versagen? Sie lebten unter den Gesetzen. Ihre Motivation waren Schuldgefühle, Angst und das Gefühl, schlecht zu sein.

An irgendeinem Punkt erreichen einige Christen jedoch das Stadium des echten Trauerns ohne Gefühle der Scham. *An diesem Punkt verspüren sie den Wunsch, sich zu ändern – nicht weil sie wissen, daß sie das sollten, sondern weil sie die Heuchelei, die Gier oder die falschen Prioritäten in ihrem Leben hassen.* Sie sind betrübt, wenn sie sich klarmachen, was sie verpassen.

Dies ist der Beginn dessen, was Jesus „Armut im Geist" nennt. Die Gnade wird ihnen sehr viel wichtiger als je zuvor. Sie stellen fest, daß sie die Tatsache akzeptieren müssen, daß Gott sie angenommen hat, auch wenn sie sich aus sich heraus nicht ändern können, und daß Gott ihnen in ihrem Versagen und ihrer Unfähigkeit helfen möchte.

Dann beginnen sie, anderen mitzuteilen, in welchem Zustand sie sich befinden (Jak 5,16); sie kommen los von den Schuldgefühlen und dem Zwang, sich noch stärker zu bemühen, und nehmen die Liebe an, die Gott und andere ihnen anbieten. Sie beschäftigen sich auch mit ihren Problemen – und das ist der Zeitpunkt, an dem sie anfangen, sich zu ändern. Dies ist mit *Wiederherstellung* gemeint.

Die Motivation, die tatsächlich Veränderung bewirkt, ist, daß der Mensch sein Leben haßt (Lk 14,26) und dann nach etwas Besserem hungert und dürstet. „Selig sind, die da hungert und dürstet nach der Gerechtigkeit; denn sie sollen satt werden" (Mt 5,6). Dies ist ein ganz anderes Empfinden als die Schuldgefühle, die aus dem eigenen Bemühen heraus entstehen. Die Schuld sagt: „Ich bin so schlecht." Die Liebe sagt: „Ich habe Lust auf wahres Leben."

Gebote als Standard

Sind Gebote gut? Helfen sie uns? Die Antwort der Bibel ist ein eindeutiges „Ja" (Röm 3,31). Die Bibel möchte, daß wir die Gebote ganz anders betrachten, als wir sie normalerweise ansehen würden.

Biblisch gesehen, gehören Gebote unbedingt zum Leben dazu. Gebote sind das vollkommene Gesetz, sie sind unser Führer für das Leben. Sie sind Realität. Wenn wir tun, was wir tun sollten, können wir zum Beispiel ein Leben der Güte führen. In der Bibel heißt es jedoch nicht: „Du mußt etwas tun, sonst bist du schlecht." Vielmehr heißt es: „Du solltest etwas tun, sonst wirst du leiden und verlieren" (1 Kor 3,15).

Als ich das endlich begriff, studierte ich gerade am College. Ich wußte, wenn ich ein fruchtbares Leben führen wollte, mußte ich in meiner Bibel lesen und beten. Das würde mir helfen, meine Beziehung zu Gott zu vertiefen. Aber ich lernte auch, daß ich die Liebe der christlichen Gemeinschaft nicht verlieren würde, wenn ich nicht jeden Tag in der Bibel las und betete.

Gebote sind in dem Sinne gut, daß sie uns Maßstäbe an die Hand geben, an denen wir messen können, wie es uns geht. Gottes Gebote führen uns auf dem Weg des ewigen Lebens. Sie sind das Licht auf unserem Weg.

Wenn wir leben wollen, ist Gottes Gesetz der Weg zum

Leben. Wie David gesagt hat: „Öffne mir die Augen, daß ich sehe die Wunder an deinem Gesetz" und: „Führe mich auf dem Steig deiner Gebote; denn ich habe Gefallen daran" (Ps 119,18.35). In Gottes Plan soll das Gesetz der Maßstab sein, an dem wir uns selbst messen.

Gottes Gebote helfen uns zu erkennen, wo wir wachsen müssen, wo wir uns verändern müssen. Aber wenn wir die Diskrepanz erkennen zwischen dem, was wir sind, und dem, was wir sein sollten, können wir bei ihm Hilfe suchen, dorthin zu gelangen. Wir brauchen nicht schuldbeladen vor ihm davonzukriechen, weil wir den geistlichen Höhepunkt noch nicht erreicht haben, und uns zu verstecken und schlecht zu fühlen, weil wir nicht tun, was wir eigentlich tun sollten. Das Gesetz verurteilt uns nicht, sondern leitet uns in liebevoller Weise. Es sagt uns, was wir tun sollen.

Das eigentliche Problem (und die Lösung)

Wenn wir bestimmte Dinge tun, weil wir uns dazu verpflichtet fühlen und Angst haben, wir würden sonst verurteilt, versuchen wir, alles richtig zu machen. Doch etwas richtig zu machen, ist nicht die Antwort des Christen – weil das Problem nicht ist, daß etwas falsch gemacht wird. Eine falsche Handlungsweise ist nur das *Symptom* des eigentlichen Problems. Das eigentliche Problem ist die Trennung von Gott und unseren Mitchristen.

Weil wir von Geburt an Gott entfremdet sind (Röm 5,10), sind wir ihm gegenüber feindlich eingestellt (Röm 8,7). Wir sind von ihm abgeschnitten und haben keine Beziehung mehr zu ihm. Und getrennt von Gott sind wir wie Tote, die versuchen, lebendig zu sein. Der Tod, so heißt es in der Bibel, ist nicht das Ende des Lebens, sondern Trennung von Gott, der Quelle allen Lebens.

Die Errettung durch Jesus Christus kehrt dieses Problem um. Christus bringt uns zurück in die Beziehung zu Gott. Wir sind mit Gott versöhnt (Röm 5,10; 2 Kor 5,18-21). Wir sind wieder mit dem Leben verbunden, und wir bringen Früchte des Lebens hervor.

Das Wesen der Erlösung ist, daß wir uns aus dem Zustand der Trennung von Gott in eine Beziehung zu ihm bewegen. Wir stehen dann nicht mehr unter dem Gesetz der Sünde und des Todes, sondern sind Gottes Erben und können seine Gnade in Anspruch nehmen.

Ein Leben in Freiheit

Wie sieht denn nun ein Leben aus, das nicht mehr unter dem Gesetz, sondern in der Beziehung zu Gott geführt wird? Wir wollen uns zwei Lebensbereiche ansehen: die Beziehungen und das Handeln.

Liebe und Beziehungen

In Beziehungen, die nicht mehr unter dem Gesetz stehen, sind wir frei zu lieben. Wir *müssen* Gott und unseren Nächsten nicht lieben (Jos 24,15), sondern wir *können* lieben, wen wir wollen. Wir beginnen zu erkennen, daß ein Leben ohne erfüllende Beziehungen wertlos ist, wenig Bedeutung hat und anderen schaden kann.

Nicht mehr unter dem Gesetz zu stehen bedeutet, daß ich meine Unfähigkeit zu lieben als ein ernstes Problem erkenne, als ein Krebsgeschwür in meiner Seele. Ich krieche nicht schuldgebückt auf dem Boden, weil ich Krebs habe; ich werde auch nicht wegen meiner Krebserkrankung verurteilt. Aber ich erkenne es als ernstes Problem, das sofort behandelt werden muß, weil ich sonst sterben werde. Ich werde sehr traurig über meinen Zustand und mache mir Sorgen, und ich will ihn mit aller Macht verändern.

Nicht mehr unter dem Gesetz zu stehen, bedeutet ebenso, daß ich auch andere nicht gesetzlich beurteile. Sie sind frei. Ich verurteile sie nicht, werde nicht wütend auf sie oder entziehe ihnen meine Liebe, wenn sie nicht so sind, wie ich das gerne hätte. So viele Ehen stehen unter dem Gesetz. Wenn einer der Partner versagt, richtet der andere ihn, er verurteilt und bestraft mit Liebesentzug. Die Ehepartner stehen unter dem Gesetz, und das bringt immer den Tod hervor – in diesem Fall den Tod einer Beziehung.

Wie reagieren Sie innerlich, wenn Ihre Frau Sie nicht so liebt, wie Sie sich das wünschen? Ist sie deshalb in Ihren Augen schlecht? Sie leben unter dem Gesetz, wenn Sie der Meinung sind: „Sie sollte mich so oder so behandeln, sonst ist sie schlecht." Diese Haltung führt niemals zu einer Lösung.

Wenn wir andere Menschen lieben, geben wir ihnen vollkommene Freiheit, wie Gott sie uns auch schenkt. Wir nehmen sie an, wie Gott uns annimmt. Sie müssen uns nicht lieben. Wenn sie uns nicht lieben können oder beschließen, uns nicht zu lieben, sollten wir ihnen nicht unsere Liebe entziehen. Wir können ihnen sagen, wie traurig wir über ihre Entscheidung sind. Aber wir verurteilen nicht.

Verhalten

Wenn wir unser Verhalten bewerten, sehen wir auf das, was wir tun sollten, aber wir verurteilen uns selbst nicht. Wenn wir versagen, stehen wir zu unserem Versagen. Da wir unter der Gnade stehen, brauchen wir uns nicht zu verteidigen, weil wir nicht angeklagt werden.

Schuldgefühle sagen: „Ich sollte anders sein, und wenn ich so nicht bin, dann bin ich schlecht." Die Gnade sagt: „Ich erkenne den Maßstab, und ich kann ihn nicht erreichen. Ich muß mich verändern, wenn ich leben und bekommen will, was ich mir wünsche." Das ist etwas ganz anderes als der Wunsch nach Veränderung aus der Motivation heraus, nicht schlecht sein zu wollen!

Wenn wir nicht mehr unter dem Gesetz leben, beginnen wir, auf die Qualität unseres Gehorsams und unserer Tätigkeit als Verwalter zu sehen. Wenn wir sie realistisch bewerten, erkennen wir, daß sie dem Maßstab nicht gerecht werden, und wir sind traurig. Wir erkennen, daß wir so nicht sein wollen, und bitten Gott um seine Hilfe, uns zu verändern. Wir hungern und dürsten sozusagen nach seiner Gerechtigkeit.

Wir sind motiviert, uns zu verändern, weil wir ein anderes Leben für uns und unsere Lieben wünschen. Buße ist echt, wenn sie von dem Wunsch nach Veränderung motiviert ist, nach etwas Besserem. Wenn wir Buße tun, um die auf uns lastenden Schuldgefühle abzuschütteln, werden wir versagen. Nur wenn wir beten und in der Bibel lesen, um Gott zu begegnen, werden wir ihn auch finden.

Vergleichen Sie einmal zwei Kinder miteinander, die beide Klavierunterricht bekommen. Das eine übt, weil seine Eltern es ihm sagen und schimpfen, wenn es nicht übt. Wenn dieses Kind erwachsen ist, wird es das Klavier nicht mehr anrühren. Das andere übt, weil es die Musik liebt, das Instrument beherrschen und Pianist werden möchte. Niemand kann es vom Klavier fernhalten. Eine solche Motivation ist von Dauer und sollte bei jedem Christen vorhanden sein.

„Müssen" gegen „wollen"

Sich von dem Gesetz zu befreien bedeutet, vom „Müssen" zum „Wollen" zu kommen. Damit ist nicht gemeint, daß wir immer das Gefühl haben, das Richtige zu wollen. Aber im allgemeinen bedeutet es, daß wir die Gerechtigkeit anstreben. Jesus *wollte* nicht ans Kreuz gehen; aber er wollte unsere Rettung, die er nur auf diese Weise erreichen konnte. Genauso wollen wir vielleicht nicht immer gehorsam sein, aber wir wollen das Endergebnis unserer Taten. Das ist „Wollen": Ich möchte das Endergebnis erreichen, darum werde ich alles Notwendige tun, auch wenn ich es vielleicht ungern tue. Reife erwartet verzögerten Genuß.

Lassen Sie sich von den Geboten befreien, und Sie werden zu leben beginnen. Sie werden frei sein, sich nach dem Leben auszustrecken, das Gott für Sie bereithält.

Irrglaube Nr. 9:

Schuldgefühle sind nützlich

„Wo sind die Schuldgefühle geblieben?" Dieses Thema für die Sonntagmorgenpredigt sprang Randy und Vicki im Gemeindebrief in die Augen, als sie im Gottesdienst auf ihrer Bank saßen. Sie sahen sich an. Dann wandten sie sich achselzuckend dem Pastor zu, um der Predigt zuzuhören.

Das Ehepaar hatte sich drei Monate zuvor dieser kleinen Gemeinde angeschlossen, als sie berufsbedingt hierher gezogen waren. Die Herzlichkeit der Gemeindemitglieder hatte sie angezogen, und in seinen Predigten hielt sich Pastor Glenn sehr eng an die Bibel. Es sah so aus, als hätten sie eine Gemeinde gefunden, in der sie sich zu Hause fühlen konnten.

An diesem Sonntagmorgen kam Pastor Glenn sofort zur Sache. „Nehmen Sie sich in acht vor einem humanistischen Ansatz in bezug auf die Schuld", predigte er. „Schuldgefühle empfinden wir, wenn wir tatsächlich schuldig sind. Hören Sie darauf. Gott gibt uns die Schuldgefühle, damit wir merken, wenn wir das Ziel verfehlt haben. Wenn Sie sich schuldig fühlen, sind Sie auch schuldig."

Randy und Vicki rutschten unruhig auf ihrer Bank hin und her. So etwas hatten sie noch nicht gehört. Doch vielleicht sprach Gott ja zu ihnen.

„Schuldgefühle lösen das Problem, daß wir uns selbst zu sehr lieben", fuhr Pastor Glenn fort. „Wir konzentrieren uns nicht mehr darauf, wie wundervoll wir sind. Die Schuldgefühle richten unseren Blick wieder auf unsere dunklere Seite. Wir erkennen wieder, wer wir wirklich sind. Wenn wir uns auf unsere Schuld konzentrieren, stärkt dies unser Verantwortungsgefühl.

Durch Schuldgefühle redet der Heilige Geist zu uns. Jesus spricht in Johannes 16,8 davon, daß wir durch den heiligen Geist überführt werden: ‚Und wenn er kommt, wird er der Welt die Augen auftun über die Sünde und über die Gerechtigkeit und über das Gericht.' Geben Sie dem Geist Raum!"

Nachdenklich fuhren Vicki und Randy nach dem Gottesdienst nach Hause. „Liebling", sagte Randy, „nach der Predigt fühle ich mich schlechter als je zuvor."

Vicki nickte. „Das geht mir auch so. Aber vielleicht hat Gott ja wirklich zu uns gesprochen, und wir müssen handeln."

„Bis vor fünfzehn Minuten wußte ich gar nicht, daß Handlungsbedarf besteht."

Inwiefern ist diese These falsch?

„Was ist denn nun daran falsch?" fragen Sie vielleicht. „Wir müssen doch Reue zeigen. Wenigstens werden wir in den Psalmen dazu aufgefordert, zum Beispiel in Psalm 51,17."

Keinesfalls wollen wir leugnen, daß der Mensch ein Gefühl für die eigene Sündhaftigkeit haben sollte. Das finden wir in der Bibel immer wieder. Auch ist es gewöhnlich so, daß wir uns zunächst nicht besonders gut fühlen, nachdem wir Gott begegnet sind – der Prophet Jesaja und auch der Apostel Petrus kannten dieses Gefühl (Jes 6,1-7; Lk 5,8). Das Bewußtsein unserer eigenen Fehlerhaftigkeit zeigt uns, daß wir Gottes Vergebung brauchen.

Pastor Glenns Botschaft klingt christlich, sie ist jedoch zum großen Teil unbiblisch. Sie legt den Christen eine Bürde der Scham und Schuld auf, die Gott dem Menschen niemals zugedacht hatte.

Sie ist insofern falsch, als behauptet wird, Schuldgefühle und Scham würden zu unserem geistlichen Wachstum beitragen; sie trügen dazu bei, uns auf Sünden unserer Vergangenheit aufmerksam zu machen – und sie würden uns daran hindern, erneut zu sündigen.

Diese falsche Annahme ist besonders gefährlich für die, die die Bibel respektieren, weil die biblischen Aussagen sehr leicht so verzerrt werden können, daß sie diese These stützen. Häufig werden solche Aussagen zum Beispiel in Familien gebraucht, um die Kinder unter Kontrolle zu halten.

„Das Gesetz ist ein Thema, über das sich sehr leicht predigen läßt", sagte mein Professor im Seminar immer. „Die Gnade ist ein sehr viel schwierigeres Thema."[1] Es ist wirklich nicht schwer zu sagen:

1. In der Bibel steht, wir sollen Gott gehorchen.
2. Wir tun es nicht.
3. Wir sollten es aber tun.

Hunderte Bibelstellen werden auf diese Art ausgelegt. Das einzige Problem ist, daß solche Aussagen Christen nicht helfen, geistlich weiterzukommen. Die meisten Christen wissen bereits, daß sie nicht tun, was die Bibel ihnen zu tun aufträgt, und sie sind nicht gerade froh darüber.

Pastor Glenns Predigt ist ein Beispiel für eine Theologie, die sich etwa folgendermaßen in unserem Leben auswirkt:

▷ „Mit deinem Benehmen hast du uns allen das Fest verdorben. Ich kann mich vor meinen Freunden nicht mehr sehen lassen."
▷ „Wie kannst du nur so selbstsüchtig sein und mir das Geld nicht leihen?"
▷ „Nach allem, was ich für dich getan habe, kannst du nicht einmal zu Weihnachten nach Hause kommen."
▷ „Schäm' dich, so etwas zu ihr zu sagen!"
▷ „Du solltest sie wirklich besuchen. Sie sind doch deine Eltern."
▷ „Es gibt viele Menschen dort draußen, die deine Hilfe brauchen, und du benimmst dich, als wärst du auf Urlaub hier."
▷ „Was soll ich mit mir selbst anfangen, wenn du nicht gehen kannst?"
▷ „Mittlerweile hättest du diese Eßstörung aber längst überwunden haben müssen."

Sie verstehen sicher, was gemeint ist. Der Sprecher will etwas von Ihnen und ist ärgerlich, daß Sie es ihm nicht geben. Das Vermitteln von Schuldgefühlen ist ein Weg, Sie dazu zu bringen, Ihre Meinung zu ändern.

Viele Christen erkennen nicht, welche Schuldgefühle ihnen mit solchen Botschaften vermittelt werden. Um diese Schuldgefühle loszuwerden, reden sie sich folgendes ein:

1. Ich fühle mich schuldig (aufgrund meines Gewissens, weil jemand mir Schuldgefühle eingeredet hat oder weil beides zutrifft).
2. Ich nehme an, daß ich gesündigt habe.
3. Wenn ich meine Sünden bekenne, wird Gott mir vergeben (1 Joh 1,9).
4. Ich bekenne und fühle mich weniger schuldig.
5. Ich setze mein Leben fort, bis mir wieder jemand Schuldgefühle einredet.

Das Problem ist, daß wir uns schuldig *fühlen* können, ohne tatsächlich schuldig zu *sein*. Und der Vers im ersten Johannesbrief ist kein Bad für unsere Schuldgefühle. Er ist ein Bad für die Sünden. Wir bekennen unsere Sünden nicht, um die Schuld loszuwerden, sondern um Vergebung von Gott zu bekommen und die Gemeinschaft mit ihm wiederherzustellen. Es herrscht eine große Verwirrung in bezug auf das, was die Bibel tatsächlich zu Schuldgefühlen und Scham sagt.

Die innere Verurteilung

Wir wollen uns zuerst mit den Begriffen Schuld und Scham beschäftigen und danach die Verwirrung, die darüber herrscht, ein wenig aufklären.

Schuld

Das Wort „Schuld" wird in doppeltem Sinne gebraucht: Zum einen bezieht sich der Begriff auf eine Tatsache – ein Mensch hat etwas Falsches getan (z.B. eine Stereoanlage gestohlen); zum anderen sind damit auch schmerzliche Selbstvorwürfe umschrieben, die aus der Annahme resultieren, etwas Falsches getan zu haben (z.B. fühlt sich ein Mensch schuldig, weil er zu Weihnachten nicht nach Hause gefahren ist).

Immer wieder spricht die Bibel von dem Zustand der Schuld. Dagegen werden Sie nicht eine einzige Stelle über Schuldgefühle finden. Ganz im Gegenteil, es wird der rechtliche Zustand der Schuld beschrieben: „Durch das Blut, das du vergossen hast, wurdest du schuldig" (Hes 22,4). „Alle sind Sünder und haben nichts aufzuweisen, was Gott gefallen könnte" (Röm 3,23).

So wie ein Richter einen Angeklagten für schuldig erklärt, hat Gott uns von Rechts wegen für schuldig erklärt. Wir haben Gottes Ziel der Gerechtigkeit nicht erreicht und brauchen seine Lösung: das Kreuz. Durch eine offizielle Ankündigung sind wir schuldig, das Gesetz gebrochen zu haben.

Auf der anderen Seite entstammen *Schuldgefühle* – im Gegensatz zum realen Zustand des Schuldigseins – in erster Linie unserem Gewissen, das uns verurteilt und uns sagt, wir seien schlecht. Schuldgefühle sind schmerzlich und bringen uns häufig dazu, uns selbst noch mehr zu kritisieren und zu verurteilen. Wir fühlen uns vielleicht schuldig, weil wir die Bindung an einen bestimmten Menschen brauchen und seine Zeit in Anspruch nehmen. Oder wir fühlen uns schuldig, weil wir einen anderen enttäuscht oder uns von ihm abgegrenzt haben.

Manche Menschen fühlen sich schuldig, weil sie andere wegen ihrer Unvollkommenheit oder Fehler im Stich gelassen haben. Olivia zum Beispiel kam zu mir, weil sie sich schuldig fühlte, ihren Mann enttäuscht zu haben. Er war ein begabter Musiker. Sie nicht. Jahrelang hatte er ihr immer wieder eingeredet, ihre musikalische Unfähigkeit hätte ihn in seinen Möglichkeiten begrenzt. Er hatte vollkommen aus dem Blick verloren, warum er sie in erster Linie geheiratet hatte; nie schien er ihre wundervollen anderen Eigenschaften wahrzunehmen. Olivias übergroßes Verantwortungsbewußtsein gab ihr das Gefühl, ihren Mann verletzt zu haben.

Andere empfinden vielleicht Schuldgefühle, wenn sie mehr Talent oder Fähigkeiten als eine andere Person haben. Wieder andere fühlen sich schuldig, daß sie überhaupt auf der Welt sind. Es gibt unzählige Gründe für Schuldgefühle.

Scham

Scham ist das schmerzliche Gefühl, den Respekt anderer wegen unangemessenen Verhaltens verloren zu haben.

Ähnlich wie die Schuld ist Scham sowohl ein Zustand als auch ein Gefühl, wenn sie in der Bibel auch allgemeiner definiert wird. Scham kann ein Zustand sein, wenn man sich zum Beispiel von anderen verachtet fühlt (Joseph wollte sich von seiner schwangeren Verlobten Maria in aller Stille trennen, um sie nicht der öffentlichen Schande preiszugeben). Scham kann auch ein Gefühl sein (Adam und Eva empfanden vor dem Sündenfall keine Scham). Scham ist das Gefühl des Schlechtseins, ein Zustand der inneren Verurteilung.

Manche Menschen unterscheiden zwischen den beiden Wörtern, indem sie sagen, daß Schuld unsere Selbstverurteilung beschreibt *für das, was wir tun,* während Scham uns beschämt wegen dem, *was wir sind.* Sie fühlen sich schuldig, weil Sie Ihr Kind angeschrien haben; Sie empfinden Scham, weil Sie in Ihren Augen eine schlechte Mutter oder ein schlechter Vater sind.

Von besonderem Interesse für uns ist die Tatsache, daß sowohl Schuld als auch Scham einen Zustand der inneren Verurteilung beschreiben, das alles durchdringende Gefühl der eigenen Schlechtigkeit, das unser eigenes Gewissen uns vermittelt. Diese Gefühle können sehr schwach ausgeprägt, aber auch furchtbar schmerzlich sein.

Schuld und Scham haben unterschiedliche Ursachen. Schuld ist zum Beispiel das Bewußtsein für unseren verurteilten Zustand – die Tatsache, daß wir unter dem Gesetz geboren und von der Gnade getrennt sind (Röm 1,20; 2,14-15). Scham entsteht, wenn wir unsere eigene Schlechtigkeit erfahren: „(...) denn Gott hat sich die Schwachen ausgesucht, die aus menschlicher Sicht Einfältigen, um so die Klugen zu beschämen" (1 Kor 1,27).

Diese Arten von Schuld und Scham sind nichts anderes als unsere emotionale Reaktion auf die Realität unseres Fehlerhaftseins. Sie sind gut für uns, weil sie uns sagen, daß wir dringend die Gnade brauchen, und sie motivieren uns, nach Hilfe und Vergebung zu suchen.

Die Schuld- und Schamgefühle, mit denen wir uns in diesem Kapitel beschäftigen wollen, haben einen anderen Ursprung. Sie sind von frühen Erfahrungen abgeleitet. Das Gewissen dient als „innerer Vater" (oder „innere Mutter"), um unser Verhalten zu bewerten. Wenn das Gewissen zustimmt, sind wir erleichtert. Wenn es nicht zustimmt, fühlen wir uns schuldig und beschämt. Es ist diese vom Gewissen getriebene, von der Umgebung abhängige Triebkraft, die zu einem Problem im geistlichen Wachstum wird.

Warum Pastor Glenns Botschaft nicht richtig war

Kennen Sie diese „Original und Fälschung"-Rätsel in manchen Zeitschriften, wo man ein Originalbild und eine Fälschung mit eingebauten Fehlern auf einer Seite sieht? Auf den ersten Blick sehen die Bilder genau gleich aus; erst bei näherem Hinsehen erkennt man die Fehler bei der Fälschung. Auch bei unserem Thema gilt es herauszufinden, welche Thesen die „Fehlerbilder" sind, die einen Menschen krank machen können.

Der Sonntagspredigt, die Randy und Vicki hörten, liegt die falsche Annahme zugrunde, daß „Schuld- und Schamgefühle gut für mich sind". Nun, da wir das eigentliche Wesen von Schuld- und Schamgefühlen verstehen, wollen wir die Predigt von Pastor Glenn einmal biblisch unter die Lupe nehmen.

Pastor Glenn setzte das Gewissen Gott gleich

Pastor Glenn behauptet, die Tatsache, daß ein Mensch sich schuldig *fühlt,* sei ein Zeichen dafür, daß er tatsächlich schuldig *ist.* Schuldgefühle, sagte er, seien ein emotionales Warnsignal, daß man gesündigt hat. Gott würde durch Schuld- und Schamgefühle zu uns sprechen. Also müßten wir darauf hören.

Ken war das beste Beispiel für dieses Denken. Er war ein überaus selbstkritischer Mensch, als er wegen sehr starker Depressionen an der Gruppentherapie im Krankenhaus teilnahm. Ken liebte die Menschen, aber sein übertriebenes Verantwortungsbewußtsein trug dazu bei, daß er permanent unter Schuldgefühlen litt.

Den Höhepunkt von Kens Problem konnte ich eines Morgens bei einer Gruppensitzung miterleben. Während der ersten Minuten schwiegen alle. Einige Gruppenmitglieder dachten über das nach, was sie in den vorhergehenden Sitzungen gemacht hatten. Andere waren einfach zu schüchtern, das Gespräch in Gang zu setzen.

Da Ken aufgehalten worden war, kam er ein paar Minuten zu spät. Er setzte sich auf seinen Platz. Mehrere Leute aus der Gruppe lächelten ihn an, doch das Schweigen hielt an.

Nach und nach wurde Ken immer unruhiger. Ich beobachtete, wie er auf seinem Stuhl hin- und herrutschte, seine Hände rieb und schwitzte. Schließlich konnte er es nicht mehr ertragen. „Es tut mir leid! Es tut mir wirklich leid!" brach es aus ihm hervor.

Die Gruppenmitglieder fragten ihn, wofür er sich entschuldigte.

„Ich habe die Sitzung ruiniert", antwortete er mit beschämtem Gesicht. „Ich weiß, warum alle in der Gruppe so still sind. Ich habe euch alle gestört, weil ich zu spät gekommen bin, und jetzt möchte niemand sprechen. Es tut mir wirklich leid!"

Kens Gewissen klagte ihn an, und er nahm an, daß das Urteil seines Gewissens korrekt war. Er ging davon aus, daß er die Gruppensitzung gestört hatte. Aber das war gar nicht so.

Viele Christen empfinden dieselbe Versklavung durch ihr Gewissen. Aber so muß es nicht sein. Wir wollen uns einmal ansehen, was die Bibel über unser Gewissen sagt.

Das erste, was uns auffällt, ist die Tatsache, daß unser Gewissen ein Produkt des Sündenfalls ist. Adam und Eva hatten kein Gewissen, weil sie keines brauchten. Sie hatten eine direkte, ungestörte Verbindung zu Gott.

Außerdem war von Gott nicht beabsichtigt, daß Adam und Eva sich mit moralischen Themen abgeben sollten. Die Frage von Gut und Böse war einzig und allein Gottes Problem. Gott wußte, daß wir, wenn wir zwischen Gut und Böse unterscheiden können, unsere Blickrichtung von der Beziehung auf Regeln ändern, von Liebe auf Gesetzlichkeit. *Gut* zu sein würde wichtiger für uns werden, als in Verbindung mit Gott zu stehen.

Allein aus diesem Grunde war es Adam und Eva nicht erlaubt, vom Baum der Erkenntnis des Guten und des Bösen zu essen (Gen 2,9.17). Und als sie doch davon aßen, sagte Gott: „Siehe, der Mensch ist geworden wie unsereiner und weiß, was gut und böse ist" (Gen 3,22). Adam und Eva wußten nun, was gut und böse war, hatten jedoch nicht die Stärke, damit umzugehen.

Die Verbannung aus dem Garten Eden war eigentlich ein Akt der Gnade. Gott mußte die beiden „ausweisen", damit er später das Problem der Sünde durch seinen eigenen Sohn lösen konnte. Sonst hätten sich die Menschen für immer im Garten vor Gott versteckt. Die Menschheit steckte nun fest – außerhalb des Paradieses, nicht mehr in der vollkommenen Gemeinschaft mit Gott.

An diesem Punkt begann das Gewissen. Es entstand als ein Produkt der Trennung von Gott, während wir auf das innere Gesetz der Sünde und des Todes zu reagieren begannen (Röm 8,2). Es war sozusagen eine Hilfe für den Menschen, um Gut und Böse zu unterscheiden. Das Gewissen wurde eine „Bewertungshilfe", die das Gute und das Schlechte aus unseren Gedanken, unserem Handeln und unseren Gefühlen aussortierte.

Unser Gewissen ist jedoch nicht Gott. Es gehört zu dem Leben in einer gefallenen Welt dazu. Dieser innere „Schiedsrichter" stellt die Verbindung her zwischen dem in unsere Herzen geschriebenen Gesetz (Röm 2,15) und unseren frühen Sozialisierungsprozessen. Aber es ist nicht vollkommen.

Menschen mit zu strengen Wertmaßstäben zum Beispiel werden erdrückende Schuldgefühle empfinden, wenn sie eigentlich unschuldig sind. Im Gegensatz dazu werden Menschen, denen als Kind kein Gefühl für „Richtig" und „Falsch" vermittelt worden ist, kein Bedauern empfinden, wenn es eigentlich angebracht wäre.

In der Bibel werden drei Arten des Gewissens beschrieben: das schwache, das abgestumpfte und das reife Gewissen.

Das schwache (oder unreife) Gewissen. Das schwache Gewissen ist ein überstrenger Strafrichter, der überall Schuld findet. Es übernimmt Verantwortung für Dinge, für die Gott ihm keine Verantwortung übertragen hat, so wie bei Ken.

Paulus beschreibt das schwache Gewissen folgendermaßen: „Denn einige, weil sie bisher an die Götzen gewöhnt waren, essen's als Götzenopfer, dadurch wird ihr Gewissen, weil es schwach ist, befleckt" (1 Kor 8,7). Mit anderen Worten, das schwache Gewissen verbietet, kritisiert und klagt ungerecht an.

Das abgestumpfte Gewissen. Ein abgestumpftes Gewissen ist das Gegenteil eines schwachen Gewissens. Eine Person mit einem abgestumpften Gewissen empfindet nur selten Reue. Eine solche Persönlichkeit kann kein Mitgefühl für das Leid anderer empfinden. Ein solcher Mensch lebt nach dem Gesetz des Dschungels: fressen oder gefressen werden.

Menschen mit einem abgestumpften Gewissen kommen in der Regel aus Familien, in denen sie so schreckliche Mißhandlungen erlebt haben, daß sie in einem Zustand permanenter Wut leben. Oder sie kommen aus einer Familie, in der sie keine Liebe erfahren haben. Ohne Bindungen und ohne Grenzen werden solche Menschen selbst zu kleinen Göttern.

Menschen mit einem abgestumpften Gewissen kontrollieren oder manipulieren andere. Paulus warnt vor Menschen, die verleitet sind „durch Heuchelei der Lügenredner, die ein Brandmal in ihrem Gewissen haben. Sie gebieten, nicht zu heiraten und Speisen zu meiden, die Gott geschaffen hat" (1Tim 4,2-3).

Das reife Gewissen. Im Laufe der Zeit kommt das Gewissen in die Lage, sich mehr und mehr den biblischen Werten anzunähern. Wenn die Bibel von einem „reinen Gewissen" spricht (Apg 24,16; Heb 13,18; 1 Petr 3,16), ist damit ein Mensch gemeint, der auf seine biblisch geschulte innere Warneinrichtung hört. Ein reines Gewissen zu haben, bedeutet nicht, vollkommen zu sein, sondern daß das Gewissen das Handeln eines Menschen nach biblischen Maßstäben beurteilt.

Im Laufe unseres Lebens verändert sich unser Gewissen mit uns. Wenn wir mithelfen, daß das Gewissen reifen kann, können wir ihm immer mehr trauen. Aber natürlich ist es fehlbar. Das Gewissen mit Gott gleichzusetzen, ist fast so, als würde man einen Sektenführer mit Jesus Christus gleichsetzen.

Pastor Glenn verwechselte Schuldgefühle mit von Gott gewirkter Trauer

Die zweite krankmachende Aussage von Randys und Vickis Pastor war, daß wir uns auf die Schuld konzentrieren sollten. Sicherlich ist es notwendig, daß wir unsere Fehlerhaftigkeit erkennen, bevor wir Buße tun können, aber Pastor Glenn meinte etwas ganz anderes.

Schuldgefühle sind auf unsere Schlechtigkeit gerichtet. Sie zielen ab auf unser Gefühl der eigenen Wertlosigkeit und der verdienten Strafe. Sie beschäftigen sich im wesentlichen mit der eigenen Person und nicht mit anderen. Schuld treibt uns nicht in eine Beziehung, sondern ins Versteck.

Von Gott gewirkte Trauer ist eine bessere Antwort auf unsere Sündhaftigkeit: „Jetzt bereue ich auch nicht, daß ich euch den Brief geschrieben habe, der euch so erschüttert hat. Und wenn ich auch schon dachte, es wäre besser gewesen, ich hätte ihn gar nicht abgeschickt – eben weil ihr wegen das Briefes tief betroffen gewesen seid –, so bin ich jetzt doch froh, daß ich ihn geschrieben habe. Natürlich nicht, weil ihr bestürzt gewesen seid, sondern weil euch dies zum Nachdenken und zur Umkehr gebracht hat. Genau das war Gottes Absicht, und deshalb hat euch unser Brief auch nicht geschadet. Denn die von Gott ausgelöste Erschütterung bewirkt eine Reue, die uns zu ihm hinführt. Und wer sollte das jemals bereuen! Nur die Erschütterung, die nicht zur Umkehr führt, bewirkt den Tod" (2 Kor 7,8-11).

Von Gott gewirkte Trauer sucht zu heilen, den Schmerz wiedergutzumachen, den wir angerichtet haben. Versöhnung ist ihr Ziel. Schuldgefühle dagegen suchen Rechtfertigung. Das Ziel ist, die schlechten Gefühle loszuwerden.

Bei Judas waren solche Schuldgefühle zu finden. Als er seine Tat bereute, versuchte er, die dreißig Silbermünzen den Priestern und Ältesten zurückzugeben. Ihm war mehr daran gelegen, seine schlechte Tat wiedergutzumachen, als seine Beziehung zu Jesus in Ordnung zu bringen. Und das Ergebnis waren Verzweiflung und Selbstmord (Mt 27,3-5).

Wenn Sie das nächste Mal etwas falsch machen, überprüfen Sie Ihre emotionale Reaktion. Wenn Sie sich vorwerfen, wie schlecht Sie sind, lassen sich Ihre Gefühle als Traurigkeit der Welt beschreiben. Aber wenn Ihre Reaktion sich darum dreht, die Situation so weit wie möglich wiedergutzumachen, die verletzte Beziehung zu heilen und wieder mit Gott ins Reine zu kommen, dann ist sie vermutlich von Gott bewirkt.

Im Gegensatz zu der von Gott gewirkten Traurigkeit verhindern Schuldgefühle zwei ganz wichtige Dinge:

Schuldgefühle blockieren die Liebe. Menschen, die zu sehr in ihre Schuld verstrickt sind, sind mit ihrem eigenen Schmerz beschäftigt. Sie geben sich noch mehr Mühe, um ihre Schuldgefühle zu beschwichtigen, anstatt sich zu bemühen, den Schmerz der anderen zu empfinden.

Wenn ein Mann zu seiner Frau sagt (wie es durchaus schon vorgekommen ist): „Ich werde mit dir verheiratet bleiben, weil ich mit den Schuldgefühlen nicht fertig werden würde, wenn ich dich verließe", ist eigentlich klar, warum sie zu ihm kein herzliches Verhältnis entwickeln kann. Diesem Ehemann geht es mehr darum, ein gutes Gewissen zu haben, als für seine Frau zu sorgen.

Durch Schuldgefühle motivierte Menschen haben Angst zu lieben. Sie setzen sich unter Zwang ein, anstatt freudig zu dienen (2 Kor 9,7). Sie geben sich liebevoll, um Schuldgefühle zu vermeiden, und nicht weil sie so sein wollen.

Stellen Sie sich das folgende Szenario vor: Sie schmieden Pläne für eine Wochenendreise mit einer guten Freundin. Zwei Wochen vor der Reise rufen Sie Ihre Freundin an, um zu hören, ob alles klar geht. Sie sagt Ihnen: „Oh, keine Sorge – diese Reise würde ich nie vergessen. Wenn ich es täte, würde ich mich selbst hassen. Ich fühle mich doch für meine Freunde verantwortlich. Ich würde sie nie enttäuschen."

Eine solche Aussage würde Ihnen sicherlich nicht das Gefühl vermitteln, eine geliebte Freundin zu sein. Ganz offensichtlich ginge es Ihrer Freundin in erster Linie darum, Schuldgefühle zu vermeiden, nicht darum, Zeit mit Ihnen zu verbringen. Doch genau diese Einstellung ist bei vielen mit Schuldgefühlen belasteten Menschen zu finden. Liebe hat einfach keinen Raum. Das „ich möchte" der Liebe wird unter dem „ich muß" der Schuld erstickt.

Schuldgefühle verhindern geistliches und emotionales Wachstum. Menschen können emotional erst dann echte Fortschritte machen, wenn sie ihrer Schuldgefühle Herr werden. Dafür gibt es mehrere Gründe:

1. Mit Schuldgefühlen belastete Menschen haben Angst, sie selbst zu sein, weil sie weitere Verurteilung befürchten. Also nehmen sie in der Regel eine falsche Persönlichkeit an, mit der sie anscheinend besser klarkommen, während sie ihr verletztes Ich tief in ihrem Innern begraben. Dies ist häufig bei Christen der Fall, denen die „Schuld-Botschaft" gepredigt wird: Ein zwanghafter oder deprimierter Mensch beginnt, sich nach außen glücklicher zu geben, um seine Helfer glücklich zu machen. Doch nach einer Weile bricht er zusammen – ein Prozeß, den die Helfer dann als „rückfällig werden" interpretieren. In Wirklichkeit hat es nie einen Fortschritt gegeben. Die verwundete Seele ist die ganze Zeit über versteckt worden, und das Problem hat sich ausgebreitet wie ein Krebsgeschwür.

2. Mit Schuldgefühlen belastete Menschen stehen emotional unter dem Gesetz. Sie können sich und anderen ihre Schwächen nicht ehrlich eingestehen, weil sie Angst haben, dann ihre Liebe zu verlieren. Das Eingeständnis ihres Versagens, so fürchten sie, wird ihnen Verurteilung und Isolation von Gott und anderen bringen. Bei Menschen, die permanent in ihren Versuchen frustriert werden, vollkommen zu sein, beginnt es innerlich zu brodeln – sie können das Gesetz nicht erfüllen, können ihrem mit Schuldgefühlen belasteten Gewissen nicht gefallen. Es ist zwecklos. Die Folge solcher Versuche ist Zorn (Röm 4,15).

3. Mit Schuldgefühlen belastete Menschen kümmern sich mehr darum, gut und ohne Sünde (eine Unmöglichkeit in sich) zu sein, als Heilung zu finden. Sie konzentrieren sich auf Fragen wie: *Bin ich gut? Sündige ich? Bin ich schlecht?* anstatt auf Fra-

gen wie: *Habe ich eine tiefe Verbindung zu anderen? Bin ich aufrichtig? Lerne ich aus meinen Fehlern?*

Wenn wir uns darauf konzentrieren, gut zu sein, geraten wir in Gefahr, egozentrisch zu werden und uns sklavisch an Regeln zu halten – und wir entfernen uns aus der engen Beziehung zu Gott und anderen Menschen.

Pastor Glenn verwechselte Überführung mit Schuld

Als ich eines Morgens die Kirche verließ, hörte ich zufällig, wie ein Mann zu seinem Freund sagte: „Ich habe wirklich gespürt, wie der Heilige Geist mich während der Predigt überführt hat. Ich fühle mich jetzt so schuldig, daß das einfach von Gott kommen muß."

Dieser Kommentar ist ein Beispiel für das dritte Problem in der Predigt, die Randy und Vicki an jenem Sonntag gehört hatten. Obwohl der Prediger die Stelle in Johannes 16,8 zitierte und damit sagte, daß der Geist Gottes einer Schuld überführt, verstand er nicht den Unterschied zwischen der Aufgabe Gottes und unserer.

Als Jesus sagte, der heilige Geist würde die Welt ihrer Schuld überführen, beschrieb er die Aufgabe des heiligen Geistes bei der Erlösung. Er zeigt uns unsere Sündhaftigkeit und macht uns klar, daß wir einen Erlöser brauchen. Aber er diktiert uns nicht unsere Reaktion. Schuldgefühle, Rebellion oder Gleichgültigkeit sind nicht von ihm; sie kommen von uns.

Der Kirchgänger, dessen Kommentar ich zufällig hörte, hätte sagen sollen: „Ich muß darüber nachdenken, ob meine Schuldgefühle eine Reaktion auf Gott oder meine ständig kritisierende Mutter sind."

Sind Schuldgefühle jemals nützlich?

Ein Gutes haben Schuldgefühle: Sie können ein Zeichen für geistliches Wachstum sein. Viele Menschen, die sich von emotionalen Problemen erholen, leiden unter sehr starken Anfällen von Schuldgefühlen. Den alten Weg zu verlassen und sich neuen

Vorstellungen und Menschen zu öffnen, aktiviert ihr kontrollierendes Gewissen – welches dann Botschaften mit dem Inhalt „Du bist schlecht" auf den Betreffenden niederprasseln läßt, um die in der Bibel verkündigte Freiheit einzudämmen. Ein solches Gewissen sagt „Nein" zur Freiheit. Ein kritisches Gewissen möchte Sie als Sklave unter seinem Mandat behalten. Es möchte, daß Sie seiner Vorstellung von Gut und Böse folgen, nicht derjenigen der Bibel.

Wenn Sie sich im Wiederherstellungsprozeß befinden und begonnen haben, Ihrem eigentlichen geistlichen Bedürfnis nach Beziehung, Verantwortung und Vergebung nachzugehen, und Sie werden von Ihrem Gewissen geplagt – freuen Sie sich! Sie sind dann vermutlich auf dem richtigen Weg. Suchen Sie sich Freunde, die Ihnen helfen, Ihre Gefühle aufzuarbeiten.

Was können Sie tun?

Wenn Sie durch Schuld- oder Schamgefühle motiviert sind, können Sie nicht gleichzeitig von der Liebe getrieben sein. Ein strenges Gewissen, das Schuldgefühle hervorruft, ist nicht von Gott. Bitten Sie ihn um Hilfe, daß Sie Menschen finden, die Ihnen helfen, von Schuld- und Schamgefühlen zur Liebe zu finden, und beachten Sie die folgenden Schritte:

1. Stehen Sie zu Ihren Schuldgefühlen. Vielleicht sind sie auf zu starre Beziehungen zurückzuführen; aber dagegen können Sie etwas unternehmen.
2. Suchen Sie sich eine Gruppe, in der es mehr um Beziehungen geht, als darum, mit „Sünden zu prahlen", eine Gruppe, die verstanden hat, „daß dich Gottes Güte zur Buße leitet" (Röm 2,4).
3. Untersuchen Sie, wo diese Schuldgefühle herkommen.
4. Werden Sie sich Ihres Zornes bewußt.
5. Vergeben Sie den Menschen, die Sie kontrolliert haben.
6. Sammeln Sie Informationen, um Ihr Gewissen „umzuerziehen", aus der Bibel und aus Büchern wie diesem.
7. Hören Sie auf neue Stimmen. Schuldgefühle werden nicht

allein dadurch zum Schweigen gebracht, daß das Gewissen umerzogen wird. Sie müssen kritische Stimmen durch solche ersetzen, die Ihnen Bestätigung geben.
8. Wehren Sie sich nicht gegen Trauer. Lassen Sie sich von anderen trösten und lieben.

„Deshalb, meine Kinder, laßt uns einander lieben: nicht mit leeren Worten, sondern mit tatkräftiger Liebe und in aller Aufrichtigkeit. Daran zeigt es sich, daß Jesus Christus unser Leben bestimmt. So können wir mit gutem Gewissen vor Gott treten. Doch auch wenn unser Gewissen uns anklagt und schuldig spricht, dürfen wir darauf vertrauen, daß Gott größer ist als unser Gewissen. Er kennt uns ganz genau. Kann uns also unser Gewissen nicht mehr verurteilen, meine Lieben, dann dürfen wir voller Freude und Zuversicht zu Gott kommen" (1 Joh 3,19-21).

Irrglaube Nr. 10:

Wenn ich die richtigen Entscheidungen treffe, wird alles gut werden

Während Laura der Predigt am Sonntagmorgen zuhörte, wurde sie immer deprimierter. In so vielen Bereichen ihres Lebens entmutigt, war sie auf der Suche nach Hoffnung in die Kirche gekommen.

Da saß sie nun, war einunddreißig und hatte schon wieder eine Liebesbeziehung begonnen, die ihr nur Schmerz und Probleme brachte. Laura konnte sich gegen ihren Freund nicht durchsetzen, der sie in häßlicher Weise manipulierte, dominierte und viele Bereiche ihres Lebens vollkommen kontrollierte. Jedesmal, wenn sie beschlossen hatte, sich ihm zu widersetzen, machte sie doch wieder einen Rückzieher.

Außerdem schlief sie mit ihm, obwohl sie ein ungutes Gefühl dabei hatte. Immer wieder hatte sie gehört, daß Männer, die eine Frau dazu drängen, sich über ihre Wertmaßstäbe hinwegzusetzen, zu keiner dauerhaften Beziehung fähig seien. Aber irgendwie fand sie nie die Kraft, „Nein" zu sagen.

Laura zeigte auch in anderen Bereichen ihres Lebens wenig Willensstärke. Immer wieder begann sie eine Diät, doch sie schaffte es nie, sie durchzuhalten. Auch konnte sie sich gegen ihre Mutter nicht durchsetzen, die noch immer versuchte, ihr Leben zu kontrollieren. Sie wußte, daß sie ihr Leben selbst in die Hand nehmen mußte, aber sie hatte einfach nicht die Willenskraft dazu.

An diesem speziellen Sonntag war Laura in die Kirche gegangen, weil sie dringend Hilfe brauchte. Der Pastor schloß seine Predigt mit dem Satz: „Alles hängt davon ab, daß Sie einen Entschluß fassen. Sie müssen sich fest vornehmen, was Sie tun wollen. Wenn Sie wirklich Gott dienen und ein geistliches Leben führen *wollen,* können Sie es auch. Sie werden aufhören zu sündigen und die richtigen Entscheidungen treffen. Durch einen Akt des Willens werden Sie Gottes Weg oder Ihren eigenen Weg wählen. Treffen Sie von heute an die richtigen Entscheidungen."

Lauras Mut sank. Sie hatte das alles schon gehört. Jahrelang versuchte sie nun schon, die richtigen Entscheidungen zu treffen. Doch so sehr sie sich bemühte, sie konnte nicht die Kraft aufbringen, die Entscheidungen zu treffen, die sie eigentlich treffen sollte. Wenn dies alles war, was Gott für sie bereithielt, dann gab es für sie tatsächlich keine Hoffnung mehr. Sie schlüpfte aus der Kirche und fuhr in düsterer Stimmung zur Wohnung ihres Freundes. Wenigstens würde sie nicht allein sein.

„Sag' doch einfach ‚Nein'!" heißt es auf einem Plakat der Drogenberatung. Die Sponsoren waren anscheinend wirklich der Meinung, einfach „Nein" zu sagen, sei die Antwort auf das Drogenproblem. Dieselbe Philosophie wird in bezug auf andere Probleme vertreten – Jähzorn, Lust, Depressionen, Abhängigkeiten. Wenn wir Probleme haben, so heißt es, haben wir einfach die falschen Entscheidungen getroffen. Um die Situation zu korrigieren, müssen wir begreifen, welches die richtigen Entscheidungen sind, und sie dann einfach treffen.

Wenn Sie tatsächlich dieser Meinung sind, wird das Leben ziemlich einfach. Sie müssen nur wissen, was richtig ist, und es dann tun. *Wissen* und *Willenskraft* werden auf diese Weise zum Werkzeug geistlichen Wachstums. Die Ursache für geistliches Wachstum ist hierbei die richtige Entscheidung.

Das klingt christlich. Tatsächlich hat die Bibel viel zu sagen über Entscheidungen. Josua ermutigt die Israeliten zu wählen: „Gefällt es euch aber nicht, dem Herrn zu dienen, so wählt euch heute, wem ihr dienen wollt: den Göttern, denen eure Väter gedient haben jenseits des Stroms, oder den Göttern der Amoriter, in deren Land ihr wohnt. Ich aber und mein Haus wollen dem Herrn dienen" (Jos 24,15).

Sicherlich haben wir keine Probleme damit, daß Josua die Israeliten vor die Entscheidung stellt. Auch wir müssen entscheiden, wem wir dienen wollen – und diese Entscheidung hat Konsequenzen für die Ewigkeit. Das Problem ist, wie wir bereits in Kapitel 8 gesehen haben, daß das Leben als Christ so einfach nicht ist. Geistliches Wachstum ist nicht an dem Tag abgeschlossen, an dem wir uns für Gott entscheiden. Natürlich können wir uns für Gott entscheiden – aber gleichzeitig können wir unsere eigene „Entscheidung" sabotieren. Das heißt, wir wählen genau das Gegenteil von dem, was wir eigentlich wollen.

Dies passiert im täglichen Leben sehr häufig. Sie wollen abnehmen, doch drei Monate später haben Sie wieder zwanzig Pfund zugenommen. Sie wollen diesmal ganz ruhig bleiben, doch es treibt Sie zur Weißglut, wenn Ihre Frau Ihnen die Pointe Ihres Witzes vorwegnimmt. Sie wollen im sexuellen Bereich rein bleiben, doch Sie können sich nicht beherrschen und schlafen mit anderen Partnern. Sie wollen regelmäßig Andacht halten, doch Sie schaffen es einfach nicht, morgens rechtzeitig aufzustehen.

„Sag doch einfach: ‚Nein'", dieser Vorsatz hat versagt, weil die Doktrin, Willenskraft allein sei die Lösung aller Probleme, eine menschliche Doktrin ist, keine biblische. *Willenskraft allein reicht nicht aus.* Mit den besten Absichten entscheiden wir uns (als ein Akt des Willens) für eine Sache – und tun dann genau das Gegenteil davon. Anstatt „Nein" zu sagen, erfahren wir, was der Apostel Paulus schon erlebte: „Denn ich weiß nicht, was ich tue. Denn ich tue nicht, was ich will; sondern was ich hasse, das tue ich" (Röm 7,15).

Und unsere These lautet nun: *„Wenn ich die richtigen Entscheidungen treffe, werde ich geistliches Wachstum erfahren."* Wenn unsere einzige Hoffnung darauf beruht, daß wir die richtigen Entscheidungen treffen, dann sind wir in der Tat verloren! Die Erfahrung des Paulus und auch unsere eigenen zeigen, daß wir unfähig sind, „einfach Nein" zu sagen.

Warum funktioniert es nicht?

Warum ist diese These nicht richtig? Warum können wir nicht einfach die richtigen Entscheidungen treffen, und alles ist gut? Das klingt doch so geistlich, so christlich! Warum ist es nicht biblisch, daß wir selbst uns den Weg zur inneren Gesundheit wählen? Warum können wir nicht durch einen Akt des Willens geistliches Wachstum erleben?

Viele Christen lehren, daß unsere Gefühle sich ändern werden, wenn wir unser Verhalten ändern. Wenn wir einem Menschen, den wir verabscheuen, liebevoll begegnen, werden wir anfangen, ihn aufrichtig zu mögen. Entscheiden Sie sich für das Richtige – ob Ihnen danach zumute ist oder nicht –, und Sie werden unausweichlich anfangen, das Richtige auch zu wollen.

Manchmal funktioniert dieser Ansatz. Häufiger jedoch mißlingt ein solches Unternehmen, und der Betroffene ist wieder an seinem Ausgangspunkt – oder ist sogar noch weiter zurückgeworfen worden.

Dieser Mißerfolg äußert sich dann häufig in sogenannten zwanghaften Verhaltensweisen. Wenn sich jemand im sexuellen Bereich zwanghaft auslebt, wenn er übermäßig ißt, zuviel Alkohol trinkt oder Drogen nimmt, kann er für sich vielleicht entscheiden, damit aufzuhören, aber unausweichlich wird er wieder in sein altes Verhalten zurückfallen – auch wenn er Gott, sich selbst und anderen versprochen hat, damit aufzuhören.

Mike war Pastor, jedoch gefangen in einer fatalen Sucht nach Sex. Er konnte an einem Abend über Reinheit predigen und am nächsten Befriedigung seiner sexuellen Wünsche suchen. Als der Leitungskreis seiner Gemeinde dies herausfand, stellten sie ihm ein Ultimatum: Er sollte entweder eine Therapie machen oder von seinem Amt zurücktreten.

Zuerst beteuerte Mike immer wieder, wie leid es ihm täte und wie traurig er über sein Verhalten sei. Er versprach, sich zu ändern, so etwas nie wieder zu tun. Doch die Ältesten der Gemeinde stellten ihn zur Rede.

„Ich glaube nicht, daß du dich ändern wirst", sagte einer aus der Gruppe. „Ich glaube, daß du es immer und immer wieder tun wirst."

„Aber dieses Mal meine ich es wirklich ernst", erwiderte Mike. „Ich werde es dieses Mal schaffen. Ich habe einfach nur einige ungute Entscheidungen getroffen."

„Was läßt dich glauben, daß du nicht wieder in dein altes Verhaltensmuster zurückfallen wirst?"

„Nun ja, weil ich es dieses Mal wirklich ernst meine mit meinem Vorsatz, mich zu ändern."

„Und das war bei den letzten Malen nicht so? Immer wieder hat es dir leid getan, und immer wieder hast du versprochen, dich zu ändern. Aber das ist nie passiert. Und wenn du nichts anderes tust, als dich einfach nur dafür zu entscheiden, dich zu ändern – warum sollten wir dir glauben, daß es dieses Mal etwas anderes sein wird als die anderen Male?"

Mike wirkte deprimiert. Er begann einzusehen, daß er diesem Teufelskreis nicht entkommen konnte, wenn er nicht etwas unternehmen würde. Aber er wußte nicht, *was*. Er hatte keine Hoffnung mehr, und er sah keine andere Möglichkeit, als sich noch fester vorzunehmen, sich zu ändern.

Was war los mit Mike? Warum schaffte er es nicht mit seinen ganzen Vorsätzen und Versprechungen? Er erkannte allmählich, daß er zwar den Wunsch hatte, sich zu ändern, daß er sich aber auch andere Dinge genauso sehr wünschte, Dinge, die er verleugnet hatte. Diese Wünsche saßen tief in seinem Herzen, dort, wo die Motivation entsteht. Er wünschte sich so sehr, akzeptiert und bewundert zu werden – ein Wunsch, der innerhalb seiner Gemeinde nicht erfüllt wurde. Er wollte seine Frau verletzen, weil er sich über ihre Kritik an ihm ärgerte. Er wollte gegen die geistlichen Verpflichtungen rebellieren, die er übernommen hatte und gegen die er sich nun auflehnte. All dies war die Ursache für die „schlechte Frucht" in seinem Leben.

Kurz gesagt, Mikes Herz reagierte nicht auf die Theologie von dem „Akt des Willens"; der Grund dafür war in erster Linie der, daß er diese Veränderung gar nicht so unbedingt wollte. In der Bibel wird deutlich herausgestellt, daß der Wille des Menschen nicht von seiner Persönlichkeit zu trennen ist. Wir tun alles mit unserer ganzen Person, nicht nur mit dem Willen oder dem Intellekt. Das wichtigste Gebot macht dies klar: „Du sollst den Herrn, deinen Gott, lieben von ganzem Herzen, von ganzer Seele und von ganzem Gemüt" (Mt 22,37).

Jesus zeichnet das Bild des ganzen Menschen, der sich ganz und nicht nur seinen Willen Gott ausliefert. Mike fehlte diese Art von Vertrauen. Er beschloß zwar willentlich, mit seinen sexuellen Ausschweifungen aufzuhören, doch in seinem Herzen wollte er es eigentlich viel lieber fortsetzen. Wenn nicht unser Herz und unser Verstand dasselbe wollen, werden unsere Entscheidungen von kurzer Dauer sein, weil wir schließlich doch das tun, was unser Herz möchte. Wir sind innerlich zerrissen. Gott spricht diese Spaltung an: „Dies Volk ehrt mich mit seinen Lippen, aber ihr Herz ist fern von mir" (Mt 15,8).
Wenn es uns nicht gelingt, uns selbst diesen Konflikt einzugestehen, wird der Teil von uns, der verleugnet wird, unsere Entscheidung sabotieren.

Mike lernte schließlich, Gott und anderen zu bekennen, was tatsächlich in seinem Herzen war. Wenn er ehrlich war, mußte er feststellen, daß seine Wünsche im Konflikt miteinander standen. Seiner dunklen Seite hatte er sich nie richtig gestellt. Er gestand ein, daß er Gott eigentlich nie mit ganzem Herzen hatte dienen wollen. Er ärgerte sich über Gott, und er versuchte, diesen Ärger und Schmerz zu überdecken, indem er sich sexuellen Ausschweifungen hingab. Es bestand keine Verbindung zwischen Gott und seinem eigentlichen Ich. Und darum führte dieses Ich ein Eigenleben. Es brachte ihn dazu, in eine ganz andere Richtung zu marschieren, als sein Intellekt ihm riet.

Innere Konflikte

Unser Verstand, unsere Seele und unser Herz stehen häufig im Konflikt miteinander, und uns gefällt es gar nicht, uns diesem Konflikt in unserem Innern zu stellen. Wir wissen vielleicht, was richtig ist und welche Wertvorstellungen wir haben, aber in unserem Herz findet sich eine tiefe Zuneigung zu Dingen und Menschen, die nicht mit unseren Wertmaßstäben vereinbar sind. Aus diesem Grund fordert die Bibel immer eine *Veränderung von innen nach außen,* nicht nur die richtigen Entscheidungen.

Stan fiel es schwer, die Anordnungen seines Chefs zu befolgen. Er wollte seine Arbeit gut machen, aber immer wieder sabotierte er seine guten Vorsätze. Er setzte sich mit seinem Chef zu einer Planungssitzung zusammen, in der sie über Stans Ziele sprachen. Anfangs freute er sich darauf, diese Ziele zu erreichen – immerhin bekam er einen Bonus für gute Arbeit –, doch kurz nach diesen ersten Sitzungen begann er, nachlässig zu werden und seine Verpflichtungen nicht mehr zu erfüllen. Er schaffte seine Arbeit einfach nicht.

Daraufhin kam er zu mir. „Ich weiß nicht, warum ich das tue", sagte er zu mir. „Ich möchte wirklich tun, was von mir erwartet wird. Ich muß vermutlich einfach bessere Entscheidungen treffen."

„Was meinen Sie mit ‚bessere Entscheidungen'?" fragte ich ihn.

„Entscheidungen, die Gott gefallen und mich dahin bringen, wo ich hin möchte. Entscheidungen, mit denen ich schaffen kann, was ich schaffen muß."

„Und wieso glauben Sie, daß Sie das im Augenblick nicht tun?"

„Was meinen Sie damit? Natürlich schaffe ich meine Vorgaben nicht."

„Da bin ich nicht so sicher. Vielleicht möchten Sie Dinge erreichen, die nicht unbedingt Ihre und die Ziele der Firma sind."

„Zum Beispiel? Mit meinem Verhalten ruiniere ich meine Karriere."

„Ja, das stimmt", bestätigte ich. „Aber vielleicht ist Ihnen Ihre Karriere nicht das Wichtigste. Ich glaube, daß Ihnen etwas anderes noch wichtiger ist als der Wunsch, Ihre beruflichen Ziele zu erreichen."

„Was denn?"

„Ihnen ist das Gefühl viel wichtiger, selbst über sich bestimmen zu können; niemand soll Macht über Sie haben. An Ihrem Arbeitsplatz fühlen Sie sich Ihrem Chef untergeordnet, und das gefällt Ihnen überhaupt nicht. Darum weigern Sie sich zu tun, was er von Ihnen erwartet, damit Sie die Kontrolle haben, auch wenn Ihnen das nicht zuträglich ist. Im Grunde genommen verabscheuen Sie jegliche Art von Autorität so sehr, daß Sie in Ihrem eigenen Leben keine Autorität ausüben können. Und das schadet Ihnen sehr. Aber dadurch werden einige sehr alte Gefühle unterdrückt, die Sie, im Grunde genommen, nie aufgearbeitet haben. Und nun ist das, was Sie nie richtig erkannt und angenommen haben, Ihnen wichtiger geworden als das Geldverdienen. In Ihrem Kopf wissen Sie, daß das Richtige Ihnen helfen würde, aber in Ihrem Herzen sitzt noch immer soviel Haß auf jede Art von Autorität, daß Ihr Herz über Ihre Wertmaßstäbe siegt."

Stan hatte keine Ahnung, wie er mit den widerstreitenden Gefühlen und Wünschen in seinem Innern umgehen sollte. Seit seiner Jugendzeit hatte er Schwierigkeiten im Umgang mit Autoritätspersonen gehabt. Äußerlich war er ein „guter" Junge, gab sich willig zu tun, was die Autoritätspersonen von ihm verlangten, weil er ihre Anerkennung haben wollte. Aber immer wieder enttäuschte er sie mit seinem Verhalten. Und mittlerweile glaubte er tatsächlich, daß er seinem Vater und anderen Autoritätspersonen gefallen wollte. Die anderen negativen Gefühle in bezug auf Autoritätspersonen hatte er vollkommen verdrängt. So kam es, daß er nach außen willig erschien, doch innerlich entschlossen war, sich nicht kontrollieren zu lassen.

„Ein guter Baum kann nicht schlechte Früchte bringen, und ein fauler Baum kann nicht gute Früchte bringen" (Mt 7,18). So sehr sich der faule Baum auch bemüht, gute Früchte zu bringen, er schafft es nicht. Das kann Christen passieren, die versuchen, gute Frucht zu bringen, sich aber den negativen Botschaften in ihrem Inneren nicht gestellt haben. Jesus hat uns eine bessere Antwort gegeben als die, „gute Entscheidungen zu treffen". Er hat uns zur *Veränderung des Herzens* aufgerufen: „Nehmt an, ein Baum ist gut, so wird auch seine Frucht gut sein; oder nehmt an, ein Baum ist faul, so wird auch seine Frucht faul sein. Denn an der Frucht erkennt man den Baum. ... Ein guter Mensch bringt Gutes hervor aus dem guten Schatz seines Herzens; und ein böser Mensch bringt Böses hervor aus seinem bösen Schatz" (Mt 12,33.35).

Der Charakter, das Herz eines Menschen diktiert, was wir schließlich auch tun. Wenn mit unserem Herzen etwas nicht stimmt, können wir uns noch so sehr bemühen, die richtigen Entscheidungen zu treffen, wir werden keine gute Frucht bringen. Wir müssen die Dinge aufarbeiten, die in unserem Innern sind und unsere Entscheidungen beeinflussen.

Stan mußte sich seiner im Widerstreit miteinander liegenden Motive annehmen. Er mußte sich seinen Haß auf seinen Vater und andere Autoritätspersonen eingestehen. Er mußte ihnen vergeben, sich seiner Rebellion stellen, Vergebung, Fürsorge und Bestätigung bei anderen Christen suchen, um so die Leere in seinem Innern auszufüllen. Er mußte sich seiner Trauer um das stellen, was er von seinem Vater immer erwartet, aber nie bekommen hatte. Und er mußte sich seiner Angst stellen, aus der Reihe zu tanzen und etwas Neues zu versuchen. Zauderern kann niemals ein Fehler nachgewiesen werden. Stan mußte das Risiko eingehen, daß er gelegentlich auch versagte – ein schmerzlicher Prozeß, bei dem er seinen Stolz begraben mußte.

Wie können wir denn nun weiterkommen?

Wie können wir denn nun geistlich weiterkommen, wenn der richtige Weg nicht der ist, die richtigen Entscheidungen zu treffen?

Erstens müssen Sie erkennen, daß eine Entscheidung für geistliches Wachstum zwar notwendig, aber nicht ausreichend ist. Geistliches Wachstum ist immer eine Kombination aus der Entscheidung für das Gute, der Hilfe und der Kraft, es zu tun, und der Auseinandersetzung mit dem Schlechten.

Genauso wichtig wie unsere Entscheidung ist es, daß wir uns Gott unterordnen, bei seiner Gemeinde Hilfe und Unterstützung suchen und Gottes Wort und seine Wahrheit in uns aufnehmen. Durch Beziehungen zu den Gemeindegliedern werden wir in den Leib Christi hineingeschmiedet. Wir müssen auch die negativen Aspekte unseres Herzens bekennen. Wir müssen lernen, uns auf den Geist Gottes zu verlassen, damit er uns zeigt, was unser geistliches Wachstum behindert. Wir müssen die Wurzeln des Baumes ausgraben, um zu entfernen, was ihn im Wachstum behindert. Und dann müssen wir praktisch anwenden, was wir gelernt haben (Heb 5,14).

Die Bibel ruft auf zu einem schmerzlichen Eingriff. Immer

wieder gute Vorsätze zu fassen, ist viel leichter, als sich dem Messer auszusetzen, das in unsere innersten Motive und Gefühle hineinschneidet und sie freilegt. Wenn wir uns vormachen, beim nächsten Mal würden wir es bestimmt besser machen, verzögern wir nur den Schmerz der tatsächlichen Umgestaltung. Wenn die Veränderung nicht im Innern geschieht, gibt es gar keine Veränderung. Der Charakter kann nicht durch einen magischen Akt des Willens umgestaltet werden.

Schlechtes heraus, Gutes hinein

Geistliches Wachstum bedeutet, sowohl das Gute zu kultivieren als auch das Schlechte auszureißen. Um die richtigen Entscheidungen treffen zu können, tun die meisten von uns das eine oder das andere – sie pflegen entweder das Gute, oder sie reißen das Schlechte heraus. Wir neigen dazu, nur auf einer Seite zu arbeiten.

Die Bibel lehrt genau das Gegenteil. Dort heißt es, daß wir uns beider Seiten des Problems annehmen müssen. Erst dann werden wir in der Lage sein, gute Entscheidungen auch durchzuhalten. Wir müssen die guten Dinge, die wir brauchen, hinzufügen, aber auch die schlechten Dinge aufdecken und uns von ihnen abwenden.

Menschen, die zum Beispiel Gewichtsprobleme haben und deshalb einfach aufhören zu essen, werden versagen, weil sie sich nur mit einer Seite beschäftigen. Ohne Nahrung empfinden sie die Isolation, die ihr Verlangen nach Nahrung anfacht, nur noch mehr. Sie versuchen, „Nein" zu sagen zu dem Schlechten (übermäßiges Essen), ohne es mit etwas Gutem (intensive Beziehungen, die der Isolation ein Ende setzen würden) zu ersetzen.

Wenn die Menschen „Nein" sagen zu Drogen, empfinden sie den Schmerz sehr deutlich, den sie mit den Drogen betäuben wollten. Hören sie mit ihren sexuellen Ausschweifungen einfach auf, werden sie deprimiert, weil sie sich ihrer inneren Leere und dem Schmerz stellen müssen, der sie zu ihren Ausschweifungen getrieben hat. Wenn sie nur die richtige Entscheidung treffen – das heißt also, mit dem falschen Verhalten aufzuhören –, lassen sie sich selbst im Elend sitzen. Sie sind unfähig, an dieser Entscheidung festzuhalten, weil die Motivation zum falschen Handeln noch immer da ist. Das Bedürfnis nährt die Lust.

Die Bibel bestätigt, daß wir leiden werden, wenn wir mit unserem sündigen Verhalten aufhören. Der Apostel Petrus schreibt: „Weil Christus für uns gelitten und viele Schmerzen ertragen hat, sollt auch ihr bereit sein, Leiden auf euch zu nehmen. Wer körperlich leidet, über den verliert die Sünde ihre Macht" (1 Petr 4,1). Wir müssen uns darauf vorbereiten, daß wir leiden werden, wenn wir mit dem schlechten Verhalten aufhören. Doch Gott läßt uns nicht dort stehen. Er möchte, daß wir die Bedürfnisse erfüllen, die die Ursache für unsere Gelüste sind. Er möchte nicht, daß wir eines aufgeben, ohne es durch etwas anderes zu ersetzen.

Sally begann immer wieder destruktive Beziehungen zu Männern. Sie traf schlechte Entscheidungen in bezug auf Liebesbeziehungen. Jedesmal riet ihre Freundin ihr, ihren gegenwärtigen Freund zu verlassen; gewöhnlich war Sally mit ihr einer Meinung, daß es das Richtige wäre.

Doch wenn es darauf ankam, konnte sie diese Entscheidung nicht treffen. Nach einem Bruch fühlte sie sich immer so schrecklich einsam, daß sie es nicht aushalten konnte. Die Depressionen überrollten ihren Willen. Ihr „Akt des Willens" funktionierte nicht. Und schon bald befand sie sich wieder in einer ähnlich verletzenden Situation.

Sally ist ein Beispiel für destruktive Verhaltensmuster, sei es nun im Bereich der Beziehungen, Eßgewohnheiten oder Drogen. Sie versuchte, „Nein" zu sagen zu dem Schlechten, doch sie nahm sich nicht der Wurzeln an. Sie mußte nicht nur „Nein" sagen zu den Symptomen, sie mußte sich auch darüber klarwerden, was ihr fehlte. Sie bekam nicht die Liebe, die sie brauchte, und deswegen würde sich das destruktive Verhaltensmuster immer wiederholen, bis sie zum wahren Kern ihrer Wünsche vorgedrungen war.

In Sallys Seele gab es viele leere Stellen – eine gefährliche Situation, wie Jesus seinen Zuhörern sagt, als er ihnen die Geschichte des Mannes erzählte, der zwar das Böse in sich (den Dämon) beseitigte, jedoch sein Haus dann nicht gefegt und mit guten Dingen angefüllt hatte. Als der Dämon zurückkehrte, war das Haus noch immer nicht besetzt. Der Dämon fand einige Freunde und zog mit ihnen ein, und alles war schlimmer als zuvor (Mt 12,43-45).

In Sallys Innerem war keine Liebe und Wahrheit, und die Bibel sagt, daß wir das brauchen, um überleben zu können.

Um dieses Muster durchbrechen zu können, mußte Sally an ihrem Inneren arbeiten: Sie mußte den Schmerz der Vergangenheit durchleben, den sie mit diesen Beziehungen zu umgehen versuchte, und ihr Inneres mit etwas Gutem füllen. Sie brauchte Gottes Wahrheit und die liebevolle Verbindung zu anderen Menschen.

Endlich übernahm sie die Verantwortung für ihr Leben, suchte einen Therapeuten auf und schloß sich einer Selbsthilfegruppe an. Sie begann, die Fürsorge anderer Menschen zu empfinden, die auch schon vorher da gewesen war, von Sally aber nicht wahrgenommen wurde. Indem sie ihr Inneres mit Gutem anfüllte, konnte sie „Nein" sagen zu dem Schlechten. Und dieses Mal war sie auch in der Lage, durchzuhalten. Mangelnde innere Stärke ist der Grund dafür, daß Abhängige (auch zum Beispiel Drogen- und Alkoholabhängige) nur durch eine Selbsthilfegruppe Befreiung von der Sucht erfahren.

Richtige Absichten und reine Absichten

Eine *richtige* Absicht ist die Entscheidung, das Richtige zu tun. Wir entscheiden uns dafür, uns angemessen zu verhalten, damit wir Gott gefallen, und lassen häufig außer acht, ob wir das auch tun *wollen*. Wir tun es einfach. Viele evangelikale Christen gründen ihre Theologie auf dem altmodischen Denken, wir bräuchten nur zu wollen. Der Schlüssel zu geistlichem Wachstum und Erfolg, behaupten sie, sei es, den moralischen Code zu kennen und ihm zu folgen.

Wir haben uns bereits mit Menschen beschäftigt, die die richtigen Absichten hatten, die beschlossen hatten, das Richtige zu tun, jedoch nicht mit dem Herzen dabei waren. Sie können sich entscheiden, Liebe zu üben, und doch nicht gewinnen (1 Kor 13,3).

Eine *reine* Absicht ist, daß wir auch *wollen,* was wir wählen. Im biblischen Sinne bedeutet dies, *wirklich zu wollen.* Die Wörter, die häufig mit „wollen" übersetzt werden, bedeuten oft „wünschen". Aus diesem Grund ist es unbiblisch, wenn wir Entscheidungen als einen Akt des Willens treffen und nicht von ganzem Herzen *wünschen,* das zu tun, was Gott von uns möchte. Wir sollen dasselbe ersehen, was Gott sich ersehnt.

Aber das können wir nicht, wenn unser Herz nicht verändert wurde. Wir müssen die tiefen Motive unseres Herzens – Gier, Neid, Verärgerung, Haß, Rachsucht – zu Gott bringen, damit er sie umgestaltet. Im Konflikt miteinander stehende Motive sabotieren unser Leben und bringen schlechte Frucht hervor. Doch wenn wir mit Gott zusammenarbeiten, stellen wir langsam fest, daß unser Inneres beginnt zu wollen und zu ersehnen, was Gott möchte. Und dann ist die „richtige Entscheidung" nicht länger ein Konflikt zwischen dem, was wir wollen, und dem, von dem wir uns selbst einreden, daß wir es wollen müssen. Wir nehmen uns nicht nur vor, liebevoll mit anderen umzugehen, sondern wir wollen es.

Geistliches Wachstum führt zu den richtigen Entscheidungen

Zu Beginn des Kapitels haben wir bereits gehört, daß richtige Entscheidungen häufig als die *Ursache* für geistliches Wachstum angesehen werden. Doch wir haben gesehen, daß die Fähigkeit, richtige Entscheidungen zu treffen, eine *Folge* geistlichen Wachstums ist. Die Fähigkeit, richtige Entscheidungen zu treffen, ist eine Frucht des Geistes (Gal 5,22).

Wenn unsere Theologie uns sagt, daß wir die richtigen Entscheidungen treffen können, wissen wir, daß wir stolz sind. Wir sind nicht in der Lage, uns selbst zu retten, hat Jesus gesagt (Mt 5,3). Er hat uns aufgefordert, zu der Tatsache zu stehen, daß wir „arm im Geiste" sind – was bedeutet, daß wir nicht in der Lage sind zu tun, was richtig ist. Das ist Demut. Damit erkennen wir die Tatsache an, daß wir uns nicht selbst retten (Mt 16,25) oder uns durch einen Akt des Willens oder durch unser eigenes Bemühen vollkommen machen können (Gal 3,3). Gott muß uns umgestalten.

Da wir die Entscheidungen, die wir treffen möchten, nicht treffen können, was können wir denn tun? Wir können:

▷ unsere Sünden bekennen
▷ die Vorstellung aufgeben, daß wir uns selbst retten können
▷ unsere Unfähigkeit Gott bringen
▷ um Hilfe bitten bei der Suche nach unseren Fehlern
▷ bereuen
▷ eine Aufstellung unserer Bedürfnisse machen und uns damit an andere wenden
▷ wiedergutmachen
▷ vergeben
▷ unsere Talente einsetzen
▷ Gott suchen
▷ einander lieben

Alle diese Vorsätze können nicht in die Tat umgesetzt werden, wenn wir nicht demütig sind und uns unsere eigene Schwäche eingestehen. Hier geht es nicht darum, gut zu sein, sondern die Probleme aufzuarbeiten. Diese Entscheidungen werden mit Erfolg gekrönt sein, während der Versuch, gut zu sein, kläglich scheitern wird. Diese Entscheidungen basieren auf unserer Fehlerhaftigkeit und Unzulänglichkeit, nicht auf unserem „Gutsein" und unserer Fähigkeit, Entscheidungen zu treffen, die Gott gefallen. Diese Entscheidungen werden geistliches Wachstum zur Folge haben, woraus die Frucht der Selbstkontrolle und die Fähigkeit entstehen werden, die richtigen Entscheidungen zu treffen.

Geben Sie darum Ihre Unfähigkeit an Gott ab, anstatt sich zu bemühen, die richtigen Entscheidungen zu treffen, und bitten Sie Gott, den Prozeß des geistlichen Wachstums in Ihnen in Gang zu setzen.

Irrglaube Nr. 11:

Gute Taten sind wichtiger als die Motive dahinter

Das war ganz und gar keine glückliche Familie, die mir in meinem Büro gegenübersaß. Gerry und Beth Andrews, ein Ehepaar Anfang 40, saßen auf der Couch und wirkten ein wenig verwirrt. Ihnen gegenüber saß mit vor der Brust verschränkten Armen und gesenktem Kopf ihr 16jähriger Sohn Dave.

In den vergangenen Monaten hatte Dave immer wieder Probleme in der Schule gehabt – er hatte den Unterricht geschwänzt, und wenn er anwesend war, hatte er sich aufsässig verhalten. Er war in schlechte Gesellschaft geraten. Als Folge davon hatten sich seine Noten rapide verschlechtert. Die Lehrer hatten den Eltern dringend geraten, professionelle Hilfe zu suchen.

Ich fragte Dave, wo eigentlich das Problem liege. Er starrte mich nur schweigend an und antwortete nicht. Ich wandte mich an seine Eltern.

„Alles begann, als Dave sich mit diesem MacArthur-Jungen in unserer Straße einließ", erklärte sein Vater. „Er hat jede Menge ... Sie wissen schon, Probleme. Bisher war unser Dave ein fröhlicher, verantwortungsbewußter und sehr liebevoller junger Mann, wie man ihn nur selten trifft."

„Dave, was meinst du dazu?" fragte ich. Wieder eisiges Schweigen. Ich sprach alle drei an. „Die Wahl der Freunde kann ein Teil des Problems sein, aber in der Regel trägt die Situation zu Hause zum Verhalten eines Teenagers bei. Wie ist das Verhältnis zwischen Ihnen?"

Mrs. Andrews ergriff das Wort. „Wunderbar. Wir haben uns immer sehr nahe gestanden. In unserer Familie hat es nie viele Konflikte gegeben, Gott sei Dank!"

„Das ist nicht unbedingt ein gutes Zeichen", widersprach ich. „Menschen haben zu vielen Dingen unterschiedliche Ansichten, und das ist vermutlich auch gut so."

Auf einmal horchte Dave auf. „Fragen Sie sie nach dem Terminplan."

„Welchem Terminplan?" erkundigte ich mich.

„Dem am Kühlschrank. Das ist es, was mit ihnen nicht stimmt. Der Terminplan."

Sein Vater beugte sich vor. „Dave meint unseren Familienwochenplan. Wir notieren alle unsere Aktivitäten darauf. Die meisten Familien haben so etwas."

„Was stimmt denn mit dem Terminplan am Kühlschrank nicht?" fragte ich Dave.

„Alles", erwiderte Dave. „Gottesdienst am Sonntag und am Mittwoch. Ich mag unsere Gemeinde nicht. Abendessen mit den Thompsons an jedem Dienstag. Das sind alte Leute, und ich habe keinerlei Gemeinsamkeiten mit ihnen. An den Wochenenden Projekte mit Dad."

„Was gefällt dir daran nicht?"

„Es sind Dinge, die er einfach nur tut, um in Aktion zu bleiben – um beschäftigt zu sein. Er tut sie nicht aus Überzeugung."

„Das stimmt nicht", meldete sich Mr. Andrews zu Wort. „Der Terminplan hat immer so ausgesehen. Wir sind immer sehr aktiv gewesen, und alle diese Aktivitäten sind gut!"

„Ach, ja?" Dave starrte seinen Vater an. „Ich glaube, der Grund für diesen vollgeknallten Plan ist, daß du und Mom nicht viel miteinander redet. Ihr beschäftigt euch dauernd, damit ihr nicht miteinander zu reden braucht."

Es war still im Raum. Wenn man die ungeschminkte Wahrheit über eine Familie erfahren möchte, sollte man immer das „schwarze Schaf" fragen, das nichts zu verlieren hat, wenn es ehrlich ist.

Tun Sie es einfach

Diese Begegnung ist ein Beispiel für die falsche These, die viele Menschen quält: *„Ich muß auf jeden Fall das Richtige tun, egal,* *aus welchen Motiven heraus"*. Oder, um es etwas geistlicher auszudrücken: Gehorsam ist der Schlüssel zu einem Leben als Christ.

Die Andrews taten das Richtige. Sie gingen in den Gottesdienst, pflegten den Umgang mit anderen Gemeindemitgliedern und unternahmen als Familie gemeinsame Aktivitäten, aber all das geschah tatsächlich aus den falschen Motiven heraus. Sie beschäftigten sich, um Konflikte zu vermeiden. Nach Ansicht der Andrews wollte Gott, daß sie ihm einfach um des Gehorsams willen gehorchten.

Verfechter dieser These führen Abschnitte wie die folgenden an, um ihre Ansicht zu untermauern:

„Entscheidend ist nämlich nicht, ob man Gottes Gebote kennt. Nur wenn man auch danach handelt, wird man von Gott angenommen" (Röm 2,13).

„Nun genügt es aber nicht, sein Wort nur anzuhören; ihr müßt auch danach handeln. Alles andere ist Selbstbetrug" (Jak 1,22).

Gott wird hier gesehen als der Vater oder die Mutter, die sich über ständige Nachfragen eines Kindes ärgern und ungeduldig sagen: „Frag nicht lange, tu es einfach!" Dies würde bedeuten, daß Gott unser *Handeln* weit mehr interessiert als unsere *Motive* und unserer innerer geistlicher Zustand.

Die Verfechter dieser Philosophie neigen dazu, Sätze wie die folgenden zu äußern:

▷ Scheue keine Mühe, wenn dich jemand um Hilfe bittet.
▷ Halte die andere Wange hin, wenn du von einem Menschen verletzt wirst.
▷ Lies regelmäßig in der Bibel.
▷ Sage Gott jederzeit Dank für seine Fürsorge.
▷ Gehorche der Autorität in allem, ohne nachzufragen.
▷ Hör als Akt des Gehorsams auf, schwerwiegende Sünden zu begehen.

Ein solches Konzept besagt, daß wir Akte des Gehorsams tun, weil sie richtig sind, und daß Gott unser Bemühen segnen wird, egal, aus welchen Motiven wir gehandelt haben. Wenn Sie innerlich wissen, daß Sie nur gehorchen, weil Sie Angst haben, verlassen zu werden oder vor anderen schlecht dazustehen, so ist das nach dieser Einstellung nicht wichtig. Es ist nicht wichtig, ob Sie Verärgerung oder Schuld empfinden. Nur Ihre Handlungsweise zählt.

Was ist daran so falsch?

Wie gewöhnlich haben Christen diesen Trugschluß schon in sehr rosigen Farben gezeichnet. Es wirkt ja auch so vernünftig und demütig. Die oben genannte Liste enthält so gute und wichtige Dinge, die Christen tun sollten. Stimmt es nicht, daß wir Täter und nicht nur Hörer der Gebote Gottes sein sollen? Daß unser Verhalten den Zustand unseres geistlichen Lebens widerspiegelt?

Außerdem kennen wir ja alle Menschen, die ihr sündiges Verhalten erklären können:

▷ „Jemand hat mich dazu angestiftet."
▷ „Ich bin ein Opfer der Umstände."
▷ „Mit einer Vergangenheit wie meiner war das unausweichlich."
▷ „Ich konnte nicht anders."
▷ „Der Teufel hat mich dazu gebracht."
▷ „Du würdest nicht glauben, wieviel Verkehr geherrscht hat."

Einige Menschen drücken sich vor der Verantwortung und versuchen immer, anderen den „Schwarzen Peter" hinzuschieben.

Aber die Bibel läßt sie damit nicht durchkommen, denn im Wort Gottes wird großer Wert auf die persönliche Verantwortlichkeit gelegt. Gottes Kinder halten ihren Eid, auch wenn es ihnen schwerfällt (Ps 15,4).

Doch Gott gefällt blinder Gehorsam genauso wenig, wie er lahme Entschuldigungen mag. Bevor wir uns die Gründe hierfür ansehen, wollen wir uns damit beschäftigen, wie die Bibel Gehorsam definiert.

Gehorsam: Leih mir dein Ohr

Sowohl im Alten als auch im Neuen Testament bedeuten die Wörter, die mit „gehorchen" übersetzt werden, „hören, Aufmerksamkeit schenken". Das hebräische Wort *shemá* wird im Alten Testament mehr als 800mal mit „hören" übersetzt; das griechische Wort *akouo* (vgl. „akustisch") wird im Neuen Testament etwa 400mal mit „hören" übersetzt. Die Bibel zeichnet ein Bild der Menschen, die der Bitte oder der Anordnung eines anderen zuhören und dann reagieren.

Ein Ehepaar brachte seine dreijährige Tochter zu mir, weil sie einfach nicht gehorchte. Nur selten tat sie, was die Eltern ihr sagten, häufig ignorierte sie es vollkommen. Irgend etwas schien nicht in Ordnung zu sein, darum ordnete ich eine medizinische Untersuchung des Mädchens an. Es stellte sich heraus, daß sie Hörprobleme hatte. Sie war nicht bewußt ungehorsam – sie wußte einfach nicht, daß sie angesprochen worden war, oder verstand nicht, was gesagt wurde.

Die biblische Vorstellung ist folgende: Wenn wir hören, reagieren wir. In der hebräischen Sprache wird kaum unterschieden zwischen „hören" und „reagieren", sie gehen Hand in Hand. Die Israeliten sagten Mose zum Beispiel: „Alles, was der Herr gesagt hat, wollen wir tun und darauf *shemá*" (Ex 24,7).

Aber als sie nicht alles taten, was Gott gesagt hatte, verkündete Jesaja: „Und sie wollten nicht auf seinen Wegen wandeln, und sie *shemá* seinen Weisungen nicht" (Jes 42,24).

Bei den Juden des Alten Testaments galt: „Wenn du richtig gehört hast, reagierst du auch richtig." Die klassische Passage aus dem Alten Testament zum Hören auf Gott ist das, was die Juden „das große *Shemá*" nennen:

„Höre *(shemá),* Israel, der Herr ist unser Gott, der Herr allein. Und du sollst den Herrn, deinen Gott, liebhaben von ganzem Herzen, von ganzer Seele und mit all deiner Kraft. Und diese Worte, die ich dir heute gebiete, sollst du zu Herzen nehmen und sollst sie deinen Kindern einschärfen und davon reden, wenn du in deinem Hause sitzt oder unterwegs bist, wenn du dich niederlegst oder aufstehst. Und du sollst sie binden zum Zeichen auf deine Hand, und sie sollen dir ein Merkzeichen zwischen deinen

Augen sein, und du sollst sie schreiben auf die Pfosten deines Hauses und an die Tore" (Deut 6,4-8).

Jeder Jude kannte das *Shemá;* fromme Juden sagen es noch heute täglich auf. Als Jesus gefragt wurde, welches das größte Gebot sei, zitierte er einen Teil dieses Abschnitts – dann wiederholte er Levitikus 19,18 und fügte das zweite große Gebot an: „Liebe deinen Nächsten wie dich selbst" (Mt 22,39). Das ganze Gesetz und die Propheten können in diesen beiden Geboten zusammengefaßt werden, sagt Jesus. Wenn wir auf diese Prinzipien hören, werden wir die liebevollen Menschen, die Gott sich wünscht.

Nicht nur wir hören auf Gott, er hörte auch auf uns. David rief zu Gott: „*Shemá* mich, wenn ich rufe, Gott meiner Gerechtigkeit" (Ps 4,1). „Wenn die Gerechten schreien, so *shemá* der Herr und errettet sie aus aller ihrer Not" (Ps 34,18). Stellen wir uns vor, wie Gott sich zu uns niederbeugt, unsere Hilferufe hört und uns dann hilft. *Shemá* ist eine zweispurige Straße.

An keiner Stelle in der Bibel finden wir die Vorstellung des Hörens ohne das Handeln – zumindest nicht bis zu der Stelle, wo Jesus sagt: „Darum, wer meine Rede hört *(akouo)* und tut sie, der gleicht einem klugen Mann, der sein Haus auf Fels baute" (Mt 7,24). Im Neuen Testament bedeutet das Hören auf Gott nicht gleichzeitig, daß der Mensch auch *tut,* was er gehört hat.

Sie erinnern sich vielleicht an Rhode, das Mädchen, das Petrus die Tür vor der Nase zuschlug, als er unerwartet auftauchte, nachdem Gott ihn auf wundersame Weise aus dem Gefängnis befreit hatte (Apg 12,13). Sie *hörte,* aber vergaß zu reagieren, um Petrus hereinzulassen.

Gehorsam hat immer einen Zweck

Das ist der Punkt: Das Wort „Gehorsam" beschreibt eine Beziehung zwischen Gott und uns. Wir hören, was er von uns möchte, und reagieren dann. Ähnlich wie ein Kind auf die Stimme seiner Eltern hört, hören wir auf ihn und tun das Richtige.

Warum sollen wir gehorchen? Die Bibel gibt nicht die Standardantwort „Weil wir es eben sollten", sondern dringt tiefer zum Kern unserer Persönlichkeit vor. *Gehorsam ist ein Gefüge, das uns helfen soll, reif zu werden, nicht ein Selbstzweck.* Gehorsam um des bloßen Gehorsams willen ist nicht biblisch. Den Geboten Gottes zu folgen, hat immer einen Zweck.

Gute Eltern zum Beispiel haben ein Ziel für ihre Kinder: reif werden und Unabhängigkeit. Ihre Kinder sollen lernen, auf eigenen Füßen zu stehen und mit ihrem Leben umzugehen. So gibt uns auch Gott Richtlinien, die uns helfen sollen, reif und erwachsen zu werden.

Hören Sie, was im fünften Buch Mose steht: „Sondern wandelt in allen Wegen, die euch der Herr, euer Gott, geboten hat, *damit ihr leben könnt und es euch wohlgeht und ihr lange lebt"* (5,33). „Und der Herr hat uns geboten, nach all diesen Rechten zu tun, daß wir den Herrn, unsern Gott, fürchten, *auf daß es uns wohlgehe unser Leben lang, so wie es heute ist"* (6,24). „Daß du die Gebote des Herrn hältst und seine Rechte, die ich dir heute gebiete, *auf daß es dir wohlgehe"* (10,13; Hervorhebung des Autors).

Gott möchte, daß wir das Richtige tun, damit wir erwachsen werden und es uns gut dabei geht. Gute Eltern lehren ihre Kinder, über ihre Gefühle zu sprechen, damit sie später als Erwachsene mit ihrem Partner und ihren Freunden tiefe Gespräche führen können. Sie tragen ihnen auf, den Müll hinauszubringen, damit sie später Verantwortung übernehmen können. Sie lehren sie, angemessene Grenzen zu setzen, damit sie sich später vor Bösem schützen können (Mt 25,7-9).

Ihnen ist vielleicht „Kadavergehorsam" um des Gehorsams willen vermittelt worden. Man hat Ihnen in Ihrer Kindheit vielleicht den Eindruck vermittelt, auch Gott fordere Ihren Gehorsam, weil er Sie kontrollieren will. Das ist ganz und gar nicht Gottes Art. Seine Richtlinien helfen uns, ihn kennenzulernen, damit wir uns mehr und mehr in sein Bild verändern können. „Ich will dich unterweisen und dir den Weg zeigen, den du gehen sollst; ich will dich mit meinen Augen leiten" (Ps 32,8).

Die Ebenen des Gehorsams

Der Bezug zum Gehorsam verändert sich mit zunehmender Reife. Unsere Beziehung zu Gott und anderen Menschen erfordert immer weniger einen äußeren Rahmen, während sich unsere Charakterstruktur verändert.

Ein dreijähriges Kind zum Beispiel muß von jemandem ins Bett gebracht werden. Es erkennt noch nicht sein biologisches Schlafbedürfnis. Ein 15jähriger geht ins Bett, weil er (so hoffen wir wenigstens) nicht zu spät in die Schule kommen möchte. Geistliche Kinder brauchen Milch; geistliche Erwachsene können feste Nahrung zu sich nehmen (Heb 5,12-14).

Während wir reifer werden, bewegen wir uns von der Einhaltung bestimmter Gebote zu einer eigenverantwortlichen Lebensstruktur hin. Wir brauchen niemanden mehr, der uns bei jeder Entscheidung die Hand hält. Wir machen das Wort Gottes zu einem Teil von uns selbst: „Tief präge ich mir dein Wort ein, damit ich nicht vor dir schuldig werde" (Ps 119,11).

Warum Gehorsam um des Gehorsams willen unbiblisch ist

Die falsche These „Ich muß auf jeden Fall das Richtige tun, egal, aus welchen Motiven heraus" birgt verschiedene Probleme.

Diese falsche These ersetzt wirklichen Gehorsam durch Opfer.

Wenn jemand alles hatte, dann war es Jason – er war in seiner Gemeinde aktiv, hatte einen guten Job, eine tolle Frau und zwei Kinder, die er liebte, er trieb regelmäßig Sport und hatte gute Beziehungen zu seinen Freunden.

Doch eines Tages wurde er wie aus heiterem Himmel von Depressionen überfallen, die so stark waren, daß er Mühe hatte, morgens überhaupt aufzustehen. Er konnte das nicht verstehen, und darum kam er zu mir.

Wir sprachen eine Zeitlang über sein offensichtlich so sorgenfreies und problemloses Leben vor seinem Zusammenbruch. Allmählich fanden wir heraus, daß Jasons strukturierter Lebensstil, im Grunde genommen, nur eine Maßnahme war, eine lebenslange Depression zu verdecken. Er war in einer Familie aufgewachsen, in der Alkoholabhängigkeit herrschte und Mißbrauch betrieben wurde. Dort hatte er alle möglichen Arten von Chaos und Krisen erlebt.

Sein strukturiertes Handeln und sein Verantwortungsbewußtsein waren Jasons Rettung gewesen. Da niemand im Haus seine Kleider wusch, ihm Essen zubereitete und das Geld einteilte, lernte Jason, diese Aufgaben zu übernehmen. Im Alter von neun Jahren trug er die Verantwortung eines Erwachsenen.

Jason tat das Richtige, nicht weil er selbstlos und liebevoll war, sondern einfach, um zu überleben. Doch die Depressionen holten ihn ein.

Das soll nicht heißen, daß es ungesund ist, verantwortungsbewußt zu sein. Die *Gründe* sind das Problem. Jason hatte sich sein Leben lang beherrscht. Aus der nackten Angst heraus, innerlich zu zerbrechen, blieb er in Aktion und hielt alle Maschinerien am Laufen. Nicht die Liebe zu Christus trieb ihn zum Gehorsam, sondern Angst vor dem Abgrund. In Situationen wie dieser hat Jesus gesagt: „Geht aber hin und lernt, was das heißt: ‚Ich habe Wohlgefallen an Barmherzigkeit und nicht am Opfer'" (Mt 9,13). Unser aufopferndes, verantwortungsbewußtes Handeln ist sinnlos, wenn wir nicht die Gnade Gottes verstehen, wenn uns nicht bewußt ist, daß Gott uns liebt, so wie wir sind – und diese Liebe dann zurückgeben.

Ein wahrhaftig verantwortungsbewußter Lebensstil ist das Ergebnis dieser vorbehaltlosen Liebe, die uns, ungeachtet unserer Unvollkommenheit, unserer Wunden und unserer Schwächen, zuteil wird.

Manche Menschen führen ein höchst funktionales Leben, nicht so sehr, um sich vor Depressionen zu schützen, sondern um sich davor zu schützen, von anderen beschämt zu werden. Ich kannte eine Frau, die ihr Gewicht hielt, indem sie sich mit kritischen Menschen umgab, die ihr Vorhaltungen machten, wenn sie zunahm. Als ihre Kritiker dann fortzogen, nahm sie in wenigen Monaten siebzig Pfund zu. Die beschämende Kontrolle von außen hatte das Problem nicht gelöst, sondern nur verzögert.

Wenn wir nur widerstrebend oder unter Zwang und nicht freiwillig das Richtige tun (2 Kor 9,6-7), leben wir in Furcht. Das kann die Angst vor einem Verlust sein, die Angst vor Schuld oder der Mißbilligung anderer. Aber niemand kann in einer

Atmosphäre der Angst wachsen oder aufblühen. Für die Liebe ist dort kein Platz, denn „die vollkommene Liebe treibt die Furcht aus" (1 Joh 4,18).

Diese falsche These ignoriert die Ganzheitlichkeit des Menschen

Wir entfernen uns nicht nur von der Liebe, wenn wir um des Gehorsams willen gehorsam sind, es entsteht auch ein Zwiespalt in unserem Inneren. Die Seele wird auseinandergerissen und verliert die Verbindung zu Gott. Wir wollen das eine und tun das andere: „... weil dies Volk sich mir naht mit seinem Munde und mit seinen Lippen mich ehrt, aber ihr Herz fern von mir ist" (Jes 29,13).

Wir sind als ein Ganzes mit Körper und Seele geschaffen, und so sollen wir miteinander und mit Gott in Verbindung treten. Wenn wir das tun, lieben wir Gott mit unserem Herzen, unserer Seele, unserem Verstand und unserer Kraft.

Haben Sie schon einmal mit einem Menschen zu Abend gegessen, der eigentlich nicht da sein wollte? Das Gespräch verlief vielleicht noch angenehm und sogar interessant, doch Sie haben gespürt, daß Ihr Gegenüber in Gedanken eigentlich ganz woanders war. Diese innere Zerrissenheit schafft eine Stimmung, die Intimität verhindert. Darum zieht Gott die Kälte einer solchen Halbherzigkeit vor. Ein kalter Mensch ist in Schwierigkeiten; aber weil er um seine Situation weiß, kann er gerettet werden. Der lauwarme Mensch jedoch ist nicht ehrlich mit sich selbst und kann von daher nicht von der Gnade Gottes erreicht werden, die ihn heilen könnte.

Die Lehre des „Gehorchens um des Gehorsams willen" fördert eine solche Zerrissenheit. Statt daß wir uns mit den Gründen beschäftigen, warum wir nicht tun, was wir tun sollten, um die Konflikte zu lösen, ignorieren wir das Problem vollkommen.

Diese falsche These unterdrückt Verantwortungsbewußtsein.

Eine Zeitlang war Karen bei mir in Behandlung, eine geschiedene Frau, die sich in den verschiedenen Gemeinden gerade nach einem neuen Mann umsah (ein umstrittenes Thema in christlichen Kreisen). Sie hatte eine Beziehung mit Bernie begonnen, obwohl er sie häufig versetzte – natürlich immer mit einer guten Erklärung.

Karen fragte mich, ob sie einmal zusammen kommen könnten. Doch zuerst wollte ich allein mit Bernie sprechen, um mir ein Bild von ihm zu machen.

Auf den ersten Blick war Bernie der netteste Mann, den man sich vorstellen konnte. Er sah hervorragend aus, war Mitte Dreißig, sehr aufmerksam und hilfsbereit und ein Klient, wie man sich ihn als Therapeut nur wünschen konnte. Ein bißchen zu viel des Guten, wie sich herausstellte. Bernie war ein „Ja-Sager", so eifrig darauf bedacht zu gefallen, daß er meinen Aussagen bereits zustimmte, bevor ich sie überhaupt zu Ende gebracht hatte. Als ich dies ihm gegenüber ansprach, gab er mir vollkommen recht.

„Können Sie mir helfen, Doc?" fragte er. „Ich tue alles, was Sie sagen, um daran zu arbeiten."

Bernie hatte eine Reihe von gescheiterten Beziehungen und beruflichen Mißerfolgen hinter sich. Mit 150prozentiger Begeisterung und Energie stürzte er sich in eine Sache – bis die ersten Konflikte auftauchten; dann stieg er aus. Und genau das passierte schließlich mit Karen. Eines Tages tauchte er einfach nicht mehr auf, und sie hörte nie wieder von ihm.

Bernie wollte alles richtig machen – zumindest nach außen hin. Ich zweifle nicht daran, daß es ihm ernst damit war. Er war jedoch so sehr damit beschäftigt, mir und anderen zu gefallen, daß er die Verantwortung für sein eigentliches Empfinden in bestimmten Situationen nicht übernahm.

Und das ist das zweite Problem bei der These „Tu es einfach": Die Menschen übernehmen nicht die Verantwortung für das eigene Handeln und Verhalten. Die betreffende Person ist so darauf fixiert, der gefürchteten Autorität zu gefallen – Gott, den Eltern, dem Vorgesetzten oder dem Partner –, daß sie nicht in der Lage ist, mit Gegensätzlichkeiten umzugehen.

Eines der Merkmale von Reife ist der Übergang von unbewußten zu bewußten Entscheidungen. Wir wenden uns von den automatischen, erlernten Angewohnheiten und der Reaktion auf von der Bibel bestimmten Entscheidungen ab. Bernie war noch immer überängstlich im Umgang mit anderen, so wie er es als Kind gelernt hatte. Er kam nicht los von dem Wunsch zu gefallen und war nicht in der Lage auszudrücken, was er tatsächlich zu bestimmten Situationen dachte und empfand. Sein Handeln (zum Beispiel nicht zu einer Verabredung zu kommen oder zeitweise vollkommen abzutauchen) zeigte seine eigentlichen Wertmaßstäbe.

Frag nicht nach dem Grund

Menschen, die die Last dieser krankmachenden These mit sich herumtragen, haben nicht die Freiheit, nach dem Grund zu fragen. Fragen zu stellen, ist als Rebellion, Trotz und Insubordination verpönt. Gehorsam sollte automatisch und ohne nachzufragen geübt werden.

Das Tabuisieren von Fragen unterbindet jedoch zum großen Teil die Entwicklung von Verantwortungsbewußtsein. Erwachsene Menschen wollen den Grund wissen, nicht um sich um den Gehorsam zu drücken, sondern um zu lernen und zu wachsen. Sie sehen gern das ganze Bild vor sich. Und obwohl nur Gott allein das ganze Bild kennt, gestattet er seinen Kindern, nach dem Grund zu fragen. Das Fragen nach dem Grund ermöglicht es uns, mit Gott zusammenzuarbeiten (Phil 2,12-13).

Erfolgreiche Manager wissen, daß ihre besten Leute die Mitarbeiter sind, die nachfragen. Sie geben sich nicht damit zufrieden, ihre Aufträge zu erledigen. Sie wollen wissen, warum sie etwas Bestimmtes tun sollen. Sie wissen, daß dies zum Besten des Vorgesetzten, der Firma und zu ihrem Besten ist.

In der Bibel ist das Wort „warum" mehr als 400mal zu finden. Gott selbst fragt: „Warum?". „Warum ergrimmst du?" fragte Gott Kain. „Und warum senkst du deinen Blick?" (Gen 4,6). Gott wollte Kain Einblick in seine Trauer ermöglichen – dies unterstützt wohl kaum den Begriff des Handelns ohne Nachfrage.

Auch Jesus antwortete auf viele Fragen, die ihm gestellt wurden. „Warum fasten wir und die Pharisäer so viel, und deine Jünger fasten nicht?" (Mt 9,14) „Warum konnten wir ihn (den Dämon) nicht austreiben?" (Mt 17,19) „Wozu diese Vergeudung?" (Mt 26,8; gemeint ist das teure Öl, mit dem die Frau in

Bethanien Jesus salbte). Er beantwortete diese und viele andere Fragen, da er wußte, daß Information Menschen hilft, mehr Verantwortung zu übernehmen.

Nehmen Sie sich vor Autoritätspersonen in acht, die sofortigen, blinden Gehorsam fordern. Sie tun nicht nur nicht das, was Gott will, sie haben anscheinend auch etwas zu verlieren (zum Beispiel die Kontrolle über Sie), wenn sie Ihre Fragen beantworten.

Diese falsche These leistet der Lüge Vorschub

Kennen Sie die Geschichte von dem kleinen Mädchen, das sich weigerte, der Anweisung seines Vaters, sich hinzusetzen, Folge zu leisten? Sein Vater konnte sich noch so bemühen, sie dazu zu überreden, sie weigerte sich. Frustriert packte sie der Vater schließlich und drückte sie auf den Sitz.

„Jetzt sitzt du", sagte der Vater.

„Ich sitze nur äußerlich", erwiderte das Kind. „Innerlich renne ich immer noch rum!"

Dieses Kind zeigte seine wahren Gefühle. Die Vertreter des blinden Gehorsams dagegen müssen in bezug auf ihre eigentlichen Gefühle lügen. Mit anderen Worten: Wir empfinden häufig Verärgerung, Widerstand oder Rebellion, wenn wir das Richtige tun sollen. Das gehört zu unserem Erbe, denn wir sind ja Adams und Evas Kinder. Und wenn wir äußerlich nachgeben müssen, wird unsere Rebellion aus dem Licht und der Öffentlichkeit ins Verborgene verdrängt, wo der Umgang damit sehr viel schwieriger ist.

In dem Gleichnis von dem Vater mit den zwei Söhnen war der zweite Sohn ein Lügner. Als sein Vater ihm sagte: „Mein Sohn, geh hin und arbeite heute im Weinberg", antwortete er: „Ja, Herr!" und ging nicht hin (Mt 21,28.30). Daraufhin sagte Jesus der Menge, daß die Zöllner und Huren eher ins Reich Gottes kämen als Menschen, die so seien wie dieser Sohn.

Warum gab Jesus zwei so ungeliebten Menschengruppen wie diesen den Vorzug? Weil sie ihre Schwächen und Bedürfnisse nicht versteckten. Was offenliegt, das kann geheilt werden. Was im Verborgenen liegt – auch wenn nach außen Bereitwilligkeit demonstriert wird – kann nicht geheilt werden, weil der Betreffende sich nicht dazu stellt.

Wie reagieren Sie, wenn Sie gebeten werden, das Richtige zu tun? Treffen Sie eine bewußte, durchdachte, freie Entscheidung? Oder lügen Sie in bezug auf das „Nein" in Ihnen und sagen „Ja"? Wenn Sie nicht „Nein" sagen können, können Sie auch nicht aufrichtig „Ja" zu Gott oder zu Menschen sagen.

*Diese falsche These leugnet die Tatsache,
daß wir gefallene Menschen sind*

Im Grunde genommen bedeutet „Tu es doch einfach" nichts anderes als: „Du kannst gehorchen" oder: „Der Grund, warum du nicht gehorchst, ist der, daß du nicht gehorchen *willst*."

Immer wieder hören wir von Predigern und Seelsorgern, daß wir als Christen alles schaffen können.

„Zu glauben, daß Christen nicht jedem Gebot der Bibel jederzeit gehorchen können", sagte mir ein Ältester der Gemeinde, „ist, als würde man das Wesen Gottes angreifen." Er war der Meinung, Gehorsam sei einfach nur eine Angelegenheit der Unterordnung und des Willens.

In der Bibel wird jedoch etwas ganz anderes gesagt. Dort finden diejenigen Hoffnung, die erkennen, daß sie kein vollkommenes Leben führen können. Wir lügen uns selbst an, wenn wir sagen, „wir haben keine Sünde" (1 Joh 1,8). Wir haben zu kämpfen, weil wir das tun, was wir nicht tun wollen (Röm 7,15).

Doch Gott hat viel Raum in seinem Herzen für diejenigen, die immer wieder versagen und Fehler machen. Er liebt Menschen, die zugeben, daß sie es eben nicht „einfach tun" können.

*Diese falsche These setzt die Kraft des Kreuzes
in unserem Leben herab*

In meinem ersten Schuljahr mußte meine Familie wegen eines Stellenwechsels meines Vaters umziehen. Wie es vielen Sechsjährigen passiert, die das Trauma eines Umzugs und Schulwechsels erleben müssen, hatte ich (John) Probleme mit dem Lesen.

Überflüssig zu sagen, daß meine Eltern sehr besorgt waren.

Meine Mutter hockte neben mir, während ich nach der Schule meine Hausaufgaben erledigte. Das half keinem von uns weiter. Da sie hinter mir stand und mir über die Schulter sah, war ich doppelt nervös, während ich vorlas. Wenn ich ein Wort ausließ, korrigierte sie mich sofort. Wochenlang ging das so, bis meine Mutter eines Tages mit ihrer Mutter sprach, die sechs Kinder großgezogen hatte.

Als ich am nächsten Tag aus der Schule kam, standen wie gewöhnlich Milch und Kekse für mich auf dem Tisch. Und wie gewöhnlich bat mich meine Mutter, ihr vorzulesen. Widerstrebend holte ich mein Buch hervor und begann.

Aber diesmal war etwas anders. Anstatt sich neben mich zu setzen und mitzulesen, blieb Mama am Spülbecken stehen, den Rücken mir zugewandt. Ich las eine Weile stockend und kämpfte mit den Wörtern. Mama sagte kein einziges Wort, bis ich sie um Hilfe bat und sie mir weiterhalf. Dann las ich weiter.

Es funktionierte. Nach kurzer Zeit entspannte ich mich und machte mir keine Gedanken mehr über die Fehler. Mit der Zeit machte mir die kleine Vorlesestunde sogar Spaß. Mir half enorm, daß meine Mutter nicht mehr angespannt neben mir saß.

Erst Jahre später erfuhr ich, daß sie die ganze Zeit, während ich las, schweigend am Spülbecken stand und die Tränen ihr die Wangen herunterliefen. Meine Schwierigkeiten setzten ihr schrecklich zu, und ihre mütterlichen Instinkte trieben sie, mir zu helfen. Doch sie blieb da und antwortete mit ruhiger Stimme, damit ich es nicht merkte. Und wissen Sie was? Ich bin ein begeisterter Bücherwurm geworden.

„Tu es einfach" funktionierte bei mir nicht. Es war eine Forderung, die ich nicht erfüllen konnte. Ich hatte keinen sicheren Ort, wo ich an meinen Defiziten arbeiten konnte. Was mir schließlich half, war der Freiraum, den meine Mutter mir gab, ohne übergroße Sorge, Verurteilung oder Vorwürfe – aber mit viel Keksen und Milch.

Das Sicherheitsnetz der Gnade

Das vielleicht größte Problem bei dem Ansatz „Tu es einfach" ist, daß er wenig Raum läßt für das Geschenk der Gnade. Reife ist der Kreislauf des Versuchens und Versagens auf unserem Weg zu Wachstum. Dieser Kreislauf sieht etwa folgendermaßen aus:

▷ Sie versuchen es.
▷ Sie versagen.
▷ Sie erfahren Gnade und Vergebung.
▷ Sie leiden unter den Konsequenzen.
▷ Sie lernen aus den Konsequenzen.
▷ Sie versuchen es.
▷ Sie machen es ein wenig besser.
▷ Sie versagen.

Und so weiter. Wir lernen durch Übung, heißt es in Hebräer 5,14. Wenn wir wissen, daß wir wegen unseres Versagens nicht verurteilt werden, können wir größere Fortschritte machen. Wir gehen größere Risiken ein. Das Leben unter der Fessel des blinden Gehorsams verurteilt uns dazu, Angst vor Fehlern zu haben, und so können wir aus ihnen auch nicht lernen. Die Gnade dagegen schützt und befreit uns, weil wir die Freiheit haben, es immer wieder zu versuchen – und immer wieder zu versagen, ohne daß uns Liebesentzug droht.

Wann haben Sie das letzte Mal den Kampf gegen zwanghaftes Verhalten verloren? Haben Sie versucht, mit Disziplin, Schuldgefühlen oder Selbstvorwürfen dagegen anzugehen?

Es gibt einen besseren Weg. Wenn wir uns gestatten, unsere inneren Motive und Konflikte aufzuarbeiten, bekommen wir die Freiheit, selbständig zu sein, die Verantwortung für unser Verhalten zu übernehmen und wirklich frei zu werden.

Irrglaube Nr. 12:

Wenn ich die Wahrheit kenne, handle ich auch danach

Joyce war am Ende ihrer Therapie angekommen. Es war eine schwierige Reise gewesen. Als Joyce mit der Therapie begann, hatte sie 150 Pfund Übergewicht. Nach viel harter Arbeit hatte sie ihr Normalgewicht wieder erreicht.

Ihr Gewichtsproblem war natürlich nur ein Symptom für tiefere Probleme gewesen. In der Therapie mußte sie sich einigen sehr schmerzlichen Erkenntnissen in bezug auf ihr Leben stellen und an ihren Beziehungen arbeiten, was sicherlich nicht leicht war.

Die harte Arbeit hatte begonnen, als sie erkannte, wie sehr ihre Eltern sie als Kind beherrscht hatten. Sie hatte eine schon übertriebene Ehrfurcht von ihren Eltern, beugte sich immer ihren Wünschen, war unfähig, sich gegen sie aufzulehnen und ihr Leben selbst in die Hand zu nehmen. Kurz gesagt, sie hatte kaum Kontrolle über ihre Entscheidungen und Meinungen.

Dieses Muster hatte sich auf ihre Beziehungen als Erwachsene übertragen. Ihre Schwestern und Freunde bestimmten ihr Leben, und sie lächelte bei jedem Schritt – die gefügige Dienerin, die froh ist zu tun, was andere von ihr erwarten. Doch allmählich entstand in ihr ein tiefer Groll auf die Menschen, die sie anscheinend liebte und denen sie so „freudig" diente.

Sie erkannte nicht nur ihre Beziehungsprobleme, Joyce erinnerte sich im Verlauf der Therapie auch an den sexuellen Mißbrauch, den sie erdulden mußte, als sie acht Jahre alt war.

Die Depressionen und der Schmerz, den sie nun als Erwachsene durchlebte, drohten sie zuerst zu überwältigen. Sie durchlitt eine Phase der Angst und sogar der Panik, weil sie befürchtete, die Menschen könnten die beschämende Wahrheit erkennen.

Aber Joyce hielt durch, arbeitete treu an dem, was Gott ihr als nächstes zeigte. Sie setzte ihren Eltern Grenzen – gab ihnen ein festes „Nein", wenn sie etwas von ihr wollten, das zu geben sie nicht bereit war, und sie stellte sich dem unweigerlich folgenden Konflikt. (Dies war der schwierigste Teil ihrer Therapie.) Ihre Eltern fragten sich, was mit ihrer sonst so gefügigen Tochter passiert war. Warum die plötzliche Selbstsucht? Sie überhäuften sie mit Vorwürfen, doch Joyce blieb fest.

Sie begann, sich anderen zu öffnen, und erzählte von dem Schmerz des sexuellen Mißbrauchs. Sie gestattete anderen, für sie da zu sein und sie zu trösten. Im Laufe der Zeit lernte sie, sich auf die Menschen zu verlassen, wie sie es sich nie hätte vorstellen können. Durch diese Erkenntnisse wurde die innere Leere, die sie zum Essen gedrängt hatte (eines der Symptome ihres Verletztseins), allmählich durch Liebe ersetzt.

Als sie mit der Therapie bei mir begann, hatte Joyce alle zwölf falschen Thesen dieses Buches verinnerlicht. Doch ihre Heilung war auf ganz andere Art vonstatten gegangen, als diese Thesen vorhergesagt hatten. Eines Tages, gegen Ende ihrer Behandlung, fragte ich Joyce, wie sie ihren Gewichtsverlust erklärte, ein sehr sichtbares Zeichen für ihre fortschreitende Gesundung.

„Ich habe immer gedacht, daß gründliches Bibelstudium und die Beschäftigung mit Gottes Wort allein mich verändern und meine Probleme lösen würden", erwiderte sie. „Aber das hat nicht funktioniert. Funktioniert hat etwas ganz anderes: Erstens, ich mußte aus der Isolation herauskommen und lernen, mit anderen Menschen in Kontakt zu treten. Zuerst tat ich das bei Ihnen, später konnte ich es auch bei anderen Menschen tun. Zweitens, ich mußte Grenzen setzen, um mein Leben selbst in die Hand nehmen zu können. Solange ich zuließ, daß andere über mich bestimmten, hatte ich nicht selbst die Kontrolle und konnte nicht „Nein" zum Essen sagen. Drittens, ich mußte lernen, mich dem Schmerz zu stellen und ihm Ausdruck zu verleihen, anstatt ihn mit Essen zu überdecken. Als ich lernte, daß der

Schmerz mein Freund sein konnte, hatte ich nicht mehr so große Angst, mich ihm zu stellen, und er begann zu verschwinden. Wenn ich jetzt verletzt werde, rufe ich jemanden an und spreche mit ihm darüber, anstatt mir eine große Pizza zu bestellen.

Doch eigentlich habe ich gelernt, daß das, was ich über die Bibel gedacht habe, nicht stimmt. Das Lesen in der Bibel hat mich nicht geheilt. Ich habe erkannt, daß ich *tun* muß, was die Bibel sagt. Das Lesen in der Bibel hat mir gesagt, *was ich tun muß,* doch erst, nachdem ich es auch wirklich in die Tat umgesetzt habe, erkannte ich, was die Bibel wirklich meinte. Nicht das Kennen der Bibel hat mich verändert, sondern das *Umsetzen* des Gelesenen in die Tat."

Ich war erstaunt, wie sehr sich ihre Einstellung zur Bibel verändert hatte. Joyce glaubte noch genauso fest an die Bibel wie vor ihrer Therapie. Sie glaubte sogar noch fester daran, weil das Wort Gottes seine Macht in ihrem Leben bewiesen hatte. Man hatte ihr beigebracht, daß Bibellesen, daß das „Wissen um die Wahrheit" sie verändern würde. Doch sie stellte fest, daß sie erst weiterkam, als sie die Wahrheit in die Tat umsetzte.

Als wir gerade mit unserer Arbeit als Therapeuten begonnen hatten, entstand in der evangelischen Kirche eine sehr starke Bewegung, die die Ansicht vertrat, man müsse die biblischen Wahrheiten auf emotionale Probleme anwenden. Man erzählte den Menschen, das Auswendiglernen von Bibelversen, die Bibelauslegung, die Reinheit der Lehre und das persönliche Bibelstudium seien der Schlüssel zu geistlichem und emotionalem Wachstum.

Diese Meinung ist noch immer vorherrschend. Vielen Christen wird gesagt, ihre Probleme würden gelöst, wenn sie nur ihre Bibel kennen würden. Bibelstudium und Gebet seien die Antwort auf emotionale Probleme, so die Meinung der Vertreter dieser Ansicht.

Sie beziehen sich auf die Worte Jesu: „Die Wahrheit wird euch frei machen" (Joh 8,32), sowie auf einige andere Stellen, zum Beispiel Psalm 19,7-14 oder Psalm 119. Aus Bibelstellen wie diesen bauen sie ein ganzes System auf, das das Bibellesen und Gebet zum Heilmittel für alle Probleme macht.

Dieser Ansatz klingt nicht schlecht. Was könnte christlicher sein, als sich für die Integrität des Wortes Gottes einzusetzen? Wie könnte jemand eine solche Lehre auch nur in Frage stellen? Allein die Frage „Ist die Bibel wirklich genug?" klingt wie Häresie.

Wir glauben, daß die Bibel das Wort Gottes ist. In Frage stellen wir nur ihre Anwendung. Werden unsere Probleme gelöst, wenn wir die Bibel einfach nur lesen und auswendig lernen? Die falsche These, mit der wir uns beschäftigen, lautet: „Wenn ich Gottes Wahrheit kenne, werde ich Wachstum erleben." Wir sind jedoch der Meinung, daß Bibelwissen allein keinesfalls Gottes Heilmittel für emotionale und geistliche Probleme ist. Heilung erfordert harte Arbeit.

Diese falsche These ist seit Jahrhunderten im Umlauf. Einer von Hiobs Freunden gab ihm denselben Rat: „Hiob, versöhn dich wieder mit Gott, schließ mit ihm Frieden, dann wird er dir sehr viel Gutes tun" (Hiob 22,21-22). Hiobs Leiden würde ein Ende finden, so versicherten ihm seine Freunde, wenn Hiob erst die Wahrheit verstehen und sein Leben damit in Einklang bringen würde. Doch Gott tadelte den Freund dafür, daß er Hiob einen solchen Rat gegeben hatte.

„Ihr studiert die Heilige Schrift", sagte Jesus zu den Schriftgelehrten, „weil ihr meint, dadurch zum ewigen Leben zu gelangen. Und tatsächlich weist sie auf mich hin. Dennoch wollt ihr nicht zu mir kommen, damit ich euch ewiges Leben geben kann" (Joh 5,39).

Die Führer der Juden waren so damit beschäftigt, minutiös die Schriften zu studieren, daß sie den Einen nicht erkannten, auf den die Schrift hinwies, den Einen, der sie zu dem geistlichen Leben führen konnte, das wahrhaftig heil machte.

Wir sagen nicht, daß das Wort Gottes für geistliches Wachstum nicht wichtig ist. Es ist sogar sehr wichtig. Aber das Bibellesen ist auch nicht alles. Die Bibel selbst sagt, daß das Bibelstudium notwendig ist, doch allein nicht ausreicht, um ein gesundes Leben als Christ zu führen.

Das Fehlen einer Beziehung

Die Wahrheit allein rettet niemanden. Die Pharisäer hatten alle Wahrheit, die sie brauchten. Sie hatten jedoch keine Beziehung zu Gott und untereinander.

Das grundlegende Problem ist, daß wir Gott und anderen entfremdet sind. Die wichtigste Voraussetzung für ein erfülltes geistliches Leben ist, daß wir mit Gott versöhnt sind und eine lebendige Beziehung zu ihm haben (2 Kor 5,18-19): Gott lieben von ganzem Herzen und den Nächsten wie uns selbst.

Ein Gott zum Anfassen

„Hab keine Angst vor der Dunkelheit, Liebes", sagte eine Mutter, um ihr verängstigtes Kind zu beruhigen. „Gott ist bei dir." Worauf das Kind erwiderte: „Aber ich brauche jemanden zum Anfassen."

Immer wieder sprechen wir davon, wie wichtig die Beziehung zu Gott für emotionales Wachstum ist – aber das ist auch der Inhalt dieser falschen Thesen. Darin werden Bibelstudium und Gebet als Mittel zur Heilung genannt; ihre Betonung des Bibelstudiums (und der Beziehung zu Gott durch das Bibelstudium) bleibt hinter dem zurück, was die Bibel tatsächlich lehrt – nämlich ein *menschgewordenes* Evangelium. Gott mußte Mensch werden, damit wir seine Gnade erkennen. Selbst jetzt noch kommt er durch seine Gemeinde, die wir ja nicht umsonst den *Leib* Christi nennen, in Menschengestalt zu uns. Das ist der greifbare Teil Gottes. Wir erleben die Gnade Gottes nicht nur, indem wir in der Bibel davon lesen, sondern indem wir sie hautnah erfahren – genau so, wie sie zuerst offenbart wurde.

Phyllis, die ihr ganzes Leben lang eine aktive Christin gewesen war, nahm an unserem Programm im Krankenhaus teil. Im Alter von 45 Jahren litt sie so stark unter Depressionen, daß sie nicht mehr zu leben wußte. Bei den Gesprächen in der Gruppe wurde einiges deutlich. Jedesmal, wenn ein Gruppenmitglied von einem Problem erzählte, um die Meinung der anderen zu hören und Hilfe zu bekommen, zitierte Phyllis einen Bibelvers.

Keiner konnte seine Geschichte erzählen, ohne daß Phyllis nicht einen passenden Bibelvers parat hatte.

Schnell erkannten die Patienten und Mitarbeiter zwei Dinge – Phyllis hatte ein erstaunliches Bibelwissen, aber ihr fehlte vollkommen die Fähigkeit, auf einer persönlicheren Ebene mit anderen Menschen umzugehen. Folglich fühlte sich Phyllis innerlich einsam. Sie wußte viel über die Liebe Gottes, erlebte sie aber nur sehr eingeschränkt. Da sie extrem von anderen isoliert lebte, bekam sie Depressionen. Phyllis versuchte, für sich allein eine Beziehung zu Gott zu unterhalten. Aber das funktionierte nicht.

Der Apostel Johannes schrieb über eine Beziehung zu Gott außerhalb seiner Gemeinde: „Denn wer seinen Bruder nicht liebt, den er sieht, wie kann er Gott lieben, den er nicht sieht?" (1 Joh 4,10). Wir brauchen einen Gott zum Anfassen, und das ist die Aufgabe des Leibes Christi, seiner Gemeinde. „Vor allem aber laßt nicht nach, einander zu lieben. Denn ‚die Liebe deckt viele Sünden zu'. Seid gastfrei, und klagt nicht über die vermehrte Arbeit. Jeder soll den anderen mit der Begabung dienen, die ihm Gott gegeben hat. Wenn ihr die vielen Gaben Gottes in dieser Weise gebraucht, verwaltet ihr sie richtig" (1 Petr 4, 8-10). Menschen sind Gottes Verwaltungsbeauftragte. Sie haben den Auftrag, seine Gnade weiterzugeben.

Heilung aus Menschenhand

Wahrheit ohne Beziehung weicht der Heilung aus, die Gott für uns erreichen möchte. Christen wird gesagt, sie sollen die Bibel lesen, damit sie Wachstum und Trost erfahren, doch die Bibel, die sie lesen, weist sie an, Heilung in der Beziehung zu Menschen zu finden: *Vertragt euch untereinander, tröstet einander, trauert mit den Trauernden, bekennt einander Fehler, ermutigt einander, baut euch gegenseitig auf.* Diese Elemente einer Beziehung sind von wesentlicher Bedeutung für Wachstum und Umgestaltung in der Seele: „Laßt uns aber wahrhaftig sein in der Liebe und wachsen in allen Stücken zu dem hin, der das Haupt ist, Christus, von dem aus der ganze Leib zusammengefügt ist und ein Glied am andern hängt durch alle Gelenke, wodurch jedes Glied das andere unterstützt nach dem Maß seiner Kraft und macht, daß der Leib wächst und *sich selbst aufbaut in der Liebe* (Eph 4,15-16; Hervorhebung des Autors).

Die These „Wenn ich die Wahrheit kenne, werde ich Wachstum erfahren" widerspricht ganz eindeutig der biblischen Anweisung, im Leib Christi Wachstum zu suchen. Man kann nicht die Bibel lesen und der Meinung sein, das sei genug. Die Bibel weist ganz klar auf Jesus und eine lebendige Beziehung zu ihm und seinem Volk hin.

Die Wahrheit tun

Diese falsche These ist schädlich, weil sie der Wahrheit, die zu studieren sie auffordert, genau widerspricht. Gott möchte Heiligung, und zur Heiligung gehören mehrere Elemente, die über das Bibelstudium und das Erkennen der Wahrheit hinausgehen. Zu diesen Elementen gehört das *Praktizieren der Wahrheit*: das heißt, die Bibel hinlegen und *tun,* wozu sie uns auffordert.

„Nun genügt es aber nicht, sein Wort nur anzuhören; ihr müßt auch danach handeln. Alles andere ist Selbstbetrug! Wer Gottes Wort nur hört, es aber nicht in die Tat umsetzt, dem geht es wie einem Mann, der in den Spiegel schaut. Er betrachtet sich, geht wieder weg und hat auch schon vergessen, wie er aussieht. Wer aber die Botschaft von der Rettung und Befreiung erkannt hat und immer wieder danach handelt, der hat sie nicht vergeblich gehört. Er kann glücklich sein, denn Gott wird ihn segnen und alles, was er tut" (Jak 1,22-25).

Jakobus sagt hier doch nichts anderes als: „Legt die Bibel hin und tut es!" Jesus hat seinen Zuhörern dasselbe gesagt: „Warum nennt ihr mich dauernd ‚Herr!', wenn ihr doch nicht tut, was ich euch sage? Wißt ihr, mit wem ich einen Menschen vergleiche, der meine Worte hört und danach handelt? Er ist wie ein Mann, der sich ein Haus bauen wollte. Zuerst hob er eine Baugrube aus, dann baute er die Fundamente seines Hauses auf festen, felsigen Grund. Als ein Unwetter kam und die Fluten gegen das Haus brandeten, konnte es keinen Schaden anrichten, denn das Haus war auf sicherem Grund gebaut. Wer sich meine Worte allerdings nur anhört und nicht danach lebt, der ist wie einer, der beim Bauen auf das Fundament verzichtet und sein Haus auf weichen Boden baut. Bei einem Unwetter unterspülen die Fluten sein Haus, und es stürzt ein. Übrig bleibt nur ein Trümmerhaufen" (Lk 6,46-49).

Menschen, denen gesagt wird, sie sollten ihre emotionalen Probleme durch Bibellesen und Gebet überwinden, werden aufgefordert, allein *Hörer* des Wortes zu sein. Es wird jedoch keine echte Heilung geben, bis sie nicht auch zu *Tätern* des Wortes werden. Das Bibelstudium wird so auf eine Ebene gehoben, wo Gott es nie haben wollte. Die Bibel ist ein Leitfaden, der uns sagt, wie wir unser Leben gestalten können – nicht mehr und nicht weniger. Das Gestalten müssen wir schon noch selbst übernehmen!

Terri war ihr Leben lang eine engagierte Christin gewesen. Während eines zweimonatigen Missionsauftrages bekam sie plötzlich starke Depressionen mit Selbstmordtendenzen. Bald lernte sie, ihrem Schmerz in der Therapie Ausdruck zu verleihen, und ließ sich von anderen trösten. Sie lernte, ehrlich mit Gott zu sein und ihre Beziehung zu ihm zu pflegen. Sie bemühte sich darum, den Menschen in ihrer Umgebung, gegen die sie einen tiefen Groll hegte, zu vergeben. Und ganz allmählich konnte sie die Verbindung zur Gemeinde Christi wieder erneuern.

Während Terris Depressionen nachließen und ihre Beziehungsfähigkeit sich besserte, wuchs ihre Liebe zu Gott, und sie hörte auf, ihm nur aus einem vagen Pflichtgefühl heraus zu dienen.

Und dann passierte etwas. Terri erschien eines Tages in meiner Praxis. Sie war sehr verängstigt, distanziert und verwirrt.

„Ich weiß nicht, ob ich Ihnen noch vertrauen kann", sagte sie unter Tränen. „Ich habe gerade meine ehemalige Seelsorgerin getroffen, und sie sagte mir, Sie seien ein Häretiker."

„Was meinte sie damit?" fragte ich sie.

„Sie sagte, Sie seien ein Humanist, und ich sollte nicht mehr zu Ihnen kommen und nicht auf das hören, was Sie mir sagen."

„Was hat sie Ihnen statt dessen geraten?" Ich machte mir Sorgen, denn obwohl Terri große Fortschritte gemacht hatte, war ihre Therapie noch längst nicht abgeschlossen.

„Sie sagte, ich müsse zur Bibel zurückkehren und mich allein auf sie verlassen. Die Bibel könne alle meine Probleme lösen. Sie sagte, eine Therapie sei gottlos, und wenn ich nur die Bibel lesen und die Wahrheiten darin auswendig lernen würde, so würde das mich frei machen."

„Ich möchte, daß Sie jetzt scharf nachdenken, Terri. Wie würden Sie das beschreiben, was Sie in der Therapie gemacht haben?"

„Was meinen Sie?"

„Was haben Sie gelernt und getan, seit Sie zu mir gekommen sind?"

„Ich habe gelernt, mich mit meinem Schmerz auseinanderzusetzen. Ich habe gelernt, daß ich vergeben muß. Ich habe mich anderen Menschen geöffnet und mir von ihnen helfen lassen. Ich habe versucht, mich von meiner Mutter abzunabeln, damit meine Beziehung zu meinem Mann sich bessert. Ich habe mich bemüht, ehrlich in bezug auf das zu sein, was mir Schwierigkeiten bereitet, indem ich mit anderen darüber gesprochen habe. Ich habe versucht, ehrlich mit Gott zu sein."

„Und jetzt wollen wir diese Dinge einmal mit dem vergleichen, was in der Bibel gelehrt wird", sagte ich. „Salomo und Paulus sprechen über den Schmerz. Jesus und Paulus sprechen über Vergebung. Jesus, Paulus, Petrus, David und Johannes fordern ihre Zuhörer auf, bei anderen Menschen Hilfe zu suchen. Im ersten Buch Mose wird vom Verlassen und vom Anhangen gesprochen, und Jesus sagt, daß wir uns vielleicht in der eigenen Familie Feinde schaffen werden, wenn wir tun, was er sagt. Sowohl Paulus als auch Jakobus", fuhr ich fort, „fordern dazu auf, ehrlich zu sein und anderen unsere Unzulänglichkeit, unsere Gefühle und Sünden zu gestehen. Und Hiob und Jesus betonen, wie wichtig eine ehrliche Beziehung zu Gott ist. Mir scheint, daß Sie genau das getan haben, was die Bibel Ihnen zu tun aufträgt, und darum geht es Ihnen langsam besser.

In der Therapie haben Sie Gottes Gebote in die Tat umgesetzt. Mir scheint, Ihre ehemalige Seelsorgerin möchte, daß Sie nur die Bibel lesen, ohne zu tun, was darin steht."

„Vermutlich tue ich tatsächlich, was in der Bibel steht", sagte Terri langsam. „Aber was sie gesagt hat, klang so geistlich ..., und ich bin so verwirrt ..."

„Ich möchte, daß Sie noch mit einigen anderen Leuten sprechen, ihnen erzählen, was wir hier tun, und sich ihre Meinung dazu anhören. Und dann gehen Sie nach Hause, und lesen Sie Ihre Bibel, wie ich es Ihnen bereits in der Vergangenheit vorgeschlagen habe. Denken Sie darüber nach, ob Sie Ihre Therapie fortsetzen wollen. Ich möchte, daß dies *Ihre* Entscheidung ist."

Terri setzte ihre Therapie fort.

Wirkliche Probleme entstehen, wenn Menschen die Strapazen einer Therapie auf sich nehmen und schließlich von einem ihrer geistlichen Vorbilder verurteilt werden, die die Therapie „unbiblisch" nennen. Sie werden angewiesen, wieder zu dem „biblischen" Weg der Heilung zurückzukehren – dem Bibelstudium und Gebet.

Wenn sie ihre Bibel dann studieren, finden sie darin genau die Dinge, die sie in der Therapie getan haben – sie werden aufgefordert, die Verantwortung für das zu übernehmen, was sich in ihrem Innern befindet, die Dinge aufzudecken, zu trauern, zu vergeben, sich zu versöhnen, Gefühle auszusprechen, zu bekennen und zu helfen.

Veränderung des Charakters

Eine Veränderung des Charakters – die Umgestaltung in das Bild Gottes – ist der Schlüssel zu echter Heilung für uns alle (2 Kor 3,18).

Aber eine solche Umgestaltung ist harte Arbeit. Sie geschieht nicht durch einfaches Auswendiglernen von Bibelstellen und den Versuch, sich von der Wahrheit durchdringen zu lassen. Das war die Methode der Pharisäer. Eine wirkliche Veränderung des Charakters entsteht, wenn wir die Wahrheit *praktizieren,* sie nicht nur hören.

Das Wort Gottes in die Tat umzusetzen, führt einen Menschen dazu, demütig und liebevoll zu werden, verantwortungsbewußt, gereinigt und umgestaltet zu werden und anderen zu vergeben –

und aktiv darum bemüht zu sein, anderen zu demselben Heilungsprozeß zu verhelfen (2 Kor 1,3-4). Lernen Sie die Wahrheit, studieren Sie sorgfältig Ihre Bibel, aber bleiben Sie dabei nicht stehen. Setzen Sie das, was Sie darin lesen, in die Tat um, indem sie den Heilungsprozeß praktizieren, auf den Sie darin hingewiesen werden. Wenn Sie sich an die Lehre Jesu halten und sie nicht nur verstandesmäßig kennen, werden Sie wirklich frei werden (Joh 8,31-32).

Schlußfolgerung

Beim Abschluß dieses Buches bedauern wir eines wirklich: Es ist unvollständig.

Die angeführten zwölf falschen Thesen sind die wichtigsten Fehlinterpretationen biblischer Lehre, mit denen sich die Gemeinde auseinanderzusetzen hat, doch unablässig entstehen neue. Ein Professor am Seminar bemerkte einmal: „Unsere Fähigkeit, kreativ zu sündigen, wird nur durch unsere Unvollkommenheit begrenzt."[1]

Was können wir da tun?

1. *Suchen Sie Gott, und bitten Sie ihn, Ihr Denken mit seiner Wahrheit und Weisheit zu durchleuchten.* Gott möchte Ihnen begreiflich machen, daß er die Quelle ist, von der alle Wahrheit kommt. Das ist die richtige Lehre.
2. *Räumen Sie der Bibel letzte Autorität ein.* Lassen Sie nicht zu, daß religiös klingender Jargon, hochintelligente Beredsamkeit oder eine Position auf der Machtleiter bestimmen, ob eine Lehre wahr ist. Prüfen Sie die Geister anhand des Wortes Gottes. Lesen Sie die betreffenden Verse in unterschiedlichen Übersetzungen. Paßt die Idee zum Gesamtbild? Lernen Sie, im Bibelstudium unabhängig zu werden. Es gibt viele gute Kommentare, Lexika und Hilfen zum Bibelstudium auf dem christlichen Markt. Vielleicht können Sie sich auch für eine Kurzbibelschule oder ähnliches einschreiben.
3. *Lernen Sie, kritisch zu denken.* Mit anderen Worten, glauben Sie nicht alles, was eine Autoritätsperson Ihnen sagt (dazu gehören auch wir, die Autoren dieses Buches). Nehmen Sie sich vor christlichen Lehrern in acht, die sich durch Ihre Fragen bedroht fühlen. Jesus hat die Fragen der Menschen beantwortet; die Pharisäer fühlten sich durch sie beleidigt.
4. *Verbringen Sie viel Zeit mit eigenständig denkenden Men-*

schen. Hören Sie zu, welche Fragen sie stellen, wenn sie eine neue Information bekommen. Außenseiter finden häufig Goldklumpen, die linientreue Menschen übersehen haben, weil sie in der Tradition feststeckten.
5. *Fragen Sie sich, ob Sie etwas glauben, weil man es Ihnen so beigebracht hat, oder weil es wahr ist.* Viele Menschen stellen falsche Thesen nicht in Frage, weil sie damit ihre Loyalität ihrer Familie, Gemeinde oder ihren Freunden gegenüber aufgeben könnten. Denken Sie daran: Gottes Wahrheit wird immer siegen.
6. *Sehen Sie sich die Früchte der betreffenden Lehre an.* Führt sie zu Liebe, Verantwortlichkeit, Selbstkontrolle und Vergebung? Oder bringt sie Isolation, Zwang, Schuldgefühle und Scham?

Unser Gebet ist, daß Sie hinter jeder falschen These die Wahrheit finden mögen – und in der Wahrheit werden Sie Jesus begegnen.

Diskussionsleitfaden

Eine Anmerkung für Gruppenleiter

Die zwölf pseudo-„christlichen" Thesen, mit denen Sie sich beschäftigt haben, können einen Menschen tatsächlich krank machen. Wenn sie in frommem Jargon übermittelt und unkorrekt durch Bibelstellen gestützt werden, können diese Thesen einen verheerenden Einfluß auf das Leben eines Christen haben. Ihre destruktive Kraft ist auf das Körnchen Wahrheit zurückzuführen, das jede von ihnen enthält. Darum ist es so wichtig, sich auf das zu konzentrieren, was die Bibel *tatsächlich* lehrt, und darum haben wir diese Fragen für Sie vorbereitet. Diese Thesen verlieren ihre Kraft, wenn wir erkennen, wo sie nicht mehr der Wahrheit entsprechen und welchen Einfluß sie auf uns ausgeübt haben; wenn wir uns die Wahrheit des Wortes Gottes ansehen und dann anfangen, nach dieser Wahrheit zu handeln.

Nachfolgend einige Tips für die Gruppenarbeit:

▷ Machen Sie den Teilnehmern Mut, sich vor der Gruppenstunde sowohl die Fragen als auch das entsprechende Kapitel im Buch durchzulesen. Die recht persönlichen Fragen werden jedem Teilnehmer helfen, den Grundstein für die Diskussion zu legen und ihn dazu führen anzuwenden, was er gelernt hat. Teilen Sie der Gruppe mit, daß Sie aufgrund der zeitlichen Beschränkung möglicherweise nicht alle Fragen durchnehmen werden. Fordern Sie sie auf, die Fragen zu nennen, die auf jeden Fall diskutiert werden sollten.
▷ Jede der hier aufgeführten Fragen spricht von Freiheit und hält eine Herausforderung für Sie bereit. Die Teilnehmer am Gruppengespräch sollen motiviert werden, nach dem zu handeln, was Gott sie lehrt. Wir beten darum, daß die Menschen zu Tätern des Wortes werden und nicht nur Hörer bleiben.

▷ Lernen Sie Ihre Gruppe kennen. Einige Menschen melden sich vielleicht nicht gern zu Wort, während andere daran erinnert werden müssen, auch andere Teilnehmer zu Wort kommen zu lassen. Einige der mehr persönlichen Fragen sind vielleicht nicht unbedingt für das Gruppengespräch geeignet, vor allem nicht zu Beginn der Gruppenarbeit, wenn die Teilnehmer sich noch nicht richtig kennen. Suchen Sie die Fragen heraus, die Ihrer Meinung nach besonders hilfreich für Ihre Gruppe sind.
▷ Machen Sie der Gruppe klar, daß alles, was besprochen wird, vertraulich behandelt wird. Nichts darf an andere außerhalb der Gruppe weitergegeben werden. Diese Garantie macht die Gruppe zu einem sicheren Ort.
▷ Bereiten Sie sich gut auf die Gruppenstunde vor. Ganz wichtig für die Vorbereitung ist das Gebet. Beten Sie für jedes Gruppenmitglied. Bitten Sie Gott, die gemeinsame Zeit zu segnen und jedem einzelnen offene Ohren zu schenken, die seine Worte der Freiheit und der Heilung verstehen, und ihm neue Erkenntnisse zu geben. Es steht Ihnen frei, ob Sie jede Gruppenstunde mit einem Gebet beginnen und beschließen.

Wir wünschen uns, daß Sie und Ihre Gruppe beim gemeinsamen Gespräch Gottes Wahrheit mehr und mehr erkennen und seine Liebe im Umgang miteinander erfahren, damit sich jeder von Ihnen von Irrlehren befreien kann und die Freiheit findet, im Glauben zu wachsen.

Fragen zu Irrglaube Nr. 1:
Es ist egoistisch, meine eigenen Bedürfnisse zu berücksichtigen

1. „Hört auf, an eure eigenen Bedürfnisse zu denken", wird von aufrichtigen, wohlmeinenden Christen gelehrt. Das Problem ist, daß diese Botschaft nicht biblisch ist. Sie klingt wahr, aber sie ist keine korrekte Interpretation der Bibel (Mt 7,12).
   ▷ *Wie sieht es mit Ihrer Sicht dieses Problems aus? Finden Sie es in Ordnung, sich der eigenen Bedürfnisse anzunehmen?*

▷ *Schrecken Sie davor zurück, die Hilfe anderer in Anspruch zu nehmen? Warum oder warum nicht?*

2. Bei der These „Es ist selbstsüchtig, die eigenen Bedürfnisse zu erfüllen" fehlt die Unterscheidung zwischen Selbstsucht und dem Verwalteramt – der von Gott gegebenen Verantwortung, uns unsere Bedürfnisse zu erfüllen (Gal 6,5).
▷ *Erklären Sie, inwiefern Sie Ihre von Gott übertragene Verantwortung wahrnehmen, wenn Sie Ihre Bedürfnisse erfüllen, und durchaus nicht selbstsüchtig handeln.*
▷ *Warum hat Gott uns alle als abhängige Menschen erschaffen (1 Kor 12,21)? Was können wir aus dieser Abhängigkeit lernen, das wir sonst nicht erfahren würden?*

3. Unsere Bedürfnisse sind von Gott in uns hineingelegt und sollen uns zu Gott und zu geistlichem Wachstum hintreiben.
▷ *Erklären Sie, warum es durchaus geistlich ist, andere Menschen zu brauchen (18; Zahlen in Klammern geben die Seitenzahl an, auf denen die jeweilige Aussage zu finden ist) (Pred 4,10).*
▷ *Jeder von uns ist funktional unabhängig und gleichzeitig beziehungsmäßig abhängig. Erklären Sie diese Aussage, und bewerten Sie, wo Sie selbst in beiden Bereichen stehen.*

4. Die Bibel lehrt, daß wir frei werden, ohne Widerwillen auf die Bedürfnisse anderer Menschen einzugehen, wenn unsere eigenen Bedürfnisse erfüllt werden. Im Wort Gottes lesen wir, daß die Menschen, die gut trösten können, Menschen sind, die getröstet worden sind; daß Menschen, die sehr verständnisvoll sind, selbst Verständnis gefunden haben; daß Menschen, die lieben, selbst geliebt worden sind (Lk 7,47; 2 Kor 1,3-4; 2 Kor 9,6-7).
▷ *Haben Sie dieses Prinzip in Ihrem Leben schon einmal erfahren? Haben Sie erlebt, daß jemand etwas geben konnte, weil er selbst dasselbe bekommen hatte?*
▷ *Was können Sie nicht frei und großzügig geben, weil Sie selbst es nicht bekommen haben?*

Bitten Sie um das, was Sie brauchen. Sie brauchen vielleicht Hilfe in einer Krise, Rat in bezug auf ein Problem oder Trost bei einem Verlust. Sie sollen wissen, daß Ihr himmlischer Vater alle Ihre Bedürfnisse kennt. Denken Sie auch daran, daß wirklich „alles Gute von oben kommt" (Jak 1,17), und daß diese Gaben uns häufig durch andere Menschen zuteil werden.

Fragen zu Irrglaube Nr. 2:
Wenn ich geistlich genug wäre, hätte ich keine Probleme

1. Selbst wenn wir täglich Andacht halten und zweimal am Sonntag in den Gottesdienst gehen, werden wir Sünde und Schmerz begegnen. Die Tatsache, daß wir Christen sind, schützt uns nicht vor Problemen oder Schmerz.
▷ *Was sagt Jesus in Johannes 16,33 über das, was die Gläubigen in der Welt zu erwarten haben?*
▷ *Welche Empfindungen sollten „gute" Christen Ihrer Meinung nach nicht haben? Welche Gefühle sind nicht von Gott gewollt, nicht die Frucht des Geistes und sollten daher keinen Raum in uns finden?*
▷ *Susan traf eine bewußte Entscheidung, keinen Haß, keinen Zorn oder Groll zu empfinden. Welche Empfindungen haben Sie ganz bewußt aus Ihrem Gefühlsleben verbannt?*
▷ *Es gibt drei Arten des Umgangs mit unseren negativen Empfindungen und Verhaltensweisen, wenn wir uns nicht gestatten, uns zu ihnen zu stellen – Leugnung, Werkgerechtigkeit und Gesetzlichkeit. Leugnen Sie Ihre Fehler, bemühen Sie sich, Ihre Fehler wiedergutzumachen, um Ihre Schuldgefühle zu besänftigen, und/oder reden Sie sich Schuldgefühle ein (ein wichtiges Merkmal des Gesetzes), weil Sie bestimmte Gefühle haben? Welche Wahrheit aus dem Wort Gottes kann Sie von Ihrem ungesunden Umgang mit negativen Gefühlen und Verhaltensweisen befreien?*

2. Die eigene Fehlerhaftigkeit zu leugnen, ist nur natürlich. Wer möchte sich schon häßliche Gefühle wie Verbitterung, Neid

oder Haß eingestehen? Aber was ist mit negativen Gefühlen, die keine Sünde sind?
▷ *Welche negativen Gefühle (Schmerz, Trauer, Zorn, Traurigkeit, Angst) empfinden Sie manchmal? Welche negativen Gefühle kommen manchmal einfach deshalb in Ihnen hoch, weil Sie in einer unvollkommenen Welt leben oder weil ein anderer gegen Sie gesündigt hat? Mit welchen negativen Gefühlen haben Sie als Folge von sexuellem oder emotionalem Mißbrauch zu kämpfen?*
▷ *Was sagt das Wort Gottes zum Umgang mit negativen Gefühlen wie den oben aufgezählten?*

3. Wenn man Ihnen beigebracht hat, daß Sie als „richtiger" Christ keinen Schmerz und keine Sünde erleben dürfen, werden Sie eine Vielzahl schlechter Früchte bringen – Gefühle des Versagens (wir brauchen das Versagen nicht zu fürchten, weil die Bibel das Versagen als ganz normale Sache beschreibt), vergeudete Energie (das Bemühen, Schmerz und Sünde zu überwinden, ist vergeudete Energie), Heimlichkeiten (haben wir, wenn wir der Meinung sind, wir dürften nicht stolpern und fallen; doch das haben schon Adam und Eva getan – und jeder nach ihnen), Unversöhnlichkeit (durch Vergebung nimmt Gott Verletzungen der Vergangenheit den Stachel) und mangelnde Liebe (wir lernen zu lieben, indem wir geliebt werden und indem wir vorgelebte Liebe sehen).
▷ *Welche der oben genannten schlechten Früchte sind in Ihrem Leben zu finden?*
▷ *Was werden Sie tun, um diese schlechten Früchte durch die guten zu ersetzen, die Gott für Sie bereithält?*

4. Es ist falsch zu glauben, Christen dürften nicht sündigen und keinen Schmerz erleben. Sehen Sie sich die folgenden biblischen Wahrheiten an:
   1. Sündhaftigkeit ist normal.
   2. Negative Gefühle sind normal, nicht sündig, wenn sie durch eine Sünde gegen Sie entstehen.
   3. Wir müssen angemessen mit unserer Sünde (Neid, Eifersucht, Verbitterung, Stolz und Überheblichkeit) und unse-

rem Schmerz (Trauer, Verletzung, mit der Tatsache, daß wir verlassen, verwundet und zurückgewiesen worden sind) umgehen.
4. Das Evangelium ist Gnade, und wir müssen in der Gnade Gottes wachsen.

▷ *Wo finden Sie in diesen Lehren Hoffnung und Freiheit?*
▷ *Wie werden Sie diese Wahrheit in Ihr Leben einfügen? Werden Sie konkret.*

In der Bibel lesen wir, daß wir Schmerz erfahren werden, daß wir Fehler machen werden, und daß wir aufgrund der Gnade Gottes frei sind, uns diesen Dingen zu stellen (Heb 10,22). Außerdem – wenn Gott die Tatsache akzeptiert, daß wir gefallene Menschen sind, dann können auch wir es. Wir können uns gegenseitig unsere Sündhaftigkeit eingestehen und sie vor Gott bringen, damit er sich ihrer annimmt. In diesen sicheren Beziehungen werden wir Heilung finden, die uns zu Liebe und guten Taten treibt.

Fragen zu Irrglaube Nr. 3:
Wenn ich mein Verhalten ändere, ändert sich auch meine Einstellung

1. Problem 1: Eine reine Verhaltensänderung verwechselt die Frucht mit der Wurzel (47). Immer wieder wird in der Bibel darauf hingewiesen, daß viele unserer Taten das *Ergebnis* einer geistlichen Veränderung sind, nicht die Ursache dafür. Verhaltensänderungen lassen darauf schließen, daß Gott in uns ein Werk der Gnade tut (2 Kor 3,18).

▷ *Überdenken Sie Ihr Leben. Wann hat Gott etwas in Ihnen bewirkt, das zu einer wichtigen und positiven Veränderung Ihres Verhaltens führte? Erklären Sie genau, welcher Art die Veränderung war, wie sie vonstatten gegangen ist und wie Gott Sie mit seiner Gnade angerührt hat.*
▷ *Destruktives Verhalten ist die Folge des von Gott entfernten Zustands unseres Herzens, nicht der Grund für schlechtes Verhalten. Mit anderen Worten, Probleme in unserem Innern*

führen zu selbstsüchtigen, verletzenden Taten. Wann hat ein Problem in Ihrem Innern Sie dazu gebracht, selbstsüchtig und verletzend zu handeln?

2. Eine reine Verhaltensänderung führt nicht zu geistlichem und emotionalem Wachstum. Wachstum kann nur erreicht werden, wenn die vier Entwicklungsphasen durchlaufen werden: Bindung an andere, Loslösung von anderen, Erkennen von Gut und Böse, Erwachsenwerden (Lk 13,6-9).

▷ *Lesen Sie noch einmal, was im Text zu diesen vier Entwicklungsphasen gesagt wird (S. 48-51). Wie gut wurden bei Ihnen die Bedürfnisse jeder dieser Phasen erfüllt? Wo sind Sie verletzt worden? Welchen Hinweis auf diese betreffende Verletzung erkennen Sie bei sich?*

▷ *Welchen sicheren Ort haben Sie, wo Sie diese Phasen aufarbeiten können? Wo finden Sie Liebe, wo bekommen Sie hilfreiche Informationen über sich selbst und haben die Freiheit zu üben und zu versagen? Wohin können Sie gehen, um diese für Ihr geistliches und emotionales Wachstum so wichtigen Elemente zu finden?*

3. Problem 2: Eine reine Verhaltensänderung zwingt uns zuerst zu der krampfhaften, kalten Korrektheit des Pharisäertums und bringt uns schließlich zur Verzweiflung, wenn wir erkennen, daß wir nicht ewig versuchen können, das Richtige zu tun und uns richtig zu verhalten, ohne das Gefühl, eine echte emotionale Verbindung zu Gott oder zu anderen Menschen zu haben (56ff).

▷ *Wann haben Sie sich für korrektes – oder glückliches oder geistliches – Verhalten entschieden, statt sich der eigentlichen Probleme hinter dem unerwünschten Verhalten anzunehmen? Wie gut ist dieser Versuch gelungen? Wie lange konnten Sie durchhalten?*

▷ *Sehen Sie sich die Geschichte von dem Pharisäer und dem Zöllner an, die Jesus in Lukas 18,10-14 erzählt. Was möchte Gott Ihnen durch dieses Gleichnis sagen? Von welchen Verhaltensweisen könnten Sie sich abwenden? Was ist nötig, um all das Gott zu bekennen?*

4. Problem 3: Eine reine Verhaltensänderung leugnet die Kraft und die Bedeutung des Todes Jesu am Kreuz (58).
▷ *Was ist die Kraft des Kreuzes (Phil 3,10)?*
▷ *Warum wird durch eine reine Verhaltensänderung die Kraft des Kreuzes geleugnet (Kol 2,23)?*

5. So erstaunlich dies klingen mag – eine positive Verhaltensänderung kann ein Warnsignal dafür sein, daß nicht alles in Ordnung ist.
▷ *Denken Sie zuerst an von Groll und schlechtem Gewissen motivierte Anfälle guten Verhaltens (60). Geben Sie nach, um Billigung zu erfahren? Um zu vermeiden, daß Sie verletzt werden? Um niemanden zu enttäuschen, zu verärgern oder zu verletzen? Wann haben Sie Ihre Gefühle ignoriert und ein bestimmtes Verhalten an den Tag gelegt, um eine Autoritätsperson zu besänftigen (Gal 1,10)?*
▷ *Zweitens: Was wie Rückschritt aussieht, ist manchmal ein gutes Zeichen (Mt 23,25-27). Lange in sich begrabene Gefühle auszuleben (seinen Zorn herauszulassen, Verluste zu betrauern, sich abhängig zu fühlen) kann „schlechtes" Verhalten bedeuten. Aber solche Gefühle sind eher ein Hinweis darauf, daß Gott die verborgenen Verletzungen ans Licht bringt, wo sie Heilung finden können. Wann haben Sie sich einmal so verhalten, wie Sie sich bereits seit Jahren gefühlt haben? Was ist daraus an Gutem für Sie entstanden?*
▷ *Lesen Sie noch einmal, was über den Verlorenen Sohn geschrieben wurde (62-63). Haben Sie sich ehrlich Ihrer Fehler und Rebellion gestellt? Haben Sie, wie der „gute" ältere Bruder, aus Angst und nicht aus der richtigen Motivation heraus gehandelt? Verhalten Sie sich heute eher wie der Verlorene Sohn oder wie der ältere Bruder? Was möchte Gott Ihnen durch dieses Gleichnis sagen?*
▷ *Und schließlich: Keine offenbare Veränderung ist nicht notwendigerweise Stillstand (63f). Was haben Sie aus den Zeiten gelernt, wo Gott anscheinend gar nichts getan hat und sich keine Veränderung vollzog?*

Sie spüren nicht immer, wie Gott Sie verändert, aber Sie dürfen wissen, daß er tief in Ihrem Innern am Werk ist und Sie verändert, heilt und umgestaltet. Leisten Sie Ihren Teil der Arbeit, und lassen Sie ihn zu seiner Zeit sein „Ding" tun. Und denken Sie daran, eine leichte Veränderung ist eine seichte Veränderung, kein Charakterwachstum oder geistliche Reife. Machen Sie sich klar, daß Sie zu dem Punkt kommen werden, wo Sie anfangen, positive Dinge aus echter Liebe heraus zu tun.

Fragen zu Irrglaube Nr. 4:
Ich muß nur alles an den Herrn abgeben

1. Denken Sie über dieses Paradoxon des christlichen Glaubens nach: Wir können uns nicht selbst retten, doch wir müssen aktiv an unserem Wachstum und unserer Veränderung teilhaben – sonst wird es beides nicht geben. Gott wirkt in uns, um uns wiederherzustellen (Röm 8,29; 2 Kor 3,18), aber er möchte, daß wir aktiv und verantwortungsbewußt zu unserer Heilung beitragen. Zwei gängige Lehren zur emotionalen Gesundung jedoch vertreten einen sehr passiven Ansatz.

▷ *Die „Positionslehre" besagt: „Wenn du von ganzem Herzen an deine Stellung bei Gott glaubst, wirst du dem unerwünschten emotionalen Zustand entkommen können, in dem du dich befindest" (68f). Gott hat uns in der Tat eine ewige Heimat im Himmel gesichert und uns mit jeder Segnung bedacht, aber wir müssen hingehen und in Besitz nehmen, was er für uns bereithält. Welches „Verheißene Land" sollen Sie erobern?*

▷ *Die „Selbstverleugnungslehre" besagt: „Diese ganze Selbstbeobachtung ist egozentrisch, humanistisch und ganz einfach sinnlos. Selbstbeobachtung ist Selbstanbetung. Richtet euren Blick nur auf den Herrn" (69). In der Bibel jedoch wird uns gesagt, daß wir in uns hineinsehen und das aufarbeiten sollen, was in unserem Innern ist (Mt 7,5). Was erkannte der Prophet in Jesaja 6,1-5 über sich selbst, als er Gott erblickte? Was haben Sie über sich selbst erkannt, als Sie Gott besser kennenlernten?*

2. In den letzten Jahren ist große Verwirrung entstanden in bezug auf die Frage, was wir selbst zu unserer Heiligung beitragen können. Heilung oder Wachstum entstehen nicht durch einen Akt des Willens; wie bei den Pflanzen wird sie in der richtigen Umgebung unter den richtigen Umständen von selbst geschehen.

▷ *Was können wir tun, um in unserem Leben die richtige Umgebung, den Nährboden für Heilung und Wachstum zu schaffen?*
▷ *Mit den folgenden zwölf Aufgaben können Sie aktiv zu Ihrem Wachstum beitragen. Notieren Sie sich neben jeder einzelnen, was Sie tun – oder tun werden –, um jede der Aufgaben zu erfüllen.*

1. *Wir können uns unserem Problem stellen (71): „Gott, ich erkenne, daß ich feststecke (in dem und dem Bereich Ihres Lebens). Ich habe (wem) die Schuld an (woran) gegeben und suche Entschuldigungen für mich, statt die Verantwortung für (wofür) zu übernehmen. Ich möchte nach 1. Johannes 1,9 handeln, dir diese Dinge bekennen und dich um Vergebung bitten."*
2. *Wir können unser Versagen eingestehen (72). Welche Probleme haben Sie bereits vergeblich zu lösen versucht? Welche Methoden und Lösungen haben sich als nicht erfolgreich erwiesen?*
3. *Wir können Gott und andere um Hilfe bitten (72). Haben Sie Gott schon ganz bewußt und von Herzen um Hilfe gebeten (Jak 4,2)? Welche Art von Hilfe werden Sie von Gott für heute erbitten?*
4. *Wir können Gott und andere bitten, uns zu zeigen, was in unserem Inneren ist (72). Was hat Gott Ihnen in bezug auf Ihre Sünde gezeigt? Gibt es einen wunden Punkt, der Liebe braucht? Inwiefern haben andere Christen Ihnen geholfen, etwas in bezug auf diesen wunden Punkt und die Liebe und Vergebung Gottes zu erkennen?*
5. *Wir können uns von dem Bösen abwenden, das wir in uns entdecken (72). Von welchem Bösen haben Sie sich abgewandt? Beschreiben Sie den Prozeß, der dafür notwendig war. Welchen Punkt müssen Sie jetzt bereuen und sich davon abwenden?*

6. *Wir können herausfinden, welche Bedürfnisse während unserer Kindheit in unserer Familie nicht befriedigt wurden, und sie in die Familie Gottes hineintragen, wo sie befriedigt werden können (73). Welche Verletzungen sind durch Beziehungen innerhalb der Familie entstanden? Inwiefern haben Sie durch gesunde Beziehungen zu anderen Christen Heilung erfahren (Ps 68,6; Röm 15,1)?*
7. *Wir können uns bewußt machen, wen wir verletzt haben, unser Fehlverhalten eingestehen und den Betreffenden um Vergebung bitten (73f). Mit wem leben Sie im Augenblick nicht im Frieden? Welche Schritte werden Sie unternehmen, um sich zu entschuldigen und um Vergebung zu bitten?*
8. *Wir können Menschen vergeben, die uns weh getan haben (74). Wie verstehen Sie den Prozeß des Vergebens? Was gehört dazu? Nachdem Sie selbst Vergebung erfahren haben, wem sollten Sie vergeben (Eph 4,32; Mt 18,21-35)?*
9. *Wir können die Gaben und Begabungen entwickeln, die Gott uns gegeben hat (75f). Welche Gaben und Talente hat Gott Ihnen gegeben? Setzen Sie ein, was Sie bekommen haben (Mt 25)? Wenn nicht, was halten Sie zurück?*
10. *Wir können Gott unablässig suchen (75). Was tun Sie, um Gott zu suchen? Wen können Sie bitten, für Sie oder besser noch mit Ihnen zu beten?*
11. *Wir können Wahrheit und Weisheit suchen (75). Was tun Sie, um Wahrheit und Weisheit zu erlangen?*
12. *Wir können mehr und mehr Gottes Beispiel der Liebe nacheifern (75). Halten Sie Zorn, Rachegelüste oder Ichbezogenheit zurück? Oder folgen Sie dem Gebot, einander zu lieben (1 Joh 3,23)? Welcher Weg führt zur Heilung? Warum? Erzählen Sie, wie Sie Ihrer Meinung nach in Ihrer Fähigkeit zu lieben gewachsen sind.*

Veränderung ist harte, geistliche Arbeit – aber nicht „geistlich" in dem Sinn, daß wir nur in der Bibel zu lesen und zu beten brauchen. Zur Veränderung gehört die geistliche Arbeit des Trauerns über Verluste, dazu gehört auch, daß wir den Trost anderer annehmen; Beziehungsmuster bereuen, die uns davon abhalten, andere zu lieben; denen vergeben, die uns weh getan haben; und die Barrieren überwinden, die uns davon abhalten, auf Liebe zu reagieren. Gebet und Bibellesen rüsten uns mit allem aus, was wir brauchen, um das in Besitz zu nehmen, was Gott für uns bereithält.

Fragen zu Irrglaube Nr. 5:
Eines Tages wird mein Heilungsprozeß abgeschlossen sein

1. Während der Aufarbeitung emotionaler Probleme müssen wir Geduld mit uns und anderen haben (Phil 1,6). Wenn die psychologischen Symptome beseitigt worden sind, müssen wir auch weiterhin Geduld haben angesichts unserer fortwährenden Fehlerhaftigkeit und Unreife. Während wir an Problemen wie Depressionen, Ängsten und zwanghaftem Verhalten arbeiten, setzt sich unser Heiligungsprozeß fort.

▷ *Erklären Sie, was für Sie Heilung ist (79-81). Wie paßt Gottes Werk der Heilung in den Heilungsprozeß durch Therapie und Selbsthilfegruppen? Erklären Sie in eigenen Worten, warum man Wachstum nicht in „emotionales" und geistliches Wachstum" aufteilen kann.*

▷ *Wenn wir damit rechnen, daß unser Wiederherstellungsprozeß eines Tages abgeschlossen sein wird, untergliedern wir die Wiederherstellung fälschlicherweise in Wiederherstellung und geistliches Wachstum. „Wiederherstellung" bedeutet, daß wir zurückbekommen, was wir beim Sündenfall verloren haben, und unseren Platz als Menschen im Bilde Gottes, als Verwalter der Erde wieder einnehmen – eine wahrhaft geistliche Übung. Was versuchen Sie persönlich durch Ihren Heilungsprozeß zurückzubekommen? Welche Charakterzüge haben Sie durch Verletzungen der Vergangenheit verloren (Lk 4,18)?*

▷ *Die Vorstellung, daß ich „eines Tages geheilt sein werde", richtet den Blick darauf, eine Aufgabe zu erledigen – und nicht auf eine Reise und all das, was unterwegs zu sehen und* zu gewinnen ist. Wann war Ihnen die Erreichung eines Zieles so wichtig, daß Sie aufgehört haben, unterwegs zu lernen und die Reise zu genießen (Lk 10,38-42)?

▷ Wenn wir uns auf das Ende konzentrieren, verlieren wir die Vergebung, einen wesentlichen Faktor auf unserem Weg des geistlichen Wachstums (8e). Wir versagen, bekennen, bereuen und lernen aus den schmerzlichen Konsequenzen unserer Fehltritte, während wir uns von Kindern zu Erwachsenen entwickeln (1 Joh 2,12-14). Inwiefern erleichtert Vergebung geistliches Wachstum? Inwiefern stört oder behindert die Unfähigkeit, die eigenen Fehltritte und Menschlichkeit anzunehmen, geistliches Wachstum?

▷ Die Vorstellung, eines Tages vollendet zu sein, führt zu Stolz. Das Ziel von geistlichem und emotionalem Wachstum ist nicht die Vollkommenheit. Das Ziel ist eine tiefere Erkenntnis unserer eigenen Person – unserer Schwächen, Sünden und Bedürfnisse. Was sagt die Geschichte von dem Pharisäer und dem Zöllner hierzu (Lk 18,10-14)?

▷ Und schließlich, wenn wir glauben, daß wir eines Tages vollendet sein werden, werden wir früher oder später verzweifeln (Spr 13,12). Christen verzweifeln häufig, wenn sie von ihren Rückschritten überrascht werden. Wie definieren Sie „Rückschritt" (87f)? Was ist eine gesunde Reaktion – emotional und intellektuell – auf Rückschritt? Welche Personen in der Bibel helfen Ihnen zu verstehen, daß Versagen und Rückschritt normal sind?

2. Reife, nicht die „Vollendung", ist das Ziel des Christen. Der reife Christ ist ein Mensch, der in den unten aufgeführten vier Entwicklungsstufen eine Ebene erreicht hat, die man als „Tüchtigkeit" oder „Weisheit" bezeichnen könnte. Berichten Sie, was Sie zu jeder der vier Phasen erkannt haben und inwiefern Sie in jedem dieser Bereiche „lebenstüchtiger" werden möchten.

– Bindungen/Beziehungsfähigkeit (die Fähigkeit, Liebe zu geben und zu empfangen)
– Grenzen setzen (eine klare Vorstellung von Verantwortung haben)

- Gut und Böse erkennen (in der Lage sein, in einer gefallenen Welt Vergebung anzunehmen und zu geben)
- Erwachsen werden (in der Lage sein, die Autorität eines Erwachsenen in der Welt auszuüben)

Während des Reifeprozesses sollten wir immer zu Gott sagen: „Sei mir Sünder gnädig." Je näher wir zu Gott kommen, desto mehr erkennen wir unsere Fehlerhaftigkeit und Bedürftigkeit. Das zwingt uns auf die Knie. Aus dieser Position können wir vielleicht besser erkennen, daß der Endpunkt – und die Reise selbst – die Liebe und das Geliebtwerden sind. Dann werden wir nicht fragen: „Ist mein Wiederherstellungsprozeß denn immer noch nicht abgeschlossen?", sondern: „Was kommt als nächstes auf meiner Reise?"

Fragen zu Irrglaube Nr. 6: Man muß die Vergangenheit hinter sich lassen

1. Wir sprechen von der Vergangenheit, der Gegenwart und der Zukunft, doch die Bibel sieht unser Leben aus der Perspektive der Ewigkeit. Dinge, die unserer Meinung nach in „unserer Vergangenheit" liegen, sind nach der Bibel Teil unserer ewigen Gegenwart.
▷ *Die Vergangenheit kann uns nichts anhaben, sondern nur unsere gegenwärtigen Gefühle in bezug auf die Vergangenheit. Welche Gefühle zu bestimmten Ereignissen in Ihrer Vergangenheit beeinträchtigen Sie heute?*
▷ *Was kann passieren, wenn wir das, was in unserem Inneren ist – der Schmerz, die eingefahrenen Angewohnheiten, die Fähigkeiten, die Wünsche, die Ängste – dem Licht der Gnade Gottes, seiner Wahrheit und Vergebung aussetzen? Was kann passieren, wenn wir nicht zulassen, daß Gott all das mit seiner Gnade, Wahrheit und Vergebung anrührt?*

2. Sich mit der Vergangenheit zu beschäftigen, ist durchaus biblisch. Die Bibel fordert uns sogar auf, ans Licht zu bringen, was in der Dunkelheit verborgen ist, und das Bekennen ist der

Prozeß, durch den wir die Dunkelheit der Sünde ans Licht bringen (Eph 5,11.13).

▷ *Wann haben Sie erlebt, daß Bekennen zu Umgestaltung und Freiheit entweder in Ihrem eigenen oder im Leben eines Ihrer Bekannten geführt hat?*

▷ *Wenn wir uns nicht mit der Vergangenheit beschäftigen, können wir uns oder anderen Menschen nicht aufrichtig vergeben. Um zu wissen, wem wir vergeben müssen, müssen wir wissen, was uns passiert ist, die Sünde beim Namen nennen und erkennen, wer schuldig ist. Welche Sünden müssen Sie bekennen? Wem müssen Sie vergeben, „wie Christus Ihnen vergeben hat" (Eph 4,32)? Welches wird Ihr erster Schritt im Prozeß des Vergebens sein?*

▷ *So wie wir die Sünde ans Licht bringen müssen, müssen wir auch unseren Schmerz Gottes heilendem Licht aussetzen. Vielleicht schmerzen uns Wunden der Vergangenheit, die von der Liebe Gottes noch nicht angerührt worden sind. Welche Verletzungen aus der Vergangenheit, aus der Familie, in der Sie aufgewachsen sind, brauchen die heilende Berührung der Liebe Gottes? Wie hat Gott Sie durch andere Christen mit seiner Liebe angerührt? Wie könnte er es tun (Lk 8,21)?*

▷ *Unsere Offenheit der Vergangenheit gegenüber ermöglicht nicht nur, daß alte Wunden heilen können, sie ist auch der Weg durch Trauer. Wir können beginnen, Dinge loszulassen, die wir früher festgehalten haben, damit wir uns der Gegenwart und dem öffnen, was Gott für uns bereithält (2 Kor 7,11-13). An welche der folgenden Dinge fühlen Sie sich gebunden: eine Person, die tot ist; eine Person, deren Liebe Sie nicht bekommen können; die Billigung eines Menschen, der sie Ihnen nie geben wird; einen Traum, den Sie nie erfüllen können, oder etwas anderes. Wo stehen Sie in dem dreistufigen Prozeß des Trauerns – auf der ersten Stufe, auf der Sie erkennen, was Sie verloren haben, auf der zweiten, auf der Sie den daraus entstandenen Zorn oder die Traurigkeit empfinden, oder auf der dritten, auf der Sie endlich loslassen können?*

3. Indem Sie auf die Vergangenheit sehen und betrauern, was betrauert werden muß, öffnen Sie sich den Weg zur Heilung. Und das ist einer der Gründe, warum wir dann wieder auf unsere Familie zurücksehen, nicht, weil wir unseren Eltern die Schuld geben oder die Verantwortung für unser eigenes Leben nicht übernehmen wollen. Ein ebenso wichtiger Grund für das Zurücksehen ist, daß wir uns von den in der Familie gelernten Verhaltensmustern abwenden (in der Bibel wird dies „bereuen" genannt).
▷ *Welche Verhaltensweisen Ihrer Eltern haben Sie als Verhaltensweisen erkannt, die Gott nicht gefallen? Was gefällt Gott daran nicht?*
▷ *Inwiefern hat die Tatsache, daß diese Verhaltensweisen ans Licht gebracht wurden, Ihnen geholfen, sich davon zu befreien?*

4. Sich die Vergangenheit anzusehen, kann persönliche Sünde ans Licht bringen – Fehler, für die wir allein verantwortlich sind, die wir bekennen, für die wir um Vergebung bitten und von denen wir uns abwenden müssen (1 Joh 1,9). Bekennen sollten wir solche Dinge nicht nur Gott allein. Wir müssen es auch einander bekennen (siehe Jak 5,16). Wir müssen die Menschen, denen wir weh getan haben, um Vergebung bitten und den Schaden wiedergutmachen (Mt 5,23-26).
▷ *Gibt es einen Menschen, der Ihnen voll und ganz vergeben hat, nachdem Sie Ihre Sünde bekannt haben? Welchen Einfluß hat diese Erfahrung auf Sie gehabt? Was hat diese Erfahrung Ihnen über Gott klargemacht?*
▷ *Wen müssen Sie um Vergebung bitten? An wem haben Sie etwas gutzumachen? Wann werden Sie den ersten Schritt dazu tun?*

5. Wir können unsere Vergangenheit nicht ändern, aber wir müssen unsere innere Einstellung dazu ändern, indem wir
   ▷ denen vergeben, die uns verletzt haben
   ▷ von unserer Forderung Abstand nehmen, daß sie es irgendwie wiedergutmachen
   ▷ verlorene Träume und Menschen loslassen

- ▷ die Verletzungen der Vergangenheit zu denen bringen, die sie heilen können
- ▷ Verhaltensweisen ans Licht bringen, die wir von unseren Eltern und anderen Erwachsenen übernommen haben; uns von diesen Verhaltensweisen abwenden und sie bereuen
- ▷ unsere Sünde bekennen, uns bei denen entschuldigen, die wir verletzt haben, und den Schaden wiedergutmachen.
- ▷ *Keiner dieser Prozesse kann die Vergangenheit ändern, aber sie helfen, die Vergangenheit zu bewältigen. Wo sehen Sie in Ihrem Leben Gott am Werk?*

Bringen Sie Ihre Geschichte zu Gott, mag sie zwei Tage oder zwanzig Jahre alt sein. Bringen Sie Ihre Geschichte ihm und anderen Christen und lassen Sie zu, daß sein Licht und seine Gnade sie umgestalten. Die Vergangenheit, die Gegenwart und die Zukunft sind Aspekte Ihrer Seele, die mit Gott versöhnt werden müssen, und genau das passiert, wenn Sie alle erlittenen Verletzungen zu ihm bringen. Gott bringt seine Wahrheit in Ihre Geschichte, seine Gnade gestaltet sie um, und dadurch wird Ihr ganzes Leben mit ihm versöhnt.

Fragen zu Irrglaube Nr. 7:
Wenn ich Gott nahe bin, brauche ich keine Menschen

1. Wir bekommen Probleme, wenn wir der Meinung sind, Bibellesen und Gebet seien genug, um uns zu erfüllen; wenn wir glauben, Depressionen, Einsamkeit und Angst könnten durch Bibelstudium allein geheilt werden. Gott gebraucht eine Reihe verschiedener Hilfsmittel – nicht nur die Zeit mit ihm allein –, um uns im Leben zu helfen (Eph 4,16).
- ▷ *Gott gebraucht Menschen, um die Bedürfnisse der Menschen zu befriedigen, wie wir in der Bibel immer wieder lesen können. Nennen Sie, ohne die Bibel aufzuschlagen, fünf Beispiele aus der Bibel, wo Menschen die Bedürfnisse anderer Menschen und sogar die Bedürfnisse Jesu selbst erfüllt haben.*

▷ *Wann hat Gott Sie gebraucht, um körperlichen, geistlichen und/oder emotionalen Bedürfnissen anderer zu begegnen?*
▷ *Wann hat Gott andere Menschen gebraucht, um Ihre körperlichen, geistlichen und/oder emotionalen Bedürfnisse zu befriedigen? Wenn Sie solche Hilfe noch nicht erfahren haben, was hat das verhindert?*
▷ *Warum ist die Tatsache, daß Gott unsere Bedürfnisse durch andere Menschen stillt, der Schlüssel für das richtige Funktionieren der Gemeinde Christi? Was soll die Gemeinde Christi tun?*

2. Es gibt vier fundamentale geistliche und emotionale Bereiche, in denen Gott Menschen begegnet – direkt und auch indirekt durch sein Volk –, in denen die Menschen Mangel leiden: Wachstum, Trost, Weisheit und Wiederherstellung.

▷ *Wachstum (114): Wenn Sie einer Gemeinde angehören, wie haben die anderen Mitglieder Ihr geistliches Wachstum gefördert und sogar möglich gemacht? Wann sind Ihre Brüder und Schwestern in Christus für Sie dagewesen, als Sie in körperlicher, finanzieller oder emotionaler Not gewesen sind?*
▷ *Trost (115-117): Trost kann in der Tat allein durch Gott kommen (Ps 23; Ps 119,76; Jes 49,13), aber Gott gibt seinen Trost, sowohl für unverdientes wie auch für verdientes Leiden, häufig durch sein Volk. Wann haben Sie, ähnlich wie Hiob, schlechten Trost bekommen? Berichten Sie von dieser Erfahrung. Wann haben Sie guten Trost bekommen, wie Paulus von Philemon und Titus (Philem 7; 2 Kor 7,6)? Erzählen Sie, inwiefern dieser gute Trost Ihnen geholfen hat.*
▷ *Weisheit (117f): Wir brauchen Weisheit (Fertigkeit für unser Leben), wenn wir Gottes Wort richtig verstehen oder eine Ehe gut führen oder den Grund für eine Depression herausfinden wollen. Und Menschen sind manchmal Gottes Werkzeuge, um diese Weisheit zu vermitteln (Apg 8,30-31). Geben sie ein oder zwei Beispiele, wie Gott andere Christen in Ihrem Leben gebraucht hat, Ihnen zu helfen, die Bibel besser zu verstehen. Was genau haben Sie durch sie besser verstanden?*
▷ *Wiederherstellung (118f): Welche Bereiche Ihres Charakters sind geschädigt worden? (Lesen Sie den entsprechenden Ab-*

satz auf Seite 118f noch einmal, um sich die Bereiche noch einmal ins Gedächtnis zu rufen, in denen sehr leicht Verletzungen geschehen.) Inwiefern haben andere Christen Ihnen geholfen, Disziplin zu lernen, Ihre Schwächen zu akzeptieren oder sich gegen diejenigen zur Wehr zu setzen, die Sie mißbrauchen wollen? Inwiefern hat Gott Menschen gebraucht, Sie wiederherzustellen und zu heiligen?

2. Wenn wir sagen: „Wenn ich Gott habe, brauche ich keine anderen Menschen", distanzieren wir uns von dem Menschen Jesus. Eine solche Aussage setzt die Menschwerdung Jesu herab.

▷ *Wie hat Jesus Bedürfnisse erfüllt, als er auf der Erde lebte?*
▷ *Was haben Sie aus Beziehungen zu Menschen über Gott gelernt – sowohl konkrete als auch allgemeine Lektionen? Inwiefern haben gesunde, sichere Beziehungen zu anderen Christen Ihnen geholfen, unklare Vorstellungen von Gott zu korrigieren?*
▷ *Für die Befürworter der These „Nur ich und Gott" ist es fast unmöglich zu leben, was sie lehren. Stellen Sie sich vor, eine Mutter beugt sich über die Wiege ihres schreienden Säuglings und sagt ihm, Gott würde ihn schon trösten, und geht dann wieder! Können Sie zwei oder drei konkrete Lebenssituationen nennen, die verdeutlichen, daß eine solche These im richtigen Leben nicht haltbar ist? Gegen welche Lehren Jesu verstoßen diese Beispiele?*

In der Bibel lesen wir, daß Menschen Gottes Werkzeuge sind, die seine Gnade an andere weitergeben. Wenn Sie von anderen Christen keine Gnade bekommen, wird Ihre Sichtweise von Gott klein. Und, wie der Apostel Johannes es verstand, Ihre Freude wird unvollkommen sein. Sein zweiter Brief fiel sehr kurz aus, er wollte statt dessen lieber kommen und mündlich mit den Empfängern seines Briefes reden, „damit unsere Freude vollkommen sei" (2 Joh 12). Vervollständigen Sie Ihre Freude! Suchen Sie die Gemeinschaft mit anderen, die Sie lieben, damit Gott sie gebrauchen kann, Ihnen seine Liebe für Sie zu zeigen.

Fragen zu Irrglaube Nr. 8:
„Du mußt ..." ist ein guter Ansatz

1. Wirkliche christliche Freiheit ist mehr als nur die Befreiung vom alttestamentlichen Gesetz und seinen Geboten. Es ist die Freiheit, das Leben zu wählen; die Freiheit von Angst, Schuld und Verurteilung, wenn wir eine falsche Entscheidung treffen; die Freiheit, sich für die Liebe zu entscheiden statt dafür, Schuldgefühle zu verdrängen.

▷ *Welche Gebote bestimmen Ihr Leben? Erstellen Sie eine Liste, und unterstreichen Sie die Punkte, die Sie aus reinem Pflichtgefühl tun und nicht aus Liebe.*

▷ *Wann ist etwas, das Sie gern getan haben, zu einer Pflichtübung geworden, weil es zu einem Gebot gemacht wurde? Geben Sie konkrete Beispiele.*

2. Wenn wir das Gefühl haben, wir würden die Liebe verlieren, wenn wir sündigen, und Schuldgefühle bekommen, wenn wir nicht tun, was wir „sollten", stehen wir emotional noch immer unter dem Gesetz. Wir wollen uns fünf der wichtigsten Konsequenzen ansehen, die wir erfahren werden, wenn wir emotional unter dem Gesetz stehen.

▷ *Das Gesetz bringt Zorn (Röm 4,15). Zum einen ist Gott zornig über die Vergehen gegen ihn. Wie reagieren Sie auf Gottes Zorn? Zum anderen werden wir zornig auf Gott. Wann sind Sie zornig auf Gott gewesen und haben Groll gehegt gegen ihn und seine Regeln? Und schließlich: Wir werden zornig auf uns selbst. Welche Übertretungen der Gebote in Ihrem Leben bringen Sie dazu, auf sich selbst zornig zu sein?*

▷ *Unter dem Gesetz sind wir Schuldgefühlen unterworfen, wenn wir nicht tun, was wir tun sollten. Wann hat weltliche Trauer (Schuldgefühle) Sie gelähmt? Wann hat Traurigkeit nach Gottes Willen Sie motiviert, sich zu verändern?*

▷ *Unter dem Gesetz zu leben, trennt uns von der Liebe. Aber in der Bibel heißt es, daß Gott uns liebt, egal, ob wir tun, was wir sollten, oder nicht. Wann haben Sie mit einer Verurteilung für etwas gerechnet, das Sie getan haben, und statt dessen Vergebung und Annahme gefunden? Welchen Einfluß hat dies auf Sie gehabt? Wem können Sie heute dasselbe zuteil werden lassen? Können Sie sich selbst so annehmen?*

▷ *Die Sünde wird größer, wenn wir unter dem Gesetz stehen. Welches sind Ihrer Meinung nach die Gründe dafür, daß die Gebote in unserem Leben unseren Wunsch zu sündigen steigern, nicht mindern?*

▷ *Das, was wir tun, weil wir uns dazu verpflichtet fühlen, ist nicht von Vorteil für uns. Welche guten Taten haben Sie eher aus Pflichtgefühl heraus getan als aus Liebe? Was war das Ergebnis?*

3. Nur wenn wir frei sind, können wir auch lieben. Wenn wir aufgrund von Schuldgefühlen oder Furcht Sklaven der Gebote sind, sind wir nicht bereit zu lieben. Wir müssen zuerst befreit werden.

▷ *Durch Christus haben wir die Möglichkeit, frei zu sein, aber was wird uns auf dem rechten Weg halten? Das Gesetz kann es nicht! Unsere Liebe zu Gott wird uns auf dem rechten Weg halten. Wann hat Sie „die Güte Gottes zur Buße" geleitet (Röm 2,4)? Wann hat Sie der Wunsch, dem Gott, den Sie lieben, nicht weh zu tun, auf dem rechten Weg gehalten (Eph 4,30)?*

▷ *Unsere Liebe zu der Gemeinde Christi und unsere Beziehung zu den einzelnen Gemeindemitgliedern wird uns auf dem rechten Weg halten. Wann hat Sie der Wunsch, den Menschen, die Sie lieben, nicht weh zu tun, auf dem rechten Weg gehalten (Mt 7,12)? Wann haben Beziehungen zu anderen Christen Ihnen geholfen, Verantwortlichkeit zu lernen? Disziplin? Ehrlichkeit?*

▷ *Wir würden ein elendes Leben führen (es sei denn, wir leugnen). Warum ist ein Leben der Sünde letztendlich unbefriedigend? Denken Sie zum Beispiel an den Grund, warum Gott uns erschaffen hat.*

4. Die Bibel gibt ein klares „Ja" auf die Fragen: „Sind Gebote gut?" und „Helfen sie uns?" (Röm 3,31). Aber keinesfalls lesen wir in der Bibel: „Du solltest gehorchen, sonst bist du schlecht." Ganz im Gegenteil, wir lesen viel eher: „Du solltest

die Gebote beachten, sonst wirst du leiden oder verlieren" (1 Kor 3,15).
▷ *Wann haben Sie gelitten und verloren, weil Sie sich nicht an die Gebote der Bibel gehalten haben?*
▷ *Inwiefern helfen die Gebote der Bibel den Menschen, die ihnen gehorsam sind, Leiden und Verlust zu umgehen?*

5. Wie sieht denn nun ein Leben in der Gemeinschaft mit Gott aus, befreit vom Gesetz?
▷ *Im Bereich der Beziehungen sind wir frei zu lieben, wenn wir nicht mehr unter dem Gesetz stehen. Nicht mehr unter dem Gesetz zu stehen, bedeutet auch, daß wir andere nicht unter das Gesetz stellen: Wir verurteilen sie nicht, werden nicht zornig über sie oder entziehen ihnen unsere Liebe nicht, wenn sie uns nicht so lieben, wie wir uns das vorstellen. Inwiefern stehen Sie in Ihren Beziehungen noch immer unter dem Gesetz? Welche Fortschritte machen Sie bei Ihrem Versuch, sich vom Gesetz zu befreien?*
▷ *Im Bereich des Verhaltens bedeutet es, daß wir uns bestimmte Dinge vornehmen, uns aber nicht verurteilen, wenn wir sie nicht schaffen. Was sollten Sie sich sagen, wenn Sie erkennen, wo Sie versagt haben und wo Sie sich verändern müssen? In welchem Bereich Ihres Lebens müssen Sie sich selbst mehr vergeben? Und in welchem Bereich Ihres Lebens fühlen Sie sich aus Liebe zu Gott motiviert, sich zu ändern, und nicht, weil Sie das Gefühl haben, Sie müßten es?*

6. Nicht mehr unter dem Gesetz zu stehen, bedeutet ein Übergang vom „Müssen" zum „Wollen". Das heißt nicht, daß uns immer danach zumute ist, das Richtige zu tun, sondern das Endresultat zu wollen – genau wie Jesus nicht ans Kreuz gehen wollte, es aber dennoch tat, weil er unsere Erlösung möglich machen wollte. Darum beschließen wir zu tun, was wir im Augenblick vielleicht nicht unbedingt tun wollen.
▷ *Wann ist ein „Müssen" in Ihrem Leben zu einem „Wollen" geworden? Welches „Muß" gibt es im Augenblick in Ihrem Leben, das Sie gern in ein „Wollen" verwandeln würden?*
▷ *Wann haben Sie sich entschieden, das Richtige zu tun, auch*

wenn Ihnen gar nicht danach zumute war? Was war das wichtigste Resultat, das die Anstrengung lohnte?

Gebote wollen uns das Gefühl geben, daß wir etwas Bestimmtes tun „müssen". Wir haben keine Wahl. So angewendete Gebote werden uns nicht zu den Menschen machen, die wir gern sein möchten. Diese Gebote sind nicht gut. Lassen Sie sich darum von diesen Geboten befreien, und Sie werden anfangen, wahrhaft zu leben.

Fragen zu Irrglaube Nr. 9:
Schuldgefühle sind nützlich

1. Die Erkenntnis unserer eigenen Sündhaftigkeit ist biblisch (Jes 6,5) – aber Schuldgefühle und Scham sind nicht notwendigerweise gut für uns und tragen auch nicht zu unserem geistlichen Wachstum bei.
▷ *Welchen Wert hat es, sich seiner Fehlerhaftigkeit allzu bewußt zu sein?*
▷ *Ein Mensch, dessen Worte Ihnen Schuld- und Schamgefühle verursachen, möchte in der Regel etwas von Ihnen, das Sie nicht geben können, und darum ist er wütend. Die Botschaft, die Ihnen Schuldgefühle vermittelt, ist ein Versuch, Ihre Meinung zu ändern. Wann haben Sie so etwas schon einmal erlebt? Wie empfänglich sind Sie für solche Botschaften?*
▷ *Leider erkennen viele Christen nicht, daß andere ihnen Schuldgefühle vermitteln. Statt dessen übernehmen sie die Verantwortung für die Schuld, die sie empfinden (siehe der Fünf-Schritte-Prozeß auf S. 144). Warum löst dieser Prozeß Ihrer Meinung nach nicht das Schuldproblem? Erklären Sie, warum wir uns schuldig fühlen können, ohne tatsächlich schuldig zu sein.*

2. Wir wollen klären, was die Bibel zu Schuld- und Schamgefühlen sagt.
▷ *Der Begriff Schuld hat zwei Bedeutungen: den Zustand, etwas Falsches getan zu haben, und das schmerzliche Gefühl der*

Selbstvorwürfe, das aus dem Glauben entsteht, wir hätten etwas Falsches getan. Warum ist es wichtig zu verstehen, daß die Bibel sich immer auf den Zustand der Schuld bezieht, nicht auf unsere Schuldgefühle?
▷ *Scham ist das schmerzliche Gefühl, wegen unseres unangemessenen Verhaltens den Respekt anderer verloren zu haben. Scham ist das Gefühl, schlecht zu sein, der Zustand der inneren Verurteilung. Wie erklären Sie den Unterschied zwischen Schuld- und Schamgefühlen?*
▷ *Welches ist ein gesunder Ursprung von Schuld- und Schamgefühlen (siehe Röm 1,20; 2,14-15 und 1 Kor 1,27)?*
▷ *Die Schuld- und Schamgefühle, von denen die Bibel spricht, sind emotionale Reaktionen darauf, daß wir gefallene Menschen sind. Diese „guten" Schuld- und Schamgefühle sagen uns, daß wir die Gnade unbedingt brauchen, und sie bringen uns dazu, nach Hilfe, Vergebung und Erneuerung zu suchen. Die Schuld- und Schamgefühle, die in der These 9 gemeint sind, unterscheiden sich sehr stark hiervon, und sie haben ihren Ursprung in erster Linie in unseren frühen Sozialisierungsprozessen. Unser Gewissen dient uns als ein innerer Erzieher, um unser Verhalten zu bewerten und zu überwachen. Ist Ihr Gewissen überaktiv und sehr fordernd oder faul und unaufmerksam? Welche Ereignisse, Menschen oder Situationen bringen Sie dazu, sich schuldig zu fühlen? Denken Sie an Ihr Elternhaus und an andere Einflüsse aus Ihrer Kindheit. Warum ist Ihr Gewissen Ihrer Meinung nach so, wie es ist?*

3. Nun, da Sie ein besseres Verständnis des eigentlichen Wesens von Schuld- und Schamgefühlen haben, sehen Sie sich Pastor Glenns Botschaft noch einmal an, und widerlegen Sie dieses Mal die krankmachenden Aspekte dessen, was er gesagt hat.
▷ *Pastor Glenn setzte das Gewissen mit Gott gleich und behauptete, die Tatsache, daß ein Mensch sich schuldig fühlt, sei ein Zeichen dafür, daß er tatsächlich schuldig ist (147ff). Warum bedeuten Schuldgefühle nicht notwendigerweise, daß man tatsächlich schuldig ist?*
▷ *Pastor Glenn verwechselte Schuldgefühle mit Traurigkeit nach Gottes Willen (151f). Erklären Sie den Unterschied zwi-*

schen Traurigkeit nach Gottes Willen (Reue) und lähmender Traurigkeit (Schuldgefühle) und auch die emotionalen Reaktionen, die jeden dieser Begriffe kennzeichnen, sowie ihren Einfluß auf unser geistliches und emotionales Wachstum und auf unsere Fähigkeit zu lieben.
▷ *Pastor Glenn verwechselte Überführung von Schuld mit der Tatsache der Schuld (154). Welches ist nach Johannes 16,8 die Rolle des heiligen Geistes im Leben eines Gläubigen? Wie entscheiden Sie, ob die Schuld, die Sie empfinden, eine Reaktion auf den Geist Gottes oder auf Ihre kritische Mutter, Ihren Vater oder Ihre Lehrerin in der ersten Klasse ist?*

4. Obwohl Schuldgefühle uns in die Irre führen und in unserem Leben als Christ behindern können, sind sie manchmal auch ein Zeichen für geistliches Wachstum.
▷ *Warum können die Schritte, die wir zu unserer Heilung von emotionalen Problemen unternehmen, manchmal dazu führen, daß wir von sehr starken Schuldgefühlen geplagt werden? Was bringt unser Gewissen dazu zu rebellieren?*
▷ *Warum kann neues Verhalten – vielleicht ein Verhalten, durch das wir unser geistliches Bedürfnis nach Bindung, Verantwortlichkeit und Vergebung befriedigen – uns den Eindruck vermitteln, als würden wir von unserem Gewissen aufgerüttelt?*

Gestehen Sie sich den Ursprung der Schuldgefühle ein, von denen Sie bestimmt wurden, und verstehen Sie ihn; suchen Sie sich eine Gruppe, die Ihnen hilft, die Freundlichkeit Gottes zu verstehen und zu erfahren; vergeben Sie den Menschen, die Sie kontrolliert haben; schulen Sie Ihr Gewissen um; hören Sie auf die neuen Stimmen, und betrauern Sie das, was Sie verpaßt haben. Diese Schritte werden Ihnen helfen, Ihr anklagendes Gewissen zum Schweigen zu bringen, und Sie in die Lage versetzen, in der Liebe Gottes zu leben und zu handeln.

Fragen zu Irrglaube Nr. 10:
Wenn ich die richtigen Entscheidungen treffe, wird alles gut werden

1. Willenskraft allein genügt nicht. Mit den besten Absichten entscheiden wir uns (durch einen Akt des Willens) für eine Sache – und tun genau das Gegenteil davon. Wie Paulus tun wir nicht, was wir tun wollen, und hassen, was wir tun (Röm 7,15). Wenn unsere einzige Hoffnung ist, die richtigen Entscheidungen zu treffen, dann sind wir in der Tat verloren!

▷ *Jesus fordert uns auf, Gott mit unserer ganzen Person zu lieben, nicht nur mit unserem Willen oder unserem Intellekt (Mt 22,37). Was sagt dieses Bild des ganzen Menschen über die Gründe aus, warum wir zwanghaftes Verhalten nicht einfach durch Willenskraft überwinden können?*

▷ *Wenn wir es versäumen, Gott und anderen zu bekennen, was tatsächlich in unserem Innern vorgeht, wird dieser Bereich, zu dem wir uns nicht bekannt haben, unsere Entscheidungen sabotieren. Wann haben Sie dies am eigenen Leibe erfahren oder im Leben eines anderen Menschen miterlebt? Haben Sie Gott bekannt, was in Ihnen vorgeht, auch wenn es Zorn, Groll oder Rebellion gegen ihn ist? Wenn das so ist, was haben Sie danach erlebt? Wenn das nicht so ist, was hält Sie zurück?*

2. Wir reagieren nicht auf die Theologie des „Willensaktes", weil unser Wille nicht von dem Rest unserer Person, von unserem Herz, getrennt werden kann. Unser Verstand, unsere Seele und unser Herz liegen häufig im Konflikt miteinander, und uns gefällt es gar nicht, uns einem Konflikt in unserem Innern zu stellen. Es ist schwer zu akzeptieren, daß das, was in unserem Herz ist, unseren Wertvorstellungen entgegensteht. Da das aber so ist, fordert die Bibel uns immer wieder auf, uns von innen nach außen zu verändern, nicht nur einfach die richtigen Entscheidungen zu treffen.

▷ *Wann hat Ihr Herz über Ihren Kopf und Ihre Wertvorstellungen gesiegt? Was war in Ihrem Herzen? Was passierte, nachdem das Gefühl in Ihrem Herzen Ihr Handeln bestimmt hatte?*

▷ *Richtige Entscheidungen sind notwendig, reichen aber allein nicht aus. Geistliches Wachstum ist immer eine Kombination aus der Entscheidung für das Gute, der Hilfe und Kraft, es zu tun, und der Beschäftigung mit dem Bösen. Welches der drei Elemente ist gegenwärtig wichtig für Sie? Welches dieser drei grundlegenden Elemente für geistliches Wachstum fehlt Ihnen noch? Was werden Sie tun, um das Gute zu wählen und die Hilfe und Kraft zu bekommen, die Sie brauchen?*

3. Ebenso wichtig wie unsere Entscheidung ist es, das Wort Gottes und seine Wahrheit in sich aufzunehmen, und bei ihm und seiner Gemeinde Hilfe zu suchen. Wir müssen die dunklen, verborgenen Aspekte unserer Persönlichkeit bekennen und beseitigen, was unser Wachstum behindert. Dann müssen wir in die Tat umsetzen, was wir lernen (Heb 5,14).

▷ *Wann haben Sie erlebt, daß sich jemand dem Skalpell Gottes unterworfen und sich bemüht hat, seine innersten Gefühle zu identifizieren und zu verstehen? Was hat sich danach im Leben des betreffenden Menschen getan?*

▷ *Wo stehen Sie heute? Beschließen Sie noch immer, Ihr Verhalten zu ändern? Warum haben Sie sich für diese Möglichkeit entschieden, die bisher noch keinen Erfolg gebracht hat? Oder liefern Sie sich Gottes Skalpell aus und decken die Dunkelheit Ihres Herzens auf, damit Sie davon befreit werden?*

4. Zum geistlichen Wachstum gehört sowohl die Pflege des Guten als auch das Ausmerzen des Schlechten. Viel zu viele von uns konzentrieren sich nur auf eine dieser beiden Aufgaben. Wir müssen jedoch die guten Dinge annehmen und die schlechten, innere wie äußere, aufdecken und uns von ihnen abwenden.

▷ *Was passiert, wenn wir uns nur mit einer der beiden Aufgaben beschäftigen?*

▷ *Welches Gute nehmen Sie an, während Sie daran arbeiten, das Schlechte aus Ihrem Leben zu entfernen?*

5. Die richtigen Entscheidungen zu treffen, ist eine Folge geistlichen Wachstums. Diese Fähigkeit ist sogar eine Frucht des Geistes (Gal 5,22).
▷ *Welche Ihrer Wünsche stehen nicht im Einklang mit den Wünschen Gottes? Welche der Wünsche Gottes für das Leben seiner Kinder sind noch nicht Ihre Wünsche?*
▷ *Welche tiefen Wünsche Ihres Herzens müssen Sie zu Gott bringen, damit er sie umgestalten kann?*
▷ *Sehen Sie sich auf S. 170 noch einmal die Liste von Entscheidungen an, die wir treffen können. Erklären Sie, inwiefern die Voraussetzungen für diese Entscheidungen Demut und Schwäche sind.*
▷ *Warum führen diese Entscheidungen zu geistlichem Wachstum?*
▷ *Welche der aufgeführten Möglichkeiten wollen Sie nicht wahrnehmen? Warum?*
▷ *Welche Entscheidungen treffen Sie? Was erleben Sie dabei?*

Geben Sie Ihre Unfähigkeit, die richtigen Entscheidungen zu treffen, doch an Gott ab, anstatt sich noch mehr darum zu bemühen, es doch zu schaffen! Werden Sie demütig, und bitten Sie Gott, den Prozeß des geistlichen Wachstums in Ihnen zu beginnen. Wenn Sie sich den Bemühungen Gottes aussetzen, Ihren Charakter zu verändern, werden Sie gute Frucht zu seiner Zeit hervorbringen (Ps 1,3).

Fragen zu Irrglaube Nr. 11:
Gute Taten sind wichtiger als die Motive dahinter

1. Wenn man diese „christliche" Aussage etwas umformuliert, bedeutet sie doch nichts anderes als: „Gehorsam ist das Wichtigste im Leben eines Christen". Das kann einen Menschen dazu bringen, das Richtige (Anbetung, Gemeinschaft mit Gläubigen) aus den falschen Motiven heraus zu tun.
▷ *Wann haben Sie schon einmal das Richtige aus den falschen Motiven heraus getan? Welches Gefühl hatten Sie dabei?*
▷ *Welche richtigen Dinge tun Sie im Augenblick aus den fal-*

schen Motiven heraus? Welche ungesunden Motive liegen einem mit guten Aktivitäten vielleicht zu stark angefüllten Terminplan zugrunde?

2. Die Philosophie des blinden Gehorsams beinhaltet, daß wir gute Taten tun, weil sie richtig sind und weil Gott uns für unsere Bemühungen segnen wird, ungeachtet der Motive, aus denen heraus wir diese Dinge getan haben. Es ist egal, daß wir widerstrebende Gefühle haben oder Groll empfinden. Nur unsere Taten zählen. Aber ist es das, was in der Bibel gefordert wird (2 Kor 9,6-7)?

▷ *Gott mag „blinden" Gehorsam genauso wenig wie unsere lahmen Entschuldigungen für sündiges Verhalten. Gehorsam ist kein Selbstzweck. Gehorsam um des Gehorsams willen ist nicht biblisch. Im Gegenteil, mit dem Wort „Gehorsam" ist ein äußerer Rahmen gemeint, der uns Halt und Orientierung geben soll (Deut 5,33; 6,24; 10,13). Lesen Sie sich einige der Gebote Gottes durch. Inwiefern helfen sie Ihnen, zur Reife zu gelangen? Inwiefern wird es Ihnen helfen, im Bild Gottes erwachsen zu werden, wenn Sie sich an diese Gebote halten?*

▷ *Der Gehorsam verändert sich während des Reifeprozesses. Unsere Beziehungen zu Gott und zueinander stecken den Rahmen immer weiter, immer weniger genaue Anweisung ist erforderlich, während unser Charakter immer mehr Struktur bekommt (Heb 5,12-14). Haben Sie dieses Prinzip in der Kindererziehung selbst miterlebt oder bei anderen beobachten können? Inwiefern haben Sie dieses Prinzip in Ihrem eigenen geistlichen Wachstum erleben können? Wann wußten Sie zum Beispiel in einer Situation, wie Sie nach Gottes Willen handeln sollten, ohne daß Sie in der Bibel konkrete Anweisungen für einen solchen Fall gefunden hätten?*

3. Die „christliche" These: „Ich muß auf jeden Fall das Richtige tun, egal, aus welchen Motiven heraus", birgt einige Probleme.

▷ *Wirklicher Gehorsam wird durch Opfer ersetzt (178ff). Kennen Sie Gottes bedingungslose Liebe zu Ihnen, so wie Sie sind? Oder gehorchen und handeln Sie aus Furcht verant-*

wortungsbewußt? Erklären Sie, was Jesus Ihnen mit seiner Aussage „Ich habe Wohlgefallen an Barmherzigkeit, nicht am Opfer" (Mt 9,13) sagen will.
▷ Die Ganzheitlichkeit einer Person wird ignoriert (180). Wenn wir gehorchen um des Gehorsams willen, werden wir innerlich zerrissen, weil wir etwas ganz anderes tun als das, was wir eigentlich wollen. Haben Sie so etwas schon einmal erlebt? Ist es bei Ihnen so, daß Sie gehorchen, weil Gehorsam richtig ist, daß Sie emotional aber ganz woanders sind (Jes 29,13)?
▷ Verantwortungsbewußtsein wird unterdrückt (180ff). Manche Menschen sind so sehr damit beschäftigt, anderen zu gefallen, daß sie die Verantwortung für ihre Taten und ihr Verhalten nicht übernehmen. Sind Sie ein Mensch, der anderen gern gefallen möchte (Gal 1,10)? Welche Probleme hat dieser Charakterzug Ihnen schon bereitet?
▷ Der Lüge wird Vorschub geleistet, weil der Groll, der Widerstand oder die Rebellion, die wir häufig empfinden, verborgen bleiben, wenn wir das Richtige tun sollen, (183f). Ist es bei Ihnen schon einmal vorgekommen, daß Sie äußerlich nachgegeben, innerlich aber rebelliert haben? Was tun Sie heute, wenn Sie gebeten werden, das Richtige zu tun? Treffen Sie eine gut durchdachte, freie Entscheidung, oder sagen Sie äußerlich „Ja", meinen innerlich aber „Nein" (Mt 21,28-32)?
▷ Die Tatsache, daß wir gefallene Menschen sind, wird geleugnet, indem suggeriert wird, wir könnten sehr wohl gehorchen, und täten es nur nicht, weil wir es nicht wollen (184). Die Wahrheit ist, daß wir häufig nicht gehorchen, weil wir es als fehlerhafte Menschen nicht können (Röm 7,15). Wann hat Ihr sündiges Wesen Sie davon abgehalten, Gott zu gehorchen?
▷ Die Kraft des Kreuzes in unserem Leben wird herabgesetzt (184f). Jesu Tod am Kreuz erlöst uns von unserem Zustand der Gottesferne und macht uns fähig, ein Leben zu führen, das Gott gefällt. Was passierte, als Johns Mutter ihm die Freiheit gab, Fehler zu machen (Röm 8,1)? Was könnte in Ihrem Leben passieren, wenn Sie in der Ihnen von Gott gegebenen Freiheit, auch Fehler zu machen, leben würden?

4. Das größte Problem in bezug auf den Gehorsam um des Gehorsams willen ist, daß eine solche Einstellung wenig Raum läßt für das Geschenk der Freiheit, das Gott uns anbietet. Sie läßt auch wenig Raum für menschliche Schwächen und Versagen, obwohl unser Versagen zu Wachstum und Reife dazugehört.

▷ *Lesen Sie sich den auf Seite 186 beschriebenen Kreislauf noch einmal durch. Inwiefern würde durch die Annahme, daß wir keine Barmherzigkeit erfahren, wenn wir versagen, in diesen Kreislauf eingegriffen werden, der zur Reife führt?*

▷ *Was haben Sie aus den Konsequenzen gelernt, die Sie zu tragen hatten, nachdem Sie versagt hatten? Inwiefern hat diese Lektion Ihnen geholfen, als Sie einen neuen Versuch gewagt oder etwas Neues ausprobiert haben? Geben Sie ein oder zwei Beispiele.*

Wir können unsere eigene Fehlerhaftigkeit oder unsere zwanghaften Verhaltensweisen nicht durch Disziplin, Schuldgefühle oder Selbstvorwürfe unter den Teppich kehren. Wir müssen uns vielmehr gestatten, uns über unsere innersten Motive und Konflikte in bezug auf die Situation klarzuwerden, vor der wir stehen. Dann werden wir viel eher die Freiheit haben, selbständig zu sein, die Verantwortung für unser Verhalten zu übernehmen und wahrhaft frei zu sein in Christus.

Fragen zu Irrglaube Nr. 12: Wenn ich die Wahrheit kenne, handle ich auch danach

1. Die Wahrheit allein kann nicht retten. Bibelstudium allein kann keine emotionalen und geistlichen Probleme lösen (siehe den Rat von Hiobs Freunden in Hiob 22,21-22). Heilung erfordert Arbeit. Wir müssen mit Gott versöhnt werden und in der Gemeinschaft mit ihm und mit anderen Christen stehen (2 Kor 5,18-19). Damit wir Menschen die Gnade Gottes in ihrem vollen Ausmaß erkennen und mit ihm versöhnt werden können, mußte Gott Mensch werden. Auch

heute noch begegnet er uns in menschlicher Gestalt durch seine Gemeinde.
- *Haben Sie Ihr theoretisches Wissen in bezug auf die Liebe Gottes mit praktischer Erfahrung untermauert? Berichten Sie, wie das bei Ihnen aussieht, wie zufrieden oder unzufrieden Sie in dieser Hinsicht sind und inwiefern Ihr Wissen mit Ihrer Erfahrung im Gleichgewicht oder nicht im Gleichgewicht ist.*
- *Niemand kann außerhalb der Gemeinde Christi eine Beziehung zu Gott haben (1 Joh 4,20). Wann haben Sie durch die Begegnung mit einem Menschen Gottes Barmherzigkeit erfahren (1 Petr 4,8-10)?*
- *Wahrheit ohne Beziehung weicht der Heilung aus, die Gott für uns innerhalb seiner Gemeinde bereithält. Die Bibel fordert uns auf, Heilung in Beziehungen zu Menschen zu suchen. Wann haben Sie durch die Beziehung zu einem Menschen Heilung erfahren? Erklären Sie genau, welcher Art diese Heilung war.*
- *Echte Heilung ist nur möglich, wenn wir Täter des Wortes werden, nicht nur Hörer sind. Wann haben Sie etwas, das Sie in der Bibel gelesen haben, in die Tat umgesetzt und dadurch Heilung erfahren oder Wachstum erlebt?*
- *In welchen Bereichen Ihres Leben hören Sie das Wort Gottes, setzen es aber nicht in die Tat um? Inwiefern kann dies Ihr geistliches Wachstum behindern?*

2. Erinnern Sie sich noch an die Erfahrung, die Terri gemacht hat? Sie machte große Fortschritte in der Therapie, obwohl ihre frühere Seelsorgerin sagte, sie sollte die Therapie abbrechen und statt dessen beginnen, Bibelverse auswendig zu lernen.
- *In der Therapie übernahm Terri die Verantwortung für das, was in ihrem Innern war; sie deckte die dunklen Punkte auf, trauerte, vergab, versöhnte, lernte, sprach bestimmte Dinge an, verlieh ihren Gefühlen Ausdruck, bekannte, praktizierte Ehrlichkeit und bekam Hilfe. Kurz gesagt, sie tat genau das, wozu wir in der Bibel aufgefordert werden. Falls Sie schon einmal eine Therapie gemacht haben, an welchen der gerade*

aufgeführten Dinge haben Sie gearbeitet? Was ist daraufhin in Ihrem Leben passiert?
▷ *An welchen der oben aufgeführten Punkte würden Sie gern arbeiten? Könnte Ihnen eine Therapie dabei helfen? Inwiefern könnten Ihnen Beziehungen zu anderen Christen dabei helfen?*

3. Charakterveränderung – Umgestaltung in den Menschen, als den Gott uns gedacht hat – ist für uns alle wichtig, wenn wir Heilung erfahren wollen (2 Kor 3,18). Doch eine solche Umgestaltung ist harte Arbeit. Eine wirkliche Veränderung entsteht nicht nur dadurch, daß man Bibelverse auswendig lernt und sich von der Wahrheit Gottes „durchdringen" läßt. Eine wirkliche Veränderung geschieht nur, wenn wir die Wahrheit in unserem Leben *umsetzen* und sie nicht nur theoretisch kennen.

▷ Gottes Willen zu tun führt einen Menschen dazu, demütig und liebevoll, verantwortlich und versöhnlich zu werden. Wann haben Sie so etwas persönlich oder bei einem anderen Menschen erlebt? Was haben Sie aus der Erfahrung gelernt?
▷ *Woran – Freiheit von zwanghaftem Verhalten, Heilung von Verletzungen aus der Vergangenheit, Antwort auf Probleme – arbeitet Gott bei Ihnen, während Sie seine Gebote befolgen, Verantwortung für das auf sich nehmen, was in Ihnen ist, Ihre dunklen Punkte aufdecken, trauern, vergeben, versöhnen, lernen, ansprechen, Gefühle zeigen, bekennen, Ehrlichkeit praktizieren und Hilfe bekommen?*

Lesen Sie aufmerksam in Ihrer Bibel, aber bleiben Sie dabei nicht stehen. Nehmen Sie in sich auf, was dort steht, und setzen Sie es in die Tat um. Wenn Sie sich an die Lehren Jesu halten und danach handeln, sie also nicht nur theoretisch kennen, werden Sie wahrhaft frei (Joh 8,31-32).

Anmerkungen

Irrglaube Nr. 3
1 Siehe auch *Changes That Heal,* Grand Rapids, Zondervan, 1990, 1992, von Henry Cloud und *Hiding from Love,* Colorado Springs, NavPress, 1991, S. 59-118, von John Townsend als weitere Information zu diesen Entwicklungsphasen.
2 Weitere Informationen über Grenzen siehe *Boundaries: When to Say Yes, When to Say No to Take Control of Your Life* von Henry Cloud und John Townsend, Grand Rapids, Zondervan 1992.

Irrglaube Nr. 4
1 Siehe *Hiding from Love,* S. 49-54.

Irrglaube Nr. 6
1 Sie werden ein Gefühl dafür bekommen, wie durchdringend die Warnung Gottes vor der Generationensünde ist, wenn Sie einmal das Wort *Väter* in einer Konkordanz nachschlagen.

Irrglaube Nr. 7
1 Zur weiteren Information zu diesem Thema siehe die Abschnitte zum Thema „Bindung" in *Changes That Heal* und *Hiding from Love.*
2 Laird Harris, Gleason L. Archer, Jr. und Bruce K. Waltke, *Theological Wordbook of the Old Testament,* Chicago, Moody Press, 1980, S. 1.570.

Irrglaube 9
1 Gespräch mit Jack Deere, Dallas Theological Seminary, 1979.

Schlußfolgerung
1 John Hannah, Seminar über Kirchengeschichte, Dallas Theological Seminary, 1978.

EIN RATGEBER, DER IHR LEBEN VERÄNDERN KANN!

Chris Thurman:

LÜGEN, DIE WIR GLAUBEN

Der Grund Nr. 1 für unser Unglücklichsein

Dieses Buch ist mit Recht ein Bestseller!
Der erfahrene Psychologe Chris Thurman beschreibt, welchen Lebenslügen wir in den unterschiedlichsten Lebensbereichen auf den Leim gehen: „Du bist schuld, daß ich nicht glücklich bin", „Alle müssen mich liebhaben", „Gottes Liebe muß man sich verdienen" ...

Die Heimtücke der Lebenslügen besteht eben darin, daß sie uns so lange schaden, wie sie uns als reine Wahrheit erscheinen. Sie verzerren unsere Wahrnehmung und vernebeln uns die wirklich freie Lebensgestaltung.

Chris Thurman zeigt Ihnen, wie Sie diese Lebenslügen enttarnen und durch die Wahrheit ersetzen können. Lassen Sie sich nicht länger an der Nase herumführen!

Paperback, 220 Seiten, Bestell-Nr. 815 149

EIN RATGEBER, DER WIRKLICH WEITERHILFT!

Chris Thurman:

NOCH MEHR LÜGEN, DIE WIR GLAUBEN

Zehn populäre Irrtümer, die Ihr Leben ruinieren können

Diesmal hat sich Bestsellerautor Chris Thurman einen ganz besonders reizvollen und gefährlichen Bereich der Lebenslügen vorgenommen: die Irrlehren, die in populär-psychologischen Selbsthilfebüchern verbreitet werden!

Auf den ersten Blick scheinen Botschaften wie „Man kann erst dann seinen Nächsten lieben, wenn man sich selbst liebt" oder „Jeder verfügt über grenzenlose Möglichkeiten und Kräfte" durchaus etwas für sich zu haben.

Doch in seiner gewohnt klarsichtigen, souveränen Art legt Chris Thurman die Fallgruben bloß, die unter diesen wohlmeinenden Konzepten verborgen sind, entlarvt ihre destruktiven Auswirkungen und stellt ihnen biblische Wahrheiten gegenüber.

Paperback, 200 Seiten, Bestell-Nr. 815 492

GUTER RAT IN ALLEN LEBENSLAGEN!

Magdalene Furch:

IM WECHSELBAD DER GEFÜHLE

Wie lerne ich, ein ausgeglichenes Leben zu führen?

Wut, Angst, Kummer und Einsamkeit sind nur einige der Gefühle, die jeder von uns kennt und die einen mächtigen Einfluß auf unser Leben haben. Doch wie gehen wir mit ihnen um? Lassen wir uns von ihnen beherrschen? Wenn ja, wie können wir sie ernst nehmen und gleichzeitig lernen, auf gesunde Weise mit ihnen umzugehen?

Die erfahrene Psychotherapeutin Magdalene Furch zeigt in diesem Buch anhand von vielen lebendigen Beispielen mögliche Störungen unserer Gefühlswelt auf. Sie gibt dem Leser Anregungen und Orientierungshilfen, wie er mit seinen Gefühlen umgehen kann, ohne sie zu verdrängen oder sich von ihnen überrollen zu lassen.

Grundlage für ihre Ausführungen sind dabei die hilfreichen und heilsamen Aussagen der Bibel.

Taschenbuch, 96 Seiten, Bestell-Nr. 815 490

GUTER RAT IN ALLEN LEBENSLAGEN!

Magdalene Furch:
ICH FÜHL´ MICH WOHL IN MEINER HAUT

Ein tragendes Selbstwertgefühl – die Grundlage für ein zufriedenes Leben

Selbstwertgefühl – dieses Wort ist in aller Munde, doch was heißt es eigentlich, ein gesundes Selbstwertgefühl zu haben? Wer bestimmt, wie wertvoll wir sind? Und wie entwickelt man ein Selbstwertgefühl, das wirklich trägt und nicht zerbröckelt, wenn man seine eigenen Schwächen erkennen muß?

Die erfahrene Psychotherapeutin Magdalene Furch verdeutlicht anhand von lebendigen Beispielen, was passiert, wenn man sein Selbstwertgefühl auf vergänglichen Dingen wie Erfolg, Aussehen oder Besitz aufbaut – und dann den Boden unter den Füßen verliert, wenn dieses unsichere Fundament ins Wanken gerät.

Gott sei Dank, daß es eine Instanz außerhalb unserer begrenzten menschlichen Welt gibt, die uns ein tragendes Selbstwertgefühl vermitteln kann: Jesus Christus.

Taschenbuch, 96 Seiten, Bestell-Nr. 815 491

Henry Cloud/John Townsend
Fromme Lügen, die wir glauben